吳宏一

周易新繹

通論編

目錄

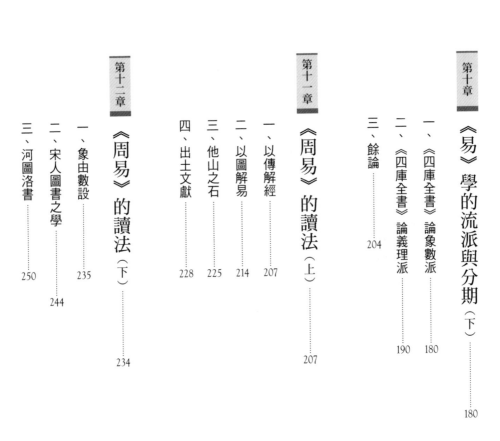

自序

吳宏一

一

一九八八年我編選《先秦文學導讀》四冊時，曾選〈乾卦〉為例，解說《周易》一書的體例，並寫了一篇解題的短文。開頭幾段是這樣寫的：

《周易》，五經之一。它相傳原是上古流傳下來的占筮用書，後來經過周文王的整理和孔子的演繹，才成為中國傳統文化中一部重要的經書。

《易》含有簡易、變易、不易三層意思。據說《易經》原有三個系統，分別是《連山易》、《歸藏易》和《周易》。前二者都是周朝以前流傳的易學，早已失傳了，現在只剩下《周易》，就是大家所說的《易經》，簡稱《易》。

《周易》包括經、傳兩個部分。經的部分是六十四卦。六十四卦是由八卦兩兩重疊而成的。《周易．繫辭傳下》說：

> 古者包犧氏之王天下也，仰則觀象於天，俯則觀法於地，觀鳥獸之文與地之宜，近取諸身，遠取諸物，於是始作八卦，以通神明之德，以類萬物之情。

這是說八卦為包犧（伏羲）氏所畫。但演八卦為六十四卦的人，則眾說紛紜，一般人多以為文王。據屈萬里老師的〈易卦源於龜卜考〉一文考證，八卦和六十四卦應當都成於西周初年，「乃周人仿殷人龜卜之習而為之」，是否文王所演，則不得而知。《周易》的六十四卦，每卦都有六爻。卦有卦辭，爻有爻辭。在排列次序上，每卦先列卦形，其次是卦名、卦辭。每爻也是先列爻題，次列爻辭。以上是屬於經的部分。

《周易》傳的部分，包括彖上、彖下、象上、象下、繫辭上、繫辭下、文言、序卦、說卦、雜卦等七種十篇，通稱「十翼」，都是解說「經」的文字。歷來相傳這是孔子所作。但據近人考證，「十翼」並非一人一時之作，而是陸續推演寫成的，大部分是戰國時代的作品。

《易》是六藝之本，也是中國學術的淵源所在，它雖然原是占筮之書，但其中像有些爻辭頗類似古代歌謠，有些卦辭爻辭保存了古代史實，對於我們研讀文史或進德修業，都有很多的幫助。

二

二〇一七年我的「人生三書」，包括《論語新繹》、《老子新繹》、《六祖壇經新繹》，由台北遠流出版公司出版，同時在台北、台中、高雄三地舉辦公開講座。第一次講座在台北華山文化園區舉辦時，有一位老先生問我：談人生何以不寫《易經新繹》？並且要我對所謂「十翼」發表自己的看法。當時我回答：茲事體大，不可能在短時間內解釋清楚，容我以後有機會再作說明。另外還有一位充滿書卷氣的年輕人，也問我讀《周易》，該讀哪些參考書？我的回答是：我學《周易》，讀的是戴君仁老師的《談易》和屈萬里老師的《易學著作，另外還有一些大陸學者，像高亨、金景芳等人所寫的專書。講座完畢，遠流公司曾淑正女士雇車送我回家，我們談起那位老先生，都認為他博學多聞；談起那位年輕人，都認為他誠懇好學。曾女士還問我認不認識他們？我說：全都陌生，是第一次見面。對於他們的好學，我將有以回報，在不久的將來。

在我心目中，那一老一少，不是兩個人，而是無數好學的公眾。這本《周易新繹》，就是我的回報。從一九八九年開始，我就常常鼓勵青年學者從事中國經學的研究工作；認為研究經學是為天下人做學問，既不是為名，也不是為利。我也深深以此自許。

幾年來，這件事一直在我心中盤旋，也一直驅使我不斷的抽空閱讀有關的參考書。從大前年的春季開始起筆，幾乎每一天都用好幾個鐘頭在卦爻的譯注解析之中。即使在眼睛開刀住院及療養期間，也都口中「念念有詞」。記不得有多少個下午及夜晚，我在台大圖書館或益品書屋動筆寫作的時候，我一直這樣祈禱：希望眼睛沒事，讓我順利完成這本書。

三

寫這本書，除了回報愛讀中國古代經典的群眾之外，其實也有我的私心。

我的老家在高雄大社。從明末清初由福建漳州南靖移民來台之後，我的祖先起初住在台南安平附近，後來搬到高雄大社，定居於此，已經四百年左右。代代相傳，家族宗親都住在一個村莊裡，比鄰而居，雞犬相聞，號稱「吳厝」。一直到我讀大學時，我所認識的四代宗親，仍然常在一起祭祖宴會。其中有個堂叔鄰居，名叫吳孟輝，輩份比我大，但年紀卻比我小。他的父母結婚時，我就是坐轎到山村迎親的花童。他的父母一直對我很照顧，他也從小就一直跟我常相往來。可是他不幸早死了。他的幼弟吳孟義，長得和他一模一樣，雖然年齡和我差距更大些，也很少見面，但每次相遇時，我總是如見「故人」，覺得特別親近。

前幾年，有一次回老家「吳氏宗祠」祭拜時，堂弟吳三財安排我和他見面，想不到他竟然問我《易經》該怎麼讀，能不能寫一本有關《易經》的書。當時我的回答是：只怕能力不夠，寫不動。但不知為什麼，此事卻一直放在我心頭。在我撰寫此書的過程中，他的容貌和聲音，也一直是我持續不停寫作的動力之一。

四

《周易》是一本傳自周代講述占筮的古書。因為它講述占筮，很多人以為讀了它可以卜吉凶，測命運，可以明白人生的究竟，所以都對它有興趣。但也因為它流傳已久，又沾上一些迷信的色彩，語言文字以及思想觀念，都已因古今之變、南北之異而產生了許多隔閡，因此對現代讀者來說，讀《周易》不是一件容易的事。

《周易》該怎麼讀？我看過一本談《周易的自然哲學》的書，著者李零的建議是：先讀原書，次讀《易》學史，最後讀出土本。他說的原書，包括唐代孔穎達《周易正義》、李鼎祚《周易集解》，宋代程頤《周易程氏傳》、朱熹《周易本義》，清代惠棟《周易述》，以及近人楊樹達、尚秉和、高亨的一些著作；《易》學史包括朱伯崑《易學哲學史》、劉玉建《兩漢象數易學研究》；出土本則包括上博楚簡《周易》、馬王堆帛書《周易》經傳、雙古堆漢簡《周易》以及李學勤的《周易溯源》等等。顯然他所建議的書目，是提供給讀者進一步探究時作為參考。

他的建議是值得重視的。他所說的：「最基本的書，還是《易經》（按，指「古經」部分）、《易傳》」，這一點我完全同意，但對他所說的「很多書，只有為了研究易學史，才有必要讀」，則有不同的看法。

我以為「史」者講的是通古今之變，既然要通古今之變，當然參考的資料越多越好。而且，我以為要對《易經》有完整的認識，正宜先從易學史入手。《周易》雖然是一部講占筮的古書，但它後來已經朝著「推天道以明人事」的方向發展，經、傳所包含的內容，絕非卜筮二字所能囊括，就像《四庫提要》所說：「易道廣大，無所不包，旁及天文、地理、樂律、兵法、韻學、算術，以逮方外之爐火」，可以說是一部凝聚古人哲學思想和生活智慧的學術著作；而且《易》學本來就是講變通之道的，因此讀《周易》不從《易》學史入手，我期期以為不可。

筆者以為《易》學史上有兩大流派，一為象數，一為義理，而想要真正讀懂《易經》，也正需象數、義理二者兼顧。否則不識治學之途徑，難以入門，遑論登堂入室？漢、宋《易》學之中，一些比較艱深、迄今尚有爭論的課題，也都要讓初學者有初步的認識，否則將來如何作進一步的探究？

筆者的這本《周易新繹．通論編》，正是從《易》學史的觀點，參考古今學者的重要論著，分析說明歷代《易》學的流變及其所衍生的一些問題；另外一本《周易新繹．經傳編》則採筆者慣用的「新繹」形式，據通行本加以白話注解直譯而成。希望這兩本書對《周易》的讀者都能有些幫助，可以作為入門的基礎。

五

最後，還有幾句話，獻給聰明的讀者，你。

李申、廖名春等人合撰的《周易經傳譯注》序中曾說：

《易經》是部占卜書，並且是上層人物，或者說，就是天子、王室或者朝廷之上的人們所用的占卜書。後來，能夠運用《易經》進行占卜的，才擴大到諸侯，再後才及於一般士人。至於民眾，從《易經》成書至今，幾乎從來無人真正用《易經》進行過占卜。他們所能運用的，最多是由《易經》演繹而來的各種變種。

這是值得參考的一種說法。我希望讀者在讀了《周易新繹》這本書之後，不要奢望它可以立即幫助你進行占卜，而只是把它當成一本重要的古代典籍。《易經》講「時」，有「時義」、「時用」之說，「時」是有時空限制的，用《易經》進行占卜的那個時空已經過去了，現在未必適用。而所謂易有「三義」，所謂簡易、變易、不易，對聰明的人來說，如果讀了此書之後，知道變通之道，可以從「變易」之中體會出「不易」的道理，那麼，《易經》就成為「簡易」之書了。如果沒有熟讀原典，不知變通，把一切的「變易」，都當成是「不易」，那麼《易》就不是「簡易」的了。

聰明的，你，請先好好讀完通論和經傳本文。

自題《周易新繹》四絕句

吳宏一

一

以傳解經效古賢，宋圖漢象盡堪傳。
溯源還許先秦上，我願從頭作鄭箋。

二

埋首易經又一年，未諳術數愧前賢。
筮占可惜無憑藉，舉世倩誰作鄭箋？

三

皓首窮經象數中，會心偶與古人同。
方知義理無新舊，貴在融通是啟蒙。

四

秦漢宋明總不同，圖書義理要通融。
文言白話古今語，妙諦直尋對照中。

第一章　《周易》有廣狹二義

一、《周易》一名《易經》

《周易》一名《易經》，簡稱《易》。它被古人尊為群經之首，在中國思想史上有極崇高重要的地位。古人認為「經」書都是可以傳諸久遠的權威著作，記載的都是一些經天緯地的大道理、宇宙人生的大道理，都是亙古之至論、不刊之鴻教，是無可懷疑，也是不可更動的；又因為它們的構成和流傳，都和大聖人孔子有密切的關係，孔子刪《詩》、《書》，訂《禮》、《樂》，修《春秋》，贊《周易》，在中國文化史上有極崇高重要的地位，所以每一本經書後來都不斷有人加以注疏，解釋其文字詞語，闡述其內容大義。這些注疏闡述經書要義的著作，前人就稱為「傳」。像孔子所編定的《詩三百》是「經」，《毛詩》及《魯詩》、《韓詩》、《齊詩》三家詩則是「傳」；像孔子所修撰的《魯春秋》是「經」，《公羊傳》、《穀梁傳》、《左傳》則是「傳」。「經」自「經」，「傳」自「傳」，「傳」是用來解說「經」的，二者有所不同。

後來年代久遠了，語言文化發生了種種變化，很多讀者認為經書古奧難懂，無「傳」則無以解「經」，不看「傳」的注釋，就無從了解「經」的大義，因此認為「經」和「傳」都同樣重要，不可或缺，也因此久而久之，有的「經」、「傳」就合編在一起，逐漸合而不分了。《易經》的流傳，就是這種情形。它可以說是古本《周易》經、傳的混合。

我們今天所看到的《易經》，早已不是《周易》的原始面目，它除了春秋時代以前古本《周易》原有的經文（有人稱之為「古經」）以外，已經混合夾雜了孔子及其後學（包括戰國以迄秦漢間的儒生）所撰述的一些解「經」的「傳」文，即所謂《易傳》七種十篇，也稱為「十翼」。因此我們今天所說的《周易》或《易經》，其實包含狹義和廣義的兩種。

二、狹義的《易經》

狹義的《易經》，是指孔子以前、西周初年所流傳的《周易》「古經」。它以卦為單位，主要包括八卦和六十四卦的卦形符號，以及配合這些卦形符號所作的卦辭和爻辭。它的構成，可以分為兩大部分，一是圖形符號，一是解說文字。

圖形符號是由陰爻（⚋）與陽爻（⚊）兩個基本符號所構成。陰陽二爻，代表宇宙間一切既相對又相依、既相反又相成的事物和現象。包括天地、日月、寒暑、晝夜、山川、水火、男女、雌雄、強弱、上下、尊卑、貴賤、剛柔、動靜、明暗、多寡、勝負等等。此即所謂「一陰一陽之謂道」。也就是最早完成的卦象。

陰爻或陽爻每三畫就構成一個三爻的「單卦」，一稱「經卦」。據說這單卦的三爻，分別代表天、地、人。上「天」下「地」，「人」在中間。不同的「單卦」，後來發展構成八種不同的卦形，此即後世所謂的八卦：乾（☰）、坤（☷）、震（☳）、巽（☴）、坎（☵）、離（☲）、艮（☶）、兌（☱）。

創作八卦的聖人，自古相傳是上古時代的伏羲氏。相傳伏羲氏「仰則觀象於天，俯則觀法於地，觀鳥獸之文與地之宜，近取諸身，遠取諸物」，在觀察天地萬物之後，悟出「觀物取象」的道理，始以陰陽二爻為立象之本，用上述的〈乾〉、〈坤〉等八卦，來「寫天、地、雷、風、水、火、山、澤之象」。起初這八卦圖象，只是觀察模擬天地自然界的物體而來，而未及於社會人事。後來發現八卦過於簡易，不足以曲盡形容宇宙萬象錯綜複雜的變化，所以相傳伏羲氏又將八卦分別兩兩重疊，每卦由三爻重疊為六爻，才構成六十四個不同組合的卦形。這就叫做「重卦」，一稱「複卦」或「別卦」。「別卦」的「別」，據楊慎的《丹鉛雜錄》說，當作「咼」，从重八，即重複分了又分，八八六十四之意。

「重卦」六十四卦的六爻，位次也像後來所見的殷商卜辭一樣，都是由下而上排列。分別稱為初爻、二爻、三爻、四爻、五爻、上爻。陽爻稱「九」，陰爻稱「六」。又，奇數的爻位稱「陽」，偶數的爻位稱「陰」。陰陽爻位的移動，會關係到卦形卦體的轉換。六十四

六十四卦一覽表

上卦／下卦	乾（天）	兌（澤）	離（火）	震（雷）	巽（風）	坎（水）	艮（山）	坤（地）
乾（天）	乾為天	澤天夬	火天大有	雷天大壯	風天小畜	水天需	山天大畜	地天泰
兌（澤）	天澤履	兌為澤	火澤睽	雷澤歸妹	風澤中孚	水澤節	山澤損	地澤臨
離（火）	天火同人	澤火革	離為火	雷火豐	風火家人	水火既濟	山火賁	地火明夷
震（雷）	天雷无妄	澤雷隨	火雷噬嗑	震為雷	風雷益	水雷屯	山雷頤	地雷復
巽（風）	天風姤	澤風大過	火風鼎	雷風恆	巽為風	水風井	山風蠱	地風升
坎（水）	天水訟	澤水困	火水未濟	雷水解	風水渙	坎為水	山水蒙	地水師
艮（山）	天山遯	澤山咸	火山旅	雷山小過	風山漸	水山蹇	艮為山	地山謙
坤（地）	天地否	澤地萃	火地晉	雷地豫	風地觀	水地比	山地剝	坤為地

卦中，前三十個重卦稱為「上經」，後三十四個重卦稱為「下經」。上下經的卦名及次序請參閱「經傳編」。秦漢時也有人稱上下經為上下「二篇」。

談論早期《周易》的傳本，學者常稱之為「象數」之學。「象」指的就是「天地雷風水火山澤之象」，「數」指的就是「初」「上」「九」「六」的爻位之類。它們都是承衍龜卜蓍筮而來。龜以象示，筮以數告，象數相因而生，然後才能占斷以測吉凶。

六十四重卦的卦名、卦形，都不知經過多少世代的試驗與應用，才逐漸定型，有固定的名稱和排列方式。關於這些，本書第十三章談《周易》的基本結構時，另有專節討論，茲不贅述。

發明六十四重卦的聖人，也有人說不是伏羲，而是另有其人。從漢、魏起，說法就頗為紛歧。例如西漢的司馬遷，說畫重卦者是殷紂時被囚於羑里的西伯（即周文王）；東漢的鄭玄，說是上古的神農氏；三國魏朝的王弼，仍然說是伏羲；而東晉的孫盛，則說是三代之首的夏禹。各有各的主張，卻都沒有充分的證據。

中國文字的記載，最早見於殷商的甲骨文，夏代以前，除了一些出土古器物上類似數字符號的簡單圖象之外，很多事物的傳述，應該只能依靠口耳相傳，而非見於文字記載。因此像《玉海》所引《山海經》說的：「伏羲氏得《河圖》，夏后因之，曰《連山》；黃帝得

《河圖》，商人因之，曰《歸藏》；列山氏（按，指神農氏）得《河圖》，周人因之，曰《周易》。」這一類的傳說，質之文字的起始，應該都只是一些美麗的臆測。宋代學者（像邵雍）所談的《河圖》《洛書》等等圖書，那是另一回事。下文還會談到，茲不贅論。

也因此，上述是誰發明重卦的說法之中，司馬遷的主張，最受後人肯定。漢代像班固、揚雄、王充等大學者，都表示贊同；唐、宋以後，採信其說的，同樣大有人在；至於近現代的學者，則雖亦採用其說，卻又多以為非周文王（西伯）一人一時之作，應是歷經多人多時，至周文王時才完成。換句話說，古今學者大多以為：始畫八卦的是伏羲，但六十四卦的完成與應用，應該是在周文王之時。有人說是「至晚當在殷代」，有人說是「西周初葉」，「不會晚於西周中葉」。㈠

大概到這時候，六十四卦的組合，才由天地自然界觸類引申到人類社會的種種事物上面。例如「上經」從〈乾〉、〈坤〉二卦即天地開始，是以天道為主；「下經」從〈咸〉、〈恆〉二卦即男女夫婦開始，是以人道為主。又如很多卦名，例如〈泰〉、〈否〉、〈剝〉、〈復〉、〈損〉、〈益〉等等，已非取其物體的形象，而是取其抽象的特徵。簡單的說，已由「天道」觸類引申到「人道」上面。原則上兩卦為一組，而各有其不同的象徵意義，這就叫做「立象明意」或「借象喻意」。王弼《周易略例．明象篇》所說的「觸類可為其象，含義可為其徵」，古人所謂的「象徵」，就是指這一類的取象方式。上文所說的《周易》「古經」，最明顯的特徵就是「示象」。先就萬物形體取象立象，即所謂「觀物取象」；然後借象以言志表意，即所謂「借象喻意」。

至於解說文字的卦辭和爻辭，各自分繫於六十四卦相應的圖象符號之下。卦辭每卦一則，旨在總括全卦的寓意；爻辭則每爻一則，分別用來揭示該爻的旨趣所在。卦辭爻辭的出現，古人大多以為應當與「重卦」的時代同時或稍後，所以認為創作者是周文王。但孔穎達《周易正義．卷首第四》引述馬融、陸績等人之說，以為有些爻辭述及文王死後之事，因此主張卦辭為文王所作，而爻辭則出於提倡禮樂文明的周公之手。

近現代的學者，參考新出土的文獻資料，質疑舊說的，不在少數，但除了主張「應非一人一時之作」以外，總的來說，並不反對《周易》「古經」在殷末周初大抵已經著成。《左傳．昭公二年》記載晉平公派遣韓宣子訪問魯國，在曲阜「觀書于大史氏，見《易象》與《魯春秋》」，以及孔子晚年喜《易》並用以授徒等等這些史實，都可以證明：在文王、周公之後，至晚在春秋孔子生前，《周易》「古經」的傳本已經問世。

這些卦辭爻辭的著成，原是由「觀物取象」而來，但著成之後，其表現方式則在於立象以明意，或者說是借象以喻意。不但用卦形符號來給予暗示，而且還用簡短有限的文字來作吉凶占驗之詞，揭示卦爻大小象中所寄寓的道理。

卦爻辭的出現，使《周易》由抽象的卦形符號而開始與若干語言文字相結合，由卦象隱晦的暗示而逐漸轉為文字的表述，可以使讀者明白每一卦爻比較具體的內容與含意，尤其在「觀物取象」進而「借象喻意」之後，透過大家生活中所習聞慣見的一些事物，使卦爻所要表達的象徵意義，更為鮮明生動，也因此使《周易》由卜筮之書可以朝向哲理的著作發展。這當然和中國文字的敘述表達方式，由甲骨文而鐘鼎文的逐漸臻於成熟，也有關係。

因為下文（例如第十三章）對卦爻辭還有一些補充說明，所以本節的討論，先到此為止。

三、廣義的《易經》

廣義的《易經》，除了上述狹義的《周易》「古經」之外，還包括《易傳》七種十篇。這十篇著作，合稱「十翼」，相傳是孔子所撰述，全是為了闡釋《周易》「古經」的義理而作。

為了便於下文的論述，茲先簡介《易傳》七種十篇如下：

（一）《彖傳》（上、下）：配合上經三十卦、下經三十四卦，分為上下兩篇，旨在解釋六十四卦的卦名及卦辭。卦辭，一名「彖辭」。彖，是「裁斷」的意思。《彖傳》就是用來裁斷全卦大義的解釋文字。解釋時，通常會指出主爻所在，並藉上下二體的卦象來釋其體例，言其主旨。

（二）《象傳》（上、下）：也配合上下經分為上下兩篇。象，兼指形象及象徵。分大、小象傳：《大象傳》用來解釋六十四卦的卦象，每卦一則；《小象傳》用來解釋三八四個爻的爻象（如果加上〈乾〉、〈坤〉二卦的「用九」、「用六」，則為三八六個爻）。前者多依上下卦體言其象徵意義，並常推及人事，而以君子言行為喻；後者則多依爻位及爻性，言其吉凶禍福。

（三）《繫辭傳》（上、下）：繫辭，原指附繫於「古經」卦形符號下的文辭而言，可以包含卦、爻辭，此則專指孔子對《周易》「古經」大義所作的種種闡釋。其中包括：辨析陰陽之理，解釋八卦之象，以及成書年代的推測，觀物取象的方法，等等；還特別列舉十九則爻辭，說明占筮略例及其象徵意義。因著成年代不同（或因篇幅較長），亦分上下二篇。有人以其有比較明確的哲學觀點，視之為早期的《易》學通論。

（四）《文言傳》：此所謂「文言」，是指「文飾之言」，「依文而言其理」，對〈乾〉、〈坤〉二卦的卦辭爻辭反覆推闡，以盡其意蘊。有人認為〈乾〉卦純陽而〈坤〉卦純陰，乃「宇宙之始，萬物之主」，是陰陽變化的根本，其餘各卦則都陰陽相雜，由此衍化而出，所以能明乎此，即可作為其餘各卦釋讀之範例，也因此稱之為「《周易》的門戶」。

（五）《說卦傳》：旨在闡述八卦取象及卦形符號構成的原理。起先敘述蓍草筮占的歷史，展示「先天」、「後天」兩種不同八卦方位的排列方式，然後廣引很多卦象實例，說明八卦取象的意義，及其觸類引申的特色。

有人說《說卦》、《序卦》、《雜卦》三者，原為一篇。但其實三者論述重點並不相同，《說卦》專言象數，《序卦》專言義理，《雜卦》則象數、義理兼而有之。

（六）《序卦傳》：依照上下經編排的順序，說明六十四卦相次相承、相對相因的道理。原則上兩卦一組，所謂「二二相耦，非覆即變」，一正一反，一剛一柔，饒有辯證意味。不但可以合觀其整體大義，而且可以分辨其推演變化。例如以〈乾〉、〈坤〉二卦居上經之首，以〈既濟〉、〈未濟〉二卦為下經之終，有人即以為含有深刻的人生哲理。

（七）《雜卦傳》：與《序卦傳》相對，可以合讀。原則上亦以兩卦為一組，卻不依照原有的排列順序。所謂「雜揉眾卦，錯綜其義」。重新編組之後，顯示出對舉的兩卦之間，卦義雖然往往相反，卻仍然有其一定的變化規律。杭辛齋《學易筆談》說「雜」字指「陰陽相雜」，但「實兼文章二字之義」，表示它文采華美。[二]最明顯的特色，在於每一組合都用一個精微奧衍的詞語來界定卦義，而該卦之理象氣數，即盡包孕其中。

以上的《易傳》七種十篇，內容全就《周易》「古經」而發，重在闡述經文的略例與大義，真足以作為閱讀《周易》的輔翼教材。難怪被稱為「十翼」。上文說過，卦辭爻辭的出現，使《周易》由卜筮之書而朝向哲理著作發展，如果這話說的不錯，那麼《易傳》七種十篇的出現，更可說是：使《周易》由「示象」轉化為「說理」，由象數之學轉化為義理之學，由統治者的卜筮占驗之詞轉化為經學家的哲理思辨之文。更重要的是，使原先僅供帝王貴族用以敬事鬼神問難決疑的圖象文字，轉化為後世可供平民大眾為人處事、進德修業的基本教材，最後成為儒家甚至古代讀書人必讀的經典之一。「示象」「說理」的對象，雖然同樣是「君子」，但前者說的是極具權威的在上位者，而後者說的則是一般的士人大眾。這是從孔子以後才開始的。

孔子是春秋時代一位偉大的平民教育家，因為有感於當時的禮崩樂壞，所以刪《詩》、《書》，訂《禮》、《樂》，修《春秋》，贊《周易》。他立教授徒，自稱「述而不作」，上述的《易傳》，相傳即其晚年所撰述，用來闡釋《周易》「古經」的大義要旨，藉以發揚堯、舜、禹、湯、文、武、周公的一貫之道。文王、周公所推演的卦辭爻辭，應該就是靠他闡揚而維繫不墜的。

事實上，春秋戰國時代，從禮崩樂壞到群雄割據，諸子並起，百家爭鳴，學術思想界一片混亂。殷、周流行的吉凶占驗之術，除了龜卜、蓍筮以外，還有夢占、望氣等等。君王貴族占驗吉凶時，固然可由龜卜、蓍筮而得，但亦可由夢占或星象曆數而得；所得的氣象，加以推演，古人即泛稱為「象數之學」。周文王為西伯時，被囚羑里，占卦以卜吉凶，即其一例。此亦可視為《周易》占卦之始。

春秋以降，《周易》「古經」並非孔子或儒家所專有，其他思想流派，如墨家、道家、陰陽家等等，也都可以對它各有其不同的思想主張，各有其不同的版本傳承，各自從中汲取養分，標榜「繼絕學以開新運」。孔子及其儒門後學，重義理，撰《易傳》；其他的流派也可以另立門戶，或重曆象，重術數，或重五行，重災異。㊂彼此之間，互相傾軋，互相吸收，互相影響，互相混雜的情形，應該都是無可避免的。孔子的弟子及其後學，在百家爭鳴的戰國時代，固然有的能夠思想堅定，嚴守儒家的立場，但必然也有人會受環境或其他學風的影響，兼採並納其他思想流派的一些主張或見解。《易傳》的著成，就是在這種背景之下產生的。也因此頗有些學者認為《易傳》應該著成於戰國時代的中晚期。下文提到孔子《易》學的傳承，自商瞿以迄漢初田何的發展過程中，將對這方面的問題再作進一步的說明。

筆者以為：孔子的《易》學，或者說孔子的《易傳》，所以能歷經戰國而至漢朝傳世不絕的主要原因，正是由於孔門，即孔子的門下弟子及其後學，代代有人，他們即使略變其說，或兼採並收其他思想流派的主張或見解，卻仍然能以傳道自命，繼續發揚孔子的學說。至少在秦始皇焚書坑儒的期間，以孔、孟為主的儒家學說，首當其衝；闡述儒家義理的《易傳》，自在焚禁之列，如何才能免於秦火，不能不讓人想到：幸虧有這些兼採其他思想主張的儒門弟子，就是他們讓《周易》「古經」掩蓋了《易傳》，披上卜筮之書的外衣，因而才能遠災避禍，逃過浩劫。也幸虧漢初田何的弟子眾多，漢武帝又採用董仲舒的策議，罷黜百家，獨尊儒術，倡五經，立博士，因此後來儒家才能定於一尊，《周易》才能躍登五經之首，而《易傳》也才能隨之逐漸受到重視。不過，這裡要先說明，兩漢真正流行的不是《易傳》，而是披著崇儒尊孔的外衣，配合時代風尚的「象數之學」。

根據所查資料，《易傳》之稱，始見於《戰國策・齊策》；到了漢代，《易緯・乾鑿度》已改稱為「十翼」，而《史記》、《漢書》更稱之為《易大傳》。即使如此，在經學昌盛的漢代，仍然「經」自「經」，「傳」自「傳」，「傳」是用來解「經」的，地位不一樣。「古經」和《易傳》仍然各自單獨刊行，並沒有合編在一起。

《周易》的「古經」和孔子的《易傳》合編在一起，從現存可見的文獻資料看，是從三國魏朝的王弼（字輔嗣）《周易注》才開始的。在他之前，西漢的經學家費直，據說曾用《易傳》中的《彖傳》、《象傳》、《繫辭傳》、《文言傳》，雜入「古經」的卦中來解說經義，這可說是「以傳解經」之始；東漢的經學家荀爽、馬融、鄭玄等，皆傳其學。其中鄭玄比費直更進一步，「以《彖》、《象》連經文」，在注解《周易》「古經」時，把《彖傳》、《象傳》分為六十四組，分別附繫於相應的經文之下，並增題「彖曰」、「象曰」，以示分別，這可說是「援傳入經」之始。他們都為王弼的「經」、「傳」合編，開了先河。

到了崇尚玄學的王弼注解《周易》時，在費直「以傳解經」、鄭玄「援傳入經」的基礎上，他特別重視「象」、「意」之辨，以為：「象者本釋經文，宜相附近，其義易了。故分爻之象辭，各附其當爻言之」，不但把「大象辭」分附於諸卦辭之後，而且也把「小象辭」移到各相應的爻辭之下。另外，他「又以《文言》附於〈乾〉、〈坤〉二卦」，把《文言傳》分為兩組，分別附於〈乾〉、〈坤〉二卦的卦爻辭以及《彖傳》、《象傳》之後，並各題「文言曰」以識別之。這樣做，無異為「經」、「傳」的合編，做了充分的準備。也從他開始，《易》學中的義理派逐漸抬頭，而象數派則日趨衰落。

唐太宗時，孔穎達等人奉命編纂「五經正義」，這是為科舉取士編定國家統一的範本，對後世的影響極大。孔穎達以為：兩漢的經學家「大體更相祖述，非有絕倫」，而「魏世王輔嗣之注，獨冠古今，所以江左諸儒，並傳其學；河北學者，罕能及之。」因此他所主編的《周易正義》（一名《周易注疏》），就採用王弼的《周易注》為底本，再加解疏；至於《繫辭傳》以下，王弼沒有注解的《說卦》、《序卦》、《雜卦》，則採用晉代韓康伯的「注」補入。從此以後，《周易》的「經」、「傳」才真正合編在一起。這種刊本，因為經文與傳文可以互相對照，頗便初學者研習之用，所以流行甚廣，迄今而不廢。而所謂《周易》傳本，從此不分「古經」或《易傳》，也就通稱為《易經》了。

孔穎達編纂的《周易正義》流傳到宋朝時，曾有一些學者想恢復經傳的原貌，並嘗試加以改編，像邵雍、呂祖謙等人皆是。其中朱熹的《周易本義》，雖採用呂祖謙本，卻一面依從顏師古「上下經及十翼」之旨，一面又把邵雍等人所說的《河圖》、《洛書》之學，列於卷首。此書經傳合共十二篇，與孔氏《周易正義》在明清之後廣為流傳，成為《易經》讀者最通行的兩本參考書。

附注

㈠「至晚當在殷代」一語，見高亨《周易古經今注》一書。「西周初葉」，則顧頡剛之說。屈萬里老師以為當在周武王之世，李學勤則以為「不會晚於西周中葉」。

民國十八年（一九二九）顧頡剛在《燕京學報》第六期發表〈周易卦爻辭中的故事〉一文（後收入《古史辨》第三冊上編），考述了《周易》中「王亥喪牛於易」、「高宗伐鬼方」、「帝乙歸妹」、「箕子之明夷」、「康侯用錫馬蕃庶」等事跡，推定書中卦爻辭的著作年代，「當在西周初葉」。

李學勤《周易溯源》（成都：巴蜀書社，二〇〇六年一月）第一章「西周、春秋的《易》」、第一節「《周易》卦爻辭年代補證」，以六十多年來新出土的新材料，為顧頡剛的考證作了補充說明，加強了有關著作年代的論證。他的結論說：「《周易》經文所見人物及其事跡，確實都是很古老的。經文的形成很可能在周初，不會晚於西周中葉。」

㈡見杭辛齋《學易筆談》二集卷一〈文言釋義〉一則。青赤相雜謂之「文」，赤白相雜謂之「章」。故「文章」一詞，有文采煥然、能文善賦之意。

㈢例如湖南長沙馬王堆出土的帛書《周易》，與王弼注以下的通行本比較，卦名和卦序多有不同。其六十四卦的編次，是以「上卦」為綱，依序分為乾、艮、坎、震、坤、兌、離、巽八組；各組又以「下卦」為目，其次序大致依乾、坤、艮、兌、坎、離、震、巽編列。這種編列方式，便於檢索，但其卦序彼此之間已失去通行本原有的思想性的意義。當然，從另一個角度看，這也可以解釋為：孔子《易傳》撰述的同時，以及從戰國時代以後，《周易》「古經」一直有不同的版本流傳於世。孔子注重義理的闡發，而其他不同的《周易》版本，則可能有的注重象數的占斷。否則，兩漢《易》學中的「象數」一派就找不到源頭了。

又，馬王堆西漢古墓出土的帛書《周易》，據考證，墓葬於漢文帝十二年（西元前一六八），則其抄寫年代，自應在此之前。其祖本可能即為先秦古籍，由此亦可推知當時《周易》經傳猶分而未合。

第二章 《周易》的名義

一、名義的幾種來歷

上一章談《周易》有廣狹二義，那是就該書的內容所包含的範圍有大小的差別來說的，這一章要談的，則是該書的名稱及其由來，並且析論其初名「易」的意義所在。

《周易》原稱《易》，「易」的取名，歸納起來，有下列幾種較為通行的說法：

（一）

第一種是認為文字都有其原始本義，所以從「易」的古文字的形體辭義來推求。

現代人談古文字，都知道要從甲骨文、金文談起，但秦、漢以後到晚清以前的古人，看過或知道甲、金文字的，少之又少，因此，從大小「篆」體之類的古文字，來推求「易」的原始本義，一般學者都以為始自東漢許慎的《說文解字》。

底下即以許慎《說文解字》對「易」字的三種解釋為例，加以析論。

許慎《說文解字・易部》對「易」字是這樣解釋的：

> 易，蜥易、蝘蜓、守宮也。象形。
> 秘書說（徐鍇本、下有「曰」字）日月為易，象侌（陰）易（陽）也。
> 一曰：从勿。凡易之屬皆从易。

據段玉裁《說文解字注》，許慎解「易」字有上述三說：

（一）**是蟲名**。這種動物因其形狀像「易」的古字，故取名為「易」。但這種動物卻有幾種不同的名稱，在草曰蜥易，在壁曰蝘蜓，秦晉西夏則謂之守宮（語出揚雄《方言》）。不過，段玉裁並不贊成許慎這種說法。他說：「上象首，下象四足，尾甚微，故不象。」意思是蜥易的尾巴很長很大，「易」字的尾端不像。

其實據現代動物學者的考證，蜥易和蝘蜓是一種，今名四腳蛇，守宮是另一種，今名壁虎。有人說蜥易一天之內能變換許多種不同的顏色，符合陰陽運行、卦爻變化的道理，恐怕是附會誇張之辭。歷來頗多學者在這上面大作文章，其實是陳陳相因。

（二）**是引用「秘書說」**，**認為「日月為易」**。意思是說：「易」字由「日」、「月」構成，上「日」下「月」。日為陽，月為陰，所謂「一陰一陽之謂道」，這正是《易經》最基本的道理。因此取日月之遞照，以為書名，似乎言之成理。但首先要解決的問題，是「秘書說」指的是什麼。

據段玉裁《說文解字注》說：「秘書，謂緯書。」所謂「緯書」，相對於經書而言，起於西漢哀、平之世，盛行於東漢，是依托儒家經義、附會人事吉凶、預言治亂興廢、宣揚符籙占驗的圖書。《易經》的緯書，今存《乾坤鑿度》、《乾鑿度》等八種，合稱《易緯》。段玉裁還進一步指出漢代緯書中，像魏伯陽的《參同契》第二章，就有「日月為易，剛柔相當」的句子，而且唐代陸德明引虞翻注《參同契》也說：「字从日，下月。」可見段玉裁以為許慎所說的「秘書」，乃指漢代的緯書而言。

除了段玉裁之外，桂馥的《說文解字義證》、王筠的《說文釋例》以及朱駿聲的《說文通訓定聲》，也都以為「秘書說」係指漢代的緯書。然而，他們的說法，其實並不合乎許慎引書的通例。

丁福保《說文解字詁林》對此即有一段精彩獨到的按語：

> 「秘書說」，段氏玉裁、桂氏馥、王氏筠皆以為緯書。考許書之例，凡引書當用「曰」字，如「《詩》曰」、「《易》曰」、「《虞書》曰」、「《春秋傳》曰」等；引各家之說當用「說」字，如「孔子說」、「楚莊王說」、「韓非說」、「左氏說」、「淮南王說」、「司馬相如說」等。此許書之通例也。今段、桂、王三家以「秘書說」為緯書，於許書之例不合。

考《慧琳音義》：《易》注引《說文》「賈秘書說日月為易」，始知二徐（本）脫「賈」字。考《後漢書．賈逵傳》：逵兩校秘書，賈秘書即賈逵也。許君古學正從逵出，故《說文》引師說，或稱「賈秘書」，或稱「賈侍中」而不名也。

丁福保這段按語，有兩個要點：一是指出段玉裁等人把「秘書說」解釋為魏伯陽《參同契》之類的「緯書」，並不符合許慎《說文解字》一書引述前人著作的通例，故不足取；二是根據慧琳《一切經音義》所引的《說文解字》版本，「秘書說」句上原有「賈」字。這樣說來，賈秘書即許慎的古文經老師賈逵，「日月為易」乃是賈逵的說法。㊀

據《後漢書．方術傳》說：賈逵在東漢和帝永光八年「復為侍中，領騎都尉。內備帷幄，兼領秘書近署，甚見信用。」又說「王莽矯用符命，及光武尤信讖言，士之赴趣時宜者，皆騁馳穿鑿，爭談之也。故王梁、孫咸名應圖籙，越登槐鼎之任，鄭興、賈逵以附同稱賢……。」可見賈逵兼領秘書，並不排斥讖緯之說。因此他以「日月為易」，並不令人意外。

不過，賈逵與魏伯陽都是東漢學界的通人，大約同時，到底是誰承襲了誰的說法，很難斷定。筆者以為這還不是最主要的問題。真正的問題在於上文引述的《段注》的說法。段玉裁雖然說「日月為易」出自漢代緯書，但他卻又表示不贊同此說。因為「緯書說字，多言形而非其義。此雖近理，要非六書之本；然下體亦非月也。」他說此字的下半是「勿」，根本不是「月」，這才是問題的關鍵所在。

（三）是「一曰从勿」之說。這是許慎所採取的第三種解釋。他以為「易」字上半从「日」，下半除了「月」（秘書說）之外，還有另一說，即下半从「勿」。「勿」是古人所說的「旗幟」。

查《說文解字．勿部》：「勿，州里所建旗。象其柄，有三游。雜帛，幅半異。所以趣民。故遽稱勿勿。」用白話來說，許慎的意思是：「勿」是指州里（《段注》根據《周禮．春官．司常》的記載，指出「州里」二字係「大夫、士」之誤）所樹立的旗幟。字形象旗桿上綴有三條懸掛的游帛（飄舞的彩帶）。游帛的色彩雜而不純，正幅上半赤半白。它可以用來召集百姓緊急集合，所以有緊急匆促的意思。也因此緊急匆促可稱「勿勿」。「勿勿」是古語，我們今天說的「匆匆」，就是它的訛變。

許慎這段話，說明「勿」的字形，象「易」字的下半，可以令人想像斑斕雜色的旗幟在陽光下飄舞的情狀。王筠《說文釋例》說的：「勿者，旗也。將謂一旗展於日中邪？」還有朱駿聲《說文通訓定聲》說的：「从日，一者，雲也，蔽翳之象。勿者，旗也，展開之象。」就皆疑作此解。不過，也有人（高鴻縉、趙誠等）根據甲骨文有「易日」「不易日」之語，仍然以為「易」字確實上从「日」，下从「勿」，本義是陽光穿過雲層，由暗轉明。它介乎「曶」（暗）與「易」（陽的古字，明）之間，故有改變或更替之義，因為它適合《易》卦的多變，因而古人以此命名「易」字。㈡

同樣從甲骨文字的形義來探索的，近年來還有人主張「日出為易」，說甲骨文的「易」字，上半象日之初出，下半則象太陽煥發、陰陽多變的光彩。㊂

對於許慎「易」字的三種解釋及有關引用甲骨文的一些說法，李孝定師《甲骨文字集釋》曾經這樣批評：

許君並舉三說，正見其無所適從。契文、金文均不象蜥易之形，亦與「日」「月」若「勿」字絕遠。

李孝定老師是甲骨文的專家學者，他的批評當然值得重視。

筆者也以為上述的這些古今學者，從古文字的形義來推求「易」字的來歷，雖然或許有其道理，但恰如李孝定師所言，「許君並舉三說，正見其無所適從」，連「五經無雙」的許慎都不能確定該作何解，何況一般人？而甲骨文字在清末民初殷墟大量出土之前，古代學者（包括許慎）多未及見，故附會甲骨文者，其學說能不能成立，實在大有商榷的餘地。易言之，即使所說有些道理，也仍然有待作進一步考定。

㊁第二種是以為《易》乃卜筮之書，而從卜筮的性能功用來推求的。主要有下列幾類：

（一）漢代《易緯．乾鑿度》，以為《易》有三義：簡易、變易、不易。不易即不變易。《繫辭上傳》說：「乾以易知，坤以簡能」，「簡易」說明乾坤造化、萬物生成之道，本來就可以歸納成一種簡單易懂的規律。這種規律是：「變易」之中有「不（變）易」，「不（變）易」之中有「變易」。例如大自然界有晝夜、寒暑的變化，時時在變，天天在變，年年在變，這是從「變易」的一端來說的；但「變易」之中，卻又有「不（變）易」的規律：例如晝夜的變化，天天如此；寒暑的變化，年年如此。看起來，「變易」是現象，「不易」反而是本質了。人文社會的盛衰興亡，道理也是如此。卜筮之為用，《易》之為書，包括《連山》、《歸藏》之創作，莫不根源於此。因此取「易」之三義，簡稱為《易》。

（二）漢魏學者喜談「象數」，西漢的孟喜、京房，東漢的荀爽、三國的虞翻，都以為陰陽為立象之本，認為卦爻示象，有其特定的象徵意義，因而立了一些條例，用來解釋《易》的名義。後代學者，迭有增衍，到了清代的毛奇齡，撰寫《仲氏易》時，更總括前人之說，認為《易》兼有「變易」、「交易」、「反易」、「對易」、「移易」五種意義。

其實，這些都可以總括在《易緯．乾鑿度》的「變易」一項之內，只是分目較為詳明而已。

（三）有人（例如余永梁）認為殷人以龜甲或獸骨卜吉凶，周朝沿用之外，另創用蓍草占筮之法，以為輔助之用。用蓍草占筮，只要從變換計數的方式，即可求得卦象；再根據卦象查對卦爻辭，即可論斷吉凶。因其較龜卜為簡易，故名其書為《易》。屈萬里師在撰寫《學易劄記》時，亦曾一度兼採這種說法，認為「易」就是用筮卦占吉凶的職官。㊃

筆者以為上述三說皆可併入《易緯．乾鑿度》的「變易」、「不易」、「簡易」三項之內。除了蓍草占筮之法，究竟是周朝所創或自古有之這一點可以討論之外，其他事項筆者都不反對。

蓋卜筮之事，自古有之。司馬遷在《史記》一書中曾言卜筮之法，往往因時因地而變，不可一概而論。〈太史公自序〉即云：「三王不同龜，四夷各異卜。」〈龜策列傳〉也說：「蠻夷氐羌，雖無君臣之序，亦有決疑之卜。或以金石，或以草木，國不同俗。」殷、周所用者，蓋以卜筮為主。卜用龜甲或獸骨，筮則用竹策或蓍草。龜卜取其象，蓍筮取其數。卜筮合用，古人即稱之為「象數」。《左傳．僖公十五年》引韓簡之言：「龜，象也。筮，數也。……」杜預注云：「言龜以象示，筮以數告。象數相因而生，然後有占。占，所以知吉凶。」這段話把卜筮象數的道理說得非常「簡易」，簡要而明白，亦即上文所說「歸納成一種簡單易懂的規律」，可以兼攝「變易」與「不易」，它和「易」的關係，也就在這「筮」字裡面了。

查許慎《說文解字．竹部》：「竹筭，易卦用蓍也。」筭即古文「巫」字，通「筮」。巫、覡即女巫、男巫。古代常常「史巫同舉」，史巫他們就是指古代宮中掌管卜筮之事、

「能齋肅事神明」的官員。所以從卜筮的角度來推測「易」的名義來歷，是有其道理的。

㊂

第三種是除了上述從古文字的形義和古代卜筮的性能功用兩方面的探索之外，另外還有一種更直接以古代職官定為書名的說法。

據筆者所知，這種說法，清末民初的吳汝綸早已發之。他在《周易大義》卷一開宗明義就引用了《禮記．祭義》這樣說：

> 易者，占卜之名。〈祭義〉：「易抱龜南面。天子卷冕北面。」是易者占卜之名，因以名其官。

意思是說：「易」字本指占卜，古代掌管占卜的職官也稱為「易」，因此《周易》遂取之以為書名。

屈萬里師一直採用這個說法。他在《周易集釋初稿》中先是引用《禮記．祭義》的《孔疏》，說「易」是「占《易》之官也」。後來在《學易箚記》中說得更清楚：「易、覡古音同部。《禮記．祭義》：『易抱龜南面。』是掌筮卜之人謂之『易』也。則『易』者，即覡巫之類。《易經》之本義當如此。」最後在《周易批注》中又重新強調「易」係「占《易》之官」。可見他以為《易》之取名，即由其職官名稱而來。

這個職官名稱，在周朝原名「大卜」，「大」音義同「太」，因此也稱「太卜」。根據《周禮．春官．宗伯》的記載，古代天子在奠定國都、確立宗廟之後，要劃分國都的區域道路和郊野的溝洫田地，要設置百官來分別管理各種事務，以使人民各得其所。於是周朝在武王滅殷奠都之後，就成立了天、地、春、夏、秋、冬六官；各官之內，又分為若干部門，都設有統領部屬的主管，各司其職。其中與卜筮有關的職官，隸屬春官宗伯。宗伯掌管國家禮儀，維護中央和地方的和睦。宗伯之下，設有大（太）卜、大（太）祝、大（太）史三個主管，分別掌管卜筮占夢、祭祀祈禱、邦國典則的相關職務。太卜負責卜筮占夢之事，太祝負責祈禱祝頌之事，太史負責檔案保管之事。

簡言之，太卜即周朝卜筮職官之長。他是為周朝天子、王室和王公大人負責占卜的最高行政主管。

二、「易」即周朝之太卜

說完了「易」的取名來歷，在說明「太卜」與「易」的關係之前，我們應該對《周易》的「周」字，在此也略作補充說明。

上文第一章曾經提到《玉海》所引的《山海經》，說夏有《連山》，商有《歸藏》，周有《周易》。此即《周禮》所說的「三易」。這樣看來，似乎是把「周」當作「周朝」朝代的名稱。但是東漢的經學大師鄭玄，對此卻是這樣解釋的：

《連山》者，象山之出雲，連連不絕；《歸藏》者，萬物莫不歸藏於其中；《周易》者，言《易》道周普，無所不備。

可見鄭玄釋「周」為「周普」，即周遍普及之意，並不解作朝代的名稱。然而唐代的經學家陸德明，在《經典釋文》中卻又兼採兩者，既說是「代名」，又說有「周普」之義：

周，代名也。

周，至也，遍也，備也。今名書，義取周普。

他雖然兼採二說，但就書名言，則偏取「周普」之一義。他把鄭玄的「周普」，改為周至、周遍、周備，應是擴大解釋「周普」的詞義，使它在「周遍普及」之外，還兼含有「周而復始」等等《易經》所要闡發的道理。同時也表示它繼承了《連山》、《歸藏》的傳統，符合簡易、變易、不易的規律。

同樣是唐代的大學者，年代比陸德明略晚的孔穎達，在他主編的官定《周易正義．卷首》中，則原原本本從「三易」談起，四平八穩的提出另一主張：

> 案，《世譜》等群書，神農一曰連山氏，亦曰列山氏；黃帝一曰歸藏氏。既《連山》、《歸藏》並是代號，則《周易》稱「周」，取岐陽地名。《毛詩》云：「周原膴膴」是也。
>
> 又，文王作《易》之時，正在羑里，周德未興，猶是殷世也，故題「周」別於殷；以此文王所演，故謂之《周易》。其猶《周書》、《周禮》，題「周」以別餘代。故《易緯》云「因代以題周」是也。

這是從《連山》、《歸藏》說到《周易》的「周」，係指周代而言。而且他還明確指出，《周易》這本書，是殷末周文王被囚羑里時「所演」而「作」。

孔穎達不愧是《周易正義》的主編，他雖然偏向朝代之說，但為了兼容並納，不傷和氣，不但說「三易」中的《連山》、《歸藏》「並是代號」，而且還以官方定本的領導人，強調從漢朝開始流行民間的緯書，也主張「因代以題周」，然後才這樣反對鄭玄之說，而要求儒生歸於一尊：

> 先儒又兼取鄭說，云既指周代之名，亦是普遍之義。雖欲無所遐棄，亦恐未可盡通。其

《易》題「周」，因代以稱周，是先儒更不別解。

《周易》是周朝的《易經》這種說法，從此影響了唐代以後的很多讀書人。㊄既然如此，那麼，周朝的卜筮職官之長「太卜」，和《周易》的「易」究竟又有什麼樣的關係呢？

原來周朝「太卜」這一官職，到了漢朝，即稱為「易」。《禮記．祭義》中有這樣的一段話：

> 昔者，聖人建陰陽天地之情，立以為「易」。易抱龜，南面；天子卷冕，北面。雖有明知之心，必進斷以志焉，示不敢專，以尊天也。

這是說古代聖王處理國家大事，為了表示尊天地、敬鬼神，所以臨事不敢自專，必須由「易抱龜」占斷吉凶之後，才做決定。引文中所謂「昔者聖人」指的應是周朝（包括周朝以前）的聖王。因為在「易抱龜」這一句下，鄭玄有注：

> 易，官名。《周禮》曰大卜。大卜主三兆、三易、三夢。

可見漢朝所稱的「易」，正是周朝的「大卜」。大卜即太卜。核對《周禮．春官．宗伯》的記載，太卜下設卜師，主管的職務最主要的正是：三兆（用龜甲，有時也用獸骨來卜吉凶的三種制度和規則。包括「玉兆」、「瓦兆」、「原兆」）、三易（用蓍筮來卜吉凶。包括《連山》、《歸藏》、《周易》三種周朝以前留傳下來的卜法。正卦都是八個，別卦都是六十四個）、三夢（用夢占望氣來卜吉凶。包括「致夢」、「觭夢」、「咸陟」）。

這三種職務，在「卜師」底下，又分別設立「卜人」、「龜人」等職官，來負責龜卜；設立「占人」、「筮人」等職官，來負責占筮；設立「占夢」、「視祲」等職官，來負責解夢。這三種卜法，依照《漢書．藝文志》的說法，都屬於「術數」，簡稱為「數」。這些也都和卜兆、卦象或所謂氣象有關。其中，「占人」和「筮人」所掌管者，更直接與「八卦」、「三易」有關。

他們所要卜問的吉凶，依《周禮．卜師》鄭玄注所引鄭眾的說法，都是國家大事。分為八類，稱為「八事」或「八頌」，包括：征（征戰討伐）、象（天象吉凶）、與（給人器物）、謀（謀議事由）、果（人事成敗）、至（是否抵達）、雨（是否降雨）、瘳（疾病輕重）。卜師「以此八事，命卜筮蓍龜，參之以夢」，這是說占卜時，都必須用龜甲，並且輔以三兆、三易、三夢所得出的結果，觀察其吉凶休咎，來提醒國君採取權宜補救的行政措施。其中龜卜最受重視，官吏屬下人數也最多。

這從殷商王朝開始，早已如此。可惜這些古代文獻從戰國時代就長埋於地下，秦、漢以後已罕為人所知見，一直到清末民初，殷墟甲骨文大量出土，才廣為人知，證實殷周時代確實有這樣的禮儀和制度，也才佐證西漢初年景帝、武帝之際出土的《周禮》（原名《周官》），並非劉歆所偽作，確實是一部保存若干殷周歷史文獻的先秦古籍。尤其是到五六十年前，唐蘭、張政烺等人在商周甲骨金文中發現有卜筮用的重疊數字，才又證實商周時代可能有一種專門記錄象數之學的古代文字。㊅

三、《易》即太卜之遺法

從上述的文獻資料看，在殷周時代，凡是國家大事的預測和防範，都是由太卜主持，「先筮而後卜」。這也就是《荀子．天論》篇所說的「卜筮然後決大事」。在進行占卜時，通常先用蓍策來筮占，然後才用龜卜。㊆龜卜和筮占合用在一起，就是古人所說的「象數」。

上文曾經提過，《左傳．僖公十五年》引韓簡云：「龜，象也。筮，數也。」杜預注：「言龜以象示，筮以數告。象數相因而生，然後有占。占，所以知吉凶。」可見古人對龜卜是視其灼裂兆象以測吉凶，而對筮占則是視其數位卦象以定禍福，皆與「象」「數」有關。古人又因為靈龜難得，特別尊貴，如果筮占為凶，則不再龜卜；如果不用龜卜而只用占筮，那就還要用八卦來進一步占問，然後才據以判斷吉凶禍福。這些都有一定的禮儀和規制。上述卜師屬下的「占人」和「筮人」這兩種職官，主要就是負責筮占卜卦這類的工作。

「占人」負責的工作比較複雜，包括「占兆審卦」。除了蓍占卜卦之外，有時還要「以八筮占八頌」。八頌即上述以龜卜為主所占問的八類國家大事。正常的情況，在卜筮完畢之後，「占人」要把求問所寫的繫帛，和龜筮所顯示的兆象和命辭，全都收集在一起，記錄在簡冊上。這些占卜所用的文字，古人都稱為「繇辭」，因為它們多用「籀文」（周朝所使用的古文字）寫成，所以也叫「籀辭」。到了年終歲末，再整理記錄卜筮的繇辭及所占得的吉凶，並且呈報給上司，據以統計卜問應驗和失誤的狀況。《周禮》所謂「歲終則計其占之中否」，表示應驗的固然有，失誤的諒也不少。這和我們今天所看到的《易經》卦爻辭，應該有其密切的關係。我們相信早期原始的《周易》中，像「高宗伐鬼方」、「康侯用錫馬蕃庶」等等記載，就是如此編輯而成的。

「筮人」則主管「三易」，即上述三種易卦，專司九種筮法，所謂「掌三易，以辨九巫（筮）之名。」九種筮法包括：筮更（占問遷都）、筮咸（占問民心向背）、筮式（占問制作法式）、筮目（占問事情當否）、筮易（占問是否變法）、筮比（占問是否親民）、筮祠（占問祭祀之事）、筮參（占問車駕之事）、筮環（占問征伐之事）。這和我們今天看到的卦爻辭中所談的問題和記載，也頗有些相通及契合處。

他們在占卜的過程中，都有固定的規制和禮儀。據《尚書．洪範》、《儀禮．士喪禮》等文獻的記載，夏、殷、周三代雖然卜筮的方式各有不同，但基本上都是「三法並卜」。龜卜要看兆體的五種兆象，所謂「卜五」；筮占則要看貞（內卦）悔（外卦）二體，所謂「占用二」。「三人占，則從二人之言。」少數要服從多數。其中仍以龜卜最受重視，也被認為最能代表神意。

我們相信夏、殷、周三代的禮儀和規制，固然會有變革，但必然也有前後因襲的部分。周朝有的會和殷商一樣，只是名稱改變而已。後來的朝代之於周朝，當亦如此。掌管以上這些工作的行政主管，在卜師之上，周朝就叫做「大（太）卜」，漢朝改稱為「易」。他們卜筮的方法，代代相傳，可以稱為「太卜之遺法」。他們所掌管的有關卜筮的檔案圖書資料，秘藏宮室之中，也代代相傳。所以漢朝「易」的職官所掌管的卜筮檔案圖書資料，一定有以前周朝留傳下來的文獻在內。把周朝所保存留傳下來有關卜筮的文獻資料，重新加以整理彙編，稱之為《周易》，誰曰不宜？

也因此，筆者以為就像《周禮》原名《周官》一樣，《周易》的取名，應該也是漢代經學家取自周朝掌管占卜者的職稱。高亨《周易古經今注》曾云：「余疑易初為官名，轉為書名。」他的推測是有道理的。

至於最早用「周易」一詞的，據現存資料看，是《左傳》。例如《左傳．昭公七年》已有「孔成子以《周易》筮之」的記載。

附注

㈠漢代經學家所謂「秘書」，通常指宮中秘府所藏古代珍貴圖書而言。據劉歆《七略》及班固《漢書・百官公卿表》等，可知漢代宮中藏書，內有延閣、廣內、秘書府，所謂「中秘」或「秘書」；外有太史、太常及隸屬之博士公署，即所謂「外秘」。總司其事者為御史中丞，在殿中蘭台。許慎在東漢安帝永初年間，曾入宮中校書東觀，得以師從賈逵，並閱宮中秘本。請參閱拙著《許慎及其說文解字》一書。

㈡見周法高主編《金文詁林》引高鴻縉《中國字例》之說（香港中文大學，一九七七年）。又見李一匡《易經解讀》第一篇〈緒論〉（作者自刊本，一九八七年十月）。

宏一按，高鴻縉、趙誠等人之說，似受清人桂馥的影響。桂馥《說文解字義證》曾疑「日从勿」，當作「从旦勿。旦者，開陽也。」

李炳海《周易古經注解考辨》（北京：華夏出版社，二〇一七年）則從甲骨文「易日」之說，推論「易」字當从日从勿。

㈢見黃振華〈論日出為易〉一文，《哲學年刊》第五輯（台北：台灣商務印書館，一九六八年十一月）。

宏一按，此說與歷代學者解釋許慎《說文解字・易部》的「易」字略同。朱駿聲《說文通訓定聲》即認為「易」為「易（陽）」之誤字。

㈣見余永梁〈易卦爻辭的時代及其作者〉，《中央研究院歷史語言研究所集刊》，一九三一年。

屈萬里師有關《周易》之論著中，有《周易集釋初稿》、《學易劄記》、《周易批注》三種，分別代表他早年、中年、晚年的讀《易》心得。死後由學弟黃沛榮教授整理出版，先後由台北聯經出版事業公司及上海辭書出版社印行。《學易劄記》屈師自署「（民國）三十三年元月訂於南溪李莊」，書中多處引用聞一多《周易義證類纂》，蓋中年之作也。

㈤此外，友人黃慶萱《周易縱橫談》書中有〈周易叢談〉一篇，以為「周」除「周代」、「周普」之外，尚有「周匝」一義。他的根據是《周禮．春官．太卜》「掌三易之法」句下，賈公彥疏云：「以《周易》以純乾為首，乾為天，天能周匝於四時，故名《易》為周也。」似可備一說。但細思之，「周匝」似亦可歸入廣義的「周普」之內。

㊅參閱唐蘭〈在甲骨金文中所見的一種已經遺失的中國古代文字〉一文，《考古學報》一九五七年第二期；李零整理《張政烺論易叢稿》（北京：中華書局，二〇一〇年十二月）。

㊆已見前。朱熹《朱子語類》有云：「《易》本為卜筮而作。」卜指龜卜，筮指蓍占，二者之用，孰先孰後，孰長孰短，其實不易確定。此「先筮而後卜」之說，據《周禮．春官．簭人》而言。實則「筮無定法」，殷商是否如此，不得而知。殷商多用龜卜，周朝多用筮占，此固常態，但這並不表示殷代沒有筮占，也不表示周朝沒有龜卜，更不表示筮占的使用一定在龜卜之前或之後。古人所以會有八卦起源於上古伏羲氏的傳說，正表示用蓍筮占卦的方法，起源甚早。或許在使用龜卜之前，早已有蓍占之術。

屈萬里老師《學易劄記》中有「龜卜與易筮」一節，即認為周人的易筮，乃因襲殷人的龜卜而來。茲摘錄如下：

龜卜為殷人占卜之具，《易》筮則周人所發明，蓋因龜卜之習，而更趨於簡易也。……

按，《易》卦爻自下而上，初、三、五皆陽位，二、四、上皆陰位，陰陽相間；而二多譽，四多懼；三多凶，五多功，義亦相反。事與卜辭同。

第三章 從「人更三聖，世歷三古」談起

「人更三聖，世歷三古」這句話，是談論《周易》、人所共知的一句名言，出自東漢班固的《漢書》。它是從漢代歷史學家的觀點，來說明上古的伏羲，中古的周文王和近古的孔子，他們三位聖人在《易》學上的成就和貢獻，以及在《易》學史上的重要地位。

這句名言，大家傳誦已久，但多習焉而不察，不知道它的來歷，更不知道它的得到確認，肯定孔子為「三聖」之一，是有一段醞釀過程的。筆者有鑑於此，不辭固陋，特地為此提出個人的一些粗淺的看法。以下二章，即就此而發。

一、春秋時代魯國的《易象》

上文說過，夏、殷、周三代承傳下來的有關卜筮的禮儀和規制，應該有因有革，因襲的當然成為文化傳統，變革的則可能是由於客觀環境的改變。例如殷商王朝雖然五次遷都，卻一直到盤庚定都於殷（今河南安陽一帶）以後才固定下來。但總的來說，他們所遷的都城所在，都在東土近海或濱河之地，所以他們取龜甲來占卜，取貝殼來作為錢幣貿易之用，自無

問題；而周朝自武王克殷之後，定都西土，包括後來東周遷都洛陽，雖然也都去黃河不遠，但因分封諸侯、統治的地區太大，要用龜卜以問吉凶，或作錢幣之用，就取材而言，已經不太可能，因此錢幣貿易只得以刀布泉貝取代，而占卜也只得以蓍草筮占為主。這就是客觀環境的限制。屈萬里師在其《學易劄記》中就曾這樣說：

龜卜為殷人占卜之具，《易》筮則周人所發明，蓋因龜卜之習，而更趨於簡易也。故《書》所記龜之產處，為江淮流域，黃河流域則甚少。殷人致龜，似已不甚易，周人蓋得之尤難，此用蓍之便一也。龜卜無定辭，《周易》則有定辭，此用蓍之便二也。……

㈠

因此，到了春秋、戰國時代，有關占卜史料的記載，已經由龜卜而逐漸轉為筮占了。

上文說過，《左傳》記載魯昭公二年（西元前五四〇），晉平公差使韓宣子韓起聘魯，到了山東曲阜，「觀書于大（太）史氏，見《易象》與《魯春秋》，曰：周禮盡在魯矣。吾乃今知周公之德，與周之所以王也。」這一段話，後來晉朝的杜預這樣加以注解：

《易象》，上下《經》之象辭。《魯春秋》，史記之策書。《春秋》遵周公之典以序事。故曰「周禮盡在魯矣。」《易象》、《春秋》，文王、周公之制。

看起來，《易象》和《魯春秋》不但都是魯國「大史」（太史）當時所保管的有關邦國典則的專書或檔案史料，而且都與「遵周公之典以序事」以及「文王、周公之制」有關。

杜預《左傳注》所提到的：「《易象》，上下《經》之象辭。」這一段話，和古代傳說《周易》「古經」的卦爻辭成於文王、周公之手，是相契合的。其實《易象》究竟是不是書名專稱，或者只是指《易象》的一些檔案史料，是無從確定的。因為在《左傳》和《國語》等書中，提到《周易》這本書時，或稱為《周易》，或簡稱為《易》，從來沒有稱為《易象》的。因此，李學勤在〈魯大史氏易象說〉一文中，這樣推測：

> 在《易傳》撰成以前，已經存在類似的講卦象的書籍，供筮者習用。這種書是若干世代筮人知識的綜合，對《易》有所闡發，是後來《易傳》的一項來源和基礎。《左傳》韓起所見《易象》，應該就是這樣一部書。

這應該是合理的推測。早期《周易》的傳本，一定就像杜預所說的那樣，以「上下《經》之象辭」為主。

李學勤又在《周易溯源》第一章第三節這樣說：

> 春秋時在《周易》之外，另有其他筮法，這從《周禮》來看，當即《連山》、《歸

藏》，應屬可信。《歸藏》本為殷商筮法，也較有根據。《周易》結構與「二易」相似，有可能是在「二易」特別是殷人《歸藏》的基礎上損益修改而成。㉓

根據《周禮．春官》的記載和鄭玄的注解：「三易」之中，《連山》「象山之出雲，連連不絕」，相傳是伏羲時代所用，係以艮卦為首；《歸藏》象百川之朝大海，「萬物莫不歸藏於其中」，相傳是顓頊時代所用，係以坤卦為首；而《周易》則「言《易》道周普，無所不備」，相傳是周文王被殷紂囚於羑里時所推演，而以乾卦為首。所謂「《易》道周普」，應該就是指《周易》乃「若干世代筮人知識的綜合」，已經兼採並收了《連山》、《歸藏》「二易」的智慧成果。

因此李學勤上述的這種說法，應是合理的推測。如果把他所說的「這種書」以及「這樣一部書」，改為「這樣的一些檔案史料」或「魯國太史所保存的這些邦國典則」，似乎更近事實。

所以如此，是因為周公被封於魯，與其他諸侯的封王建國，意義有所不同。周公由於襄助周武王克殷紂、立周朝，有致太平、制典法之功，所以到周成王時，封其後裔長子伯禽於魯，比照天子的禮儀，可以郊祭上天及三望（祭泰山、河、海），所以魯國太史所保存的檔案資料，相當於周朝太史所掌管的邦國典則文獻。

上文也曾經說過，太史和太卜、太祝都是周朝宗伯屬下，分別掌管有關卜筮不同職務的主管：太卜掌管卜筮占夢，太祝掌管祭祀祈禱，而太史則掌管邦國典則的檔案史料。因此韓宣子韓起訪問魯國時，能在魯國太史那兒看到周文王和周公創制《周易》卦爻象辭的檔案資料，是理所當然的。

魯國太史所保管的這些《易象》檔案資料，我們暫且稱之為《周易》早期的一種傳本。它在魯昭公二年（西元前五四〇）為韓宣子韓起所見時，正好是孔子（西元前五五四～四七九）在世求學的時代。

孔子生當春秋末世，在魯國做過官，極有可能看過這些《周易》早期的傳本，所謂《易象》的檔案資料。他在周遊列國之後，看到「禮崩樂壞」，覺得世道衰微，人心不古，為了扭轉風氣，經世濟物，於是主張克己復禮，提倡仁道德政，不語怪力亂神，一切以道德倫理為依歸。當時魯國所藏的《周易》早期傳本，可能只是以「易象」為主的卜筮之書，但孔子卻以為它既經文王、周公之手，必有深意，因而視之為寶貴的經典，採為教本，用來教導門下弟子，以社會人事倫理道德來闡述「易象」包括卦形符號及卦爻辭背後的含義。從此它成為儒生必讀的經典，代代相傳。

這些都是見諸史傳記載的。記載春秋時代的史書，例如上述的《左傳》、《國語》，已經引用了不少《周易》有關卦象和筮法的資料，即可證明《周易》早期的傳本，在春秋時代早已成書，或早已流傳。

二、戰國時代的《易》學概況

到了戰國時代，諸子並起，百家爭鳴，在奉孔子為先師，講求仁政王道的儒家之外，講求兼愛非攻的墨家，講求空虛無為的道家，……以及法術刑名之學、陰陽五行之說等等，各種流派、學說，都先後乘勢而起，盛極一時。起先學術思想只分流派，稱主要流派為「家」，是漢代以後的事。當時各家各有思想主張，不但彼此爭衡抗勝，而且各家之內，有時也會分化而各立門戶。㊂《周易》早期的傳本，以《易象》為主，原為卜筮之書，作占斷吉凶之用，它的性質，本來就介乎儒、墨、道、法、陰陽諸家之間，因此在儒家之外，各家門派都可以持有，也都可以作不同的解讀，其中尤以戰國中晚期以後也講筮術、方技的道家和陰陽家，和它的淵源最深，關係最密切，給儒家的壓力也最大。

雖然文獻不足，但我們仍可作下列合理的推測：《周易》早期的傳本，除了周朝宮中太史所典藏以及魯國孔子所訂定者之外，應該還有其他不同的「古經」本子流傳於世。至少有周朝宮中所典藏者可供諸侯各國覲見觀摩。儒家主要是依據《周易》，其他流派則可能兼採《連山》、《歸藏》。儒家主要講義理、講人倫，其他流派，像道家、陰陽家，則可能主要講象數、講天道。各講其道，各行其是。因此對《易》學的種種問題，各家的看法有所歧異差別，是難免的。

上文說孔子感嘆當時「禮崩樂壞」，世道衰微，那是表示到了春秋晚期，周朝王室已無力節制諸侯。到了戰國時代，七雄爭霸，更是各自為政，不聽命於中央。原本為周朝王室服務的太卜、太祝、太史及其屬下，所謂卜祝史巫之流，即廣義的「王官」，於是有的失職而流落民間。《論語．微子篇》所記載的：

太師摯適齊，亞飯干適楚，三飯繚適蔡，四飯缺適秦。鼓方叔入於河，播鼗武入於漢。少師陽、擊磬襄入於海。

即反映這種情況的部分事實。於是，他們原先所掌管的禮儀，所負責的事務，包括龜卜、著筮、夢占等等相關的禮儀規制和檔案資料，也隨之流落到民間去，而為各流派所吸收所應用。這從後來班固根據劉歆《七略》所寫成的《漢書．藝文志．諸子略》，把諸子百家歸納為「九流十家」，並說「諸子蓋出於王官」，認為他們大都淵源自古代的王朝官員，可以得到印證。㊃

同樣的道理，早期有關《易經》的資料，包括在春秋時代孔子以前，甚至在殷、周之際文王以前，與《連山》、《歸藏》同時，早已在民間流傳的一些古老傳說，以及與卜筮有關的一些術數、方技，即使帶有濃厚的迷信色彩，也必然會在戰國時代被各流派所吸收所應用。這從漢代的《易》學發展資料中，常見引述所謂古代「聖王」、「隱士」的說法，是可以作如此的理解與推測的。

在戰國時代所謂「諸子百家」的各流派之中，根據當時《莊子．天下篇》、《荀子．非十二子篇》、《韓非子．顯學篇》以及後來漢代司馬遷《史記．太史公自序》所引述的司馬談〈論六家要指〉，和班固的《漢書．藝文志．諸子略》等等的記載，主要的流派有五、六家。前期最活躍最受注目的，是儒家和墨家，其次是名家和法家。

莊子〈天下篇〉稱儒家為「鄒魯之士，搢紳先生」，於墨家則舉墨翟、禽滑釐及類似「別墨」的雜家宋鈃、尹文等人，但對於道家，不知何故，在莊子之外，卻僅舉關尹與老聃。更值得注意的是，未曾提及陰陽家。可見當時道家尚未發達，而陰陽家亦尚未成為氣候。

荀子〈非十二子篇〉批評他之前的儒、墨、名、法等十二名家，認為他們的學說「持之有故，言之成理」，但也都「足以欺惑愚眾」。最特別的是，他於儒家，推崇孔子和子弓，卻斥責子思、孟軻為敗類為罪人。

可是，到了戰國時代中晚期以後，情況改變了。道家和陰陽家乘勢而起，墨家開始沒落分化，而儒門後學也開始紛紛各立門戶。(五)

韓非子〈顯學篇〉既稱儒、墨為「世之顯學」，卻也同時指出儒家已分為八個門派，而墨家亦分為三。分化之後，各立門戶，勢必各講其道，也各行其是。道家開始推崇黃老，發展迅速，兼納名法諸派，不但講道術方技，也講望氣、煉丹等等。陰陽家不但講陰陽五行，也講圖讖禨祥等等。他們都精通筮術，取代了墨家的地位之後，真的已可與儒家爭一日之短長。

試問在這種情況之下，儒家能不能在諸子百家之中獨領風騷而定於一尊？孔子能不能得到所有各流派的認同？換句話說，就《易》學的傳承而言，孔子最後能與伏羲、周文王並稱，被列為「三聖」之一，是怎麼得來的？這是個大問題。

《易》為六藝之首，又原為卜筮之書，不但儒家會談論它，道家、陰陽家等等流派也都會談論它。不管是哪個流派，談到「三易」的《連山》、《歸藏》和《周易》的因革流變時，應該都會對《周易》「古經」的來歷，對八卦卦形符號和卦爻辭的產生以及推演，包括創始者及其著成時代的種種相關問題，有所論述。即使意見紛紜，不盡相同，但對於一些古老的傳說（例如：伏羲氏發明八卦、周文王演《易》繫辭），以及若干客觀的史實（例如：卦爻辭中有「高宗伐鬼方」、「帝乙歸妹」、「王用亨于西山」、「康侯用錫馬蕃庶」等等殷周史實的記載），又不能否認，最終儒家及各流派必然取得這樣的共識：發明八卦的是伏羲氏，加以推演並作繫辭的是周文王（也有人說作爻辭的是周公），他們是《易》道發展的兩個關鍵人物。一個代表上古，一個代表中古。

這在孔子以前，應已代代相傳，到了戰國時代，儒家尊重孔子，當然遵從信守，而各流派也無暇顧及或無法反對。然而，一旦討論到周文王（包括周公）以後，有哪一位對《易》道的發展有偉大的成就與貢獻，可與伏羲、文王相提並論？恐怕就眾說紛紜，莫衷一是了。

儒家的門徒，基於對孔子的尊崇，《易》學的傳承，自然代代有人。孔子傳《易》於商瞿，六傳而至漢初的齊人田何，《史記》、《漢書》都有記載，然而其傳人名字卻多不見於經傳，他們應該只能延續傳承孔子的說法，而無力鼓吹發揚，使孔子成為「三聖」之一。儒門的後起名家之中，像荀子是曾談論《易》的，但像孟子就似乎在提倡仁義之餘，對此興趣缺缺，避而不談。儒家尚且如此，其他流派可想而知。例如道家推崇黃、老的道術，陰陽家嚮往海上的神仙，孔子在他們心目中的地位，恐怕遠遠不如他們所崇仰的偶像。

不過，在「諸子並起，百家爭鳴」，學術如此昌盛，思想如此發達的戰國時代，尤其到了中晚期以後，各種流派不但彼此爭衡抗勝，而且有的還各立門戶，各有主張。在黨同伐異之餘，卻又難免互相擷長補短，產生交融混同的現象。儒門弟子會採納其他流派的某些說法，其他流派也會兼採儒家的思想主張。而且大家紛紛著書立說，或騰之於口，或筆之於書。就孔子所傳的《易》學而言，是不是在他生前真有《易傳》十種之作，誰也不敢確定，但到這時候，儒門的後學或信徒，受到時代風氣的影響，紛紛把所見所聞所知有關儒家先師孔子對《周易》的種種說法見解，記錄下來，加以整理，或加以解說闡述，是理所當然之事。其他的流派，例如也講筮術的道家和陰陽家，當時應該也有不少有關《易》學的著述和文獻資料。㈥

可惜的是，這種種著述和文獻資料，到了秦、漢以後，卻多亡佚不見了。為什麼呢？當然眾所周知，是由於秦始皇的「焚書坑儒」。

一般人所理解的「焚書坑儒」，大都以為是秦始皇用來對付儒家的「以古非今」，因而坑殺儒生，焚燬經書。事實上並不盡然。秦始皇所要坑殺的，其實是以神仙之說欺騙他的方士，例如盧生、侯生之流。這些方士，大多通曉陰陽五行之說，兼通道家的方術與儒家的經典，常常披著儒生的外衣，口誦《詩》、《書》，因此多被視為儒家的信徒。相同的情況，戰國中晚期的儒生，兼通道論與筮術的，也所在多有。因此儒生與方士常被視為一體。一直到秦、漢以後，還是如此。恰巧秦始皇「焚書坑儒」時，曾經下令「醫藥卜筮種樹之書」不在禁燬之列，因此有些儒家的門徒和有些儒家的經典（當然包括原是卜筮之書的《周易》），當時就藉著披上卜筮的外衣而逃過劫難。從秦、漢之際到漢武帝「罷黜百家，獨尊儒術」之前，很多學者文士（像司馬談）兼通儒學、道論與筮術，其道理亦即在此。關於這些，後文另有說明，茲不贅論。

秦始皇的「焚書坑儒」，雖然原非專對儒家而來，但結果還是對儒家造成莫大的傷害，而且株連所及，所謂「有藏詩書百家語者，悉詣守尉雜燒之」，所謂「以古非今者族」，對其他的流派也同樣多所摧殘或有所抑制。因此，儒家以及各流派的學者文士，有的只好隱藏於民間草野，但求全身而不求聞達。其中自以兼通儒學與筮術者最多。也因此，在秦火焚燬之餘，《周易》的傳承，從戰國中期到秦、漢之際的這個階段，留下來的資料非常少。

試問在這種情況之下，孔子如何能夠受到後人的推崇，而與伏羲、文王並列為「三聖」之一？

因此，談論這個問題，筆者以為：在政治上不能忽略秦始皇和漢武帝二大帝王的影響，在學術上不能忽略司馬遷和班固二大史家的著述。明白了這些道理，才能了解孔子係因《易傳》而被列為「三聖」之一，但也因《易傳》而引起後人熱烈的批評和討論。

附注

㊀《學易劄記》為屈翼鵬師中年之作，大約作於民國三十三年抗日末期避居四川李莊期間。

㊁參閱李學勤《周易溯源》第一章「西周春秋的《易》」。

㊂戰國時代的諸子百家之說，可參考班固的《漢書．藝文志．諸子略》。但求諸戰國諸子同時之評論，則《莊子．天下篇》、《荀子．非十二子篇》、《韓非子．顯學篇》為第一手參考資料。王叔岷師《先秦道法思想講稿》第一章亦對此曾有析論，可供參考。

莊子強調道術而貶斥方技，所論者主要有六個流派，茲皆稱之為「家」：「鄒魯之士，搢紳先生」是儒家，關尹、老聃是道家，墨翟、禽滑釐是墨家，彭蒙、田駢、慎到是法家（近於道家），惠施、公孫龍是名家，另外，宋鈃、尹文是有雜家色彩的墨家，而相里氏、鄧陵子之屬，則互稱「別墨」。儒、墨最受注意。

荀子主要是批評戰國時代在他之前的十二個名家。包括它囂、魏牟，陳仲、史鰌、墨翟、宋鈃，惠施、鄧析，慎到、田駢，子思、孟軻等人。最令人詫異的是，荀子是儒家，可是他批評最激烈的卻是儒門前輩的子思和孟子，斥之為敗類。他所稱頌的是子弓，與孔子並稱。子弓，或疑即馯臂子弓，見下文第五章。

韓非子所稱的「顯學」，是指早期的儒、墨二家。但他說後來儒學已分為八個門派，有子張之儒、子思之儒、顏氏之儒、孟氏之儒、漆雕氏之儒、仲良氏之儒、孫（荀）氏之儒、樂正氏之儒。墨學亦分為三，有相里氏之墨、相夫氏之墨、鄧陵氏之墨。

㊃見班固《漢書．藝文志》。所謂「出於王官」，即出自王朝官員之意。

㊄同注㊂。

㊅劉大鈞研究《易傳》有年，他一直認為《易傳》之名，最早見於戰國時代。那時候，人們已將解釋《周易》的文辭，通稱為《易傳》。筆者認同這個說法，但那時候的所謂《易傳》，並非我們今日所見的《易傳》，未必七種十篇全有，也未必內容文字皆同，應該只是今本的雛形而已。

第四章 孔子與《易傳》

一、孔子與《易傳》的著述

筆者以為孔子被列為《易》道「三聖」之一，與他相傳著述《易傳》有關。根據《論語》的〈述而篇〉和〈子路篇〉，可見孔子確實讀過《易經》；根據西漢司馬遷《史記》的〈孔子世家〉、〈仲尼弟子列傳〉，和東漢班固《漢書》的〈藝文志〉、〈儒林傳〉等等資料，又可見孔子研究《易經》確實頗有心得，曾用以講學授徒，並且為了闡述經文中的義理，曾寫了《易大傳》。《史記．太史公自序》所引的司馬談〈論六家要指〉，開頭即引《易大傳》說：「天下一致而百慮，同歸而殊途。……」這兩句話即出自《易傳》中的《繫辭傳》，可以為證。後來班固《漢書》的〈司馬遷傳〉也照樣引用。他們所說的《易大傳》，後來也稱《周易大傳》，或簡稱《易傳》。可見在漢人心目中，《易傳》乃孔子所作。司馬談是司馬遷的父親，卒於漢武帝元封元年（西元前一一〇），約生於漢文帝年間。可見在西漢初年已有孔子作《易傳》的說法。

但是，這裡所說的《易傳》，並不等於我們今天所說的包括有七種十篇的「十翼」《易傳》。它原本究竟有多少種多少篇，次序數法、內容文字是否和後來傳本相同，一直眾說紛紜，沒有定論。㊀大概而言，唐代以前，大都相信《易傳》為孔子所作，罕有疑問；宋代以後，則於此多所質疑。越到後來，質疑的越來越多。始則懷疑若干篇章應非孔子所作，後則肆加批評，全盤否定，甚至懷疑有的是漢人所偽造。㊁近幾十年來，很多學者窮力追索，反覆考證，比較通行的說法是：「十翼」之中，有不少是記述前人代代相傳的遺聞傳說，應出自孔子生前的講述；也有很多是後來儒門弟子學思見聞的記錄，很可能出自戰國時代或秦、漢之際的儒生經師之手。換言之，《易傳》的著述，始於孔子，後經儒門弟子陸續補充，至漢代始告完成。

說到這裡，就可以回到上一章所提的問題了。

上文說，秦始皇的「焚書坑儒」，原是針對若干方士而發，但受到最大傷害的，卻是儒家及其傳世的經典古籍，其次是講求方技、筮術的道家和陰陽家，以及一些「以古非今」、「紛然殽亂」的諸子之言。「焚書坑儒」當然是暴政，結束戰國亂象、一統天下群雄的始皇帝，也因之成為滅絕文化、人人唾罵的大暴君。他給人民的壓力越大，人民反彈的力量也就越大。因此秦祚不長，也因此當陳涉與吳廣揭竿而起、反秦暴政之初，立即有魯儒抱持孔子禮器投歸其旗下，孔子的八世孫孔鮒即在其中；當劉邦與項羽逐鹿天下之時，策士陸賈在其左右，最常引用的也是儒家的《詩》、《書》；當劉邦滅了項羽舉兵回魯時，魯中諸儒竟然又已「誦習禮樂，弦歌之音不絕」了。㊂可見儒家及其經典古籍，成為反秦暴政的象徵，而「栖栖一代中」的孔夫子，也由儒家的先師變成了反秦暴政的聖人。

高祖劉邦以後，西漢起先的幾位帝后，為了與民休養生息，勵行道家的無為而治，即所謂「文景之治」。表面上是儒、道並重，實際上所喜好的是黃老之術和刑名之學。法家出於道家，道家的黃老之術，一直是他們所崇奉的對象。尤其是竇太后，即使在武帝即位之初，都還不諱言她的崇道抑儒。因此在漢武帝實際掌權之前，漢初的學術思想，可謂一直在道家思想的籠罩之下。這可以從劉安《淮南子》的〈要略〉篇和司馬遷《史記・太史公自序》所引用的司馬談〈論六家要指〉，看出秦、漢之際學術風氣的盛衰轉移。

《淮南子》的〈要略〉篇，等於著者的自序，以道家為核心，用「道」來解釋天理人事，並為帝王提供治術。提到的思想流派有道、儒、墨、法、刑名、縱橫諸家。最推重的當然是崇尚黃老的道（德）家，其次是儒家，還特別提到「孔子修成、康之道，述周公之訓，以教七十子，使服其衣冠，修其篇籍，故儒者之學生焉。」這反映出當時統治階層的學術風尚。比較特別的是，它從地域來論思想流派的發展和書籍的流傳，例如說孔、墨之「學」在魯，管、晏之「書」在齊，韓有「申子刑名之書」，秦有「商鞅之法」等等，我們藉此可以了解秦火之後各思想流派的分布情形，也可以視為秦始皇「焚書坑儒」的一種反動。另外，書中對《易傳》的經傳，也有了比較明確的引述。例如《淮南子・繆稱訓》所引的「剝之不可遂盡，故受之以復」，即出自《易傳》的《序卦傳》，卻稱之為《易》。㊃我們藉此又可以推知在西漢初期，已有人把《易傳》視同《易經》了。

司馬談的〈論六家要指〉，一樣反映出漢武帝以前西漢初期的學術風尚。司馬談「學天官於唐都，受《易》於楊何，習道論於黃子」㊄，所學正是儒學、道論與筮術。他所論的六家，依序是陰陽、儒、墨、名、法、道（德），但最後卻歸結於道（德）家。道家範圍很廣，門派很多，所謂道德家，係以黃、老為主。他說道（德）家「其為術也，因陰陽之大順，采儒、墨之善，撮名、法之要，與時遷移，應物變化，立俗施事，無所不宜。」這是他做為太史公的學術認知，也是當時時代風氣的真實反映。

如果漢代的學術風氣一直如此，如果沒有漢武帝後來的立五經、置博士、設太學、大開獻書之路，那麼，孔子的地位當然還是很高，還是儒家所崇奉的先師，但能不能超過道家的老子等人，能不能在伏羲、文王之後被推為《易》道的「三聖」之一，恐怕是個難下定論的疑問。

筆者以為孔子之所以能成為《易》道的「三聖」之一，在政治上是因為得力於秦、漢二大帝王的行政措施。前為秦始皇的「焚書坑儒」，後為漢武帝的「推明孔氏，抑黜百家」。秦始皇使孔子成為反秦暴政的象徵，使秦、漢之際及漢興以後的儒生經師，更為珍惜相傳為孔子所作的《易傳》，抗暴反秦時，秘而藏之，或改頭換面；秦亡漢興後，則廣為流傳，或補苴增訂。而漢武帝在竇太后死後，開始採用董仲舒的策議，主張「《春秋》大一統者，天地之常經，古今之通誼」，「不在六藝之科、孔子之術者，皆絕其道，勿使並進」，後來又定五經，設博士，立太學，廣開獻書之路。就是這些行政措施，使儒家先師孔子一躍而凌駕於諸子百家之上，為天下學術之至尊，而其《易傳》亦隨《易》為六藝五經之首而成為天下學子所必讀之鉅著。

不過，這二大帝王一反一正的行政措施，只是政治上的外在因素，真正促使孔子成為《易》道「三聖」之一的內在原因，是由於漢代司馬遷和班固二大史家的極力推崇。

司馬遷在元封三年（西元前一〇八）繼司馬談任太史令，因此有機會閱讀皇宮之中所收藏的儒家經籍、諸子百家以及各種檔案史料。他在太初元年（西元前一〇四），曾與唐都等人修「太初曆」，改以正月為歲首（秦曆以十月為歲首），頗受武帝重視。不幸卻於天漢三年（西元前九八）左右，因李陵出征匈奴，兵敗投降，他替李陵求情時，得罪了武帝，因而下獄受宮刑，出獄後，含羞忍垢，任中書令，從此專心撰寫《史記》一書。他父親臨死前曾告誡他要像孔子修《春秋》一樣好好寫一部史書。所以他「究天人之際，通古今之變」，「述歷黃帝以來，至太初而訖百三十篇。以拾遺補闕，成一家之言。厥協六經異傳，整齊百家雜語。藏之名山，副在京師，俟後世聖人君子。」

所謂「厥協六經異傳，整齊百家雜語」，「拾遺補闕，成一家之言」，表示他看了很多儒家的經籍及諸子百家的檔案資料。據劉歆的《七略》說：「孝武皇帝敕丞相公孫弘廣開獻書之路，百年之間，書積如山。」（《昭明文選》卷三十八引）司馬遷的《史記．太史公自序》中也自己這樣說：

自曹參薦蓋公言黃、老，而賈生、鼂錯明申、商，公孫弘以儒顯。百年之間，天下遺文古事靡不畢集太史公。

就因為他同時閱讀了「天下遺文古事」種種檔案史料，所以他能協同異傳，整理雜語，因而才真正認識到孔子的偉大和儒家的可貴。於是他特地寫了〈孔子世家〉和〈仲尼弟子列傳〉，稱讚「孔子布衣，傳十餘世，學者宗之。自天子王侯，中國言六藝者，折中於夫子，可謂至聖矣！」並對孔子弟子的學術成就分別加以評述，又在〈儒林列傳〉中慨嘆：「自孔子卒後，七十子之徒，散游諸侯」，「後陵遲以至於始皇，天下並爭於戰國，儒術既絀焉，然齊、魯之間，學者獨不廢也。……」

我們知道司馬遷的父親司馬談，對於六家最推崇的是道（德）家，司馬遷因此「論大道則先黃老而後六經」（班固《漢書．司馬遷傳》評語），但他仍然推許儒家的孔子為「至聖」，這真是難能可貴，可謂獨具隻眼。《莊子．天下篇》曾云：「以天為宗，以德為本，以道為門，兆於變化，謂之聖人。」「聖人」原是用來稱頌道（德）家的，司馬遷卻用來稱頌孔子，可見孔子在司馬遷心目中，有多麼崇高的地位。

不過，古人的觀念，父命不可違，司馬談的〈論六家要指〉，既已標榜道（德）家「采儒墨之善」，司馬遷似乎不便置孔子於老子之上，㊅加上當時所能看到的「天下遺文古事」仍然不夠齊全，例如關於《易》學的傳承，孔子傳給魯人商瞿之後到六傳而至齊人田何之間，《史記》所記載的，就與班固《漢書》有所不同。這應該是後來的班固根據新出的資料才加以核對改訂。又如就《易經》本身而言，在司馬遷《史記》成書之後，民間還陸續出土一些新的資料，有一些新的發展（見後文）。這些都不是司馬遷所能掌握的。在在說明了司馬遷的《史記》，雖然已尊孔子為儒家的「至聖」，但在司馬遷的筆下，似乎還不能使孔子成為代表近古的超乎道德、兆於變化的聖人。

到了東漢的班固，情況不同了。他比司馬遷幸運得多。他所生活的時代，儒學昌盛，不但居於獨尊的地位，而且今古文經同時並起，經過劉向、劉歆父子的整理，古今新舊的圖書資料，都比司馬遷的時代要充實詳確。他可以站在司馬遷的肩膀上來看歷史中的世界。他參考司馬遷的《史記》來寫《漢書》。他佩服司馬遷的史學和史才，又同情司馬遷的遭遇，所以根據《史記．太史公自序》和〈報任少卿書〉來寫〈司馬遷傳〉，後加贊語，這樣說：

> 司馬遷據《左氏》、《國語》，采《世本》、《戰國策》，述《楚漢春秋》，接其後

> 事，訖於大漢，其言秦漢詳矣。至於采經摭傳，分散數家之事，甚多疏略，或有抵梧，亦其涉獵者廣博，貫穿經傳，馳騁古今上下數千載間，斯以勤矣。又其是非，頗謬於聖人，論大道則先黃老而後六經，序游俠則退處士而進姦雄，述貨殖則崇勢利而羞賤貧，此其所蔽也。然自劉向、揚雄博極群書，皆稱遷有良史之材，服其善序事理，辨而不華，質而不俚，其文直，其事核，不虛美，不隱善，故謂之實錄。

這一段話非常重要。他不但指出司馬遷撰寫《史記》內容取材的特色，也分別指出它的缺點和長處。更重要的是，「其言秦漢詳矣」這句話，說明司馬遷所寫秦、漢之際的史實，都很詳細可靠。班固就在這個基礎之上來撰寫《漢書》。

他站在儒家的立場，根據劉歆的《七略》來撰寫《漢書．藝文志》的〈諸子略〉，把歷來的學術流派分為九流十家，對儒家及各流派都能給予公允的評價。他在《漢書．藝文志》裡是這樣說的：

> 昔仲尼沒而微言絕，七十子喪而大義乖，故《春秋》分為五，《詩》分為四，《易》有數家之傳。戰國縱橫，真偽分爭，諸子之言紛然殽亂。至秦患之，乃燔滅文章，以愚黔首。
>
> 漢興，改秦之敗，大收篇籍，廣開獻書之路。迄孝武世，書缺簡脫，禮壞樂崩。聖上喟

然而稱曰：朕甚閔焉。於是建藏書之策，置寫字之官。下及諸子傳說，皆充秘府。至成帝時，使謁者陳農求遺書於天下，詔光祿大夫劉向校經傳諸子詩賦……。每一書已，輒條其篇目，撮其指意，錄而奏之。會向卒，哀帝復使向子侍中奉東都尉歆卒父書。歆於是總群書而奏其《七略》。

這是班固說明劉向、劉歆父子校書秘府的緣起和經過，交代他的〈諸子略〉為何根據劉歆《七略》的來歷。從上引的這段文字中，可以看出班固所言，確實能夠把握大體要點，資料非常充實，評論非常公允，更重要的是，就在這篇《漢書．藝文志》的著錄中，他還明確的指出《易經》有「十二篇」。所謂「十二篇」，是指東漢當時所傳的《易經》，已經包括經文上下及「十翼」。

換句話說，班固所見的《易經》，已經包括《周易》經文及《易傳》七種十篇。所以他才能在司馬遷《史記》所記載的基礎之上，明確的提出他的觀點：伏羲、周文王和孔子三人，在《易》道的發展史上，各有不同階段的成就和貢獻。

所謂「人更三聖，世歷三古」，即由此而來。

我們對照《史記》和《漢書》，就可以明顯看出來，先是《史記．日者列傳》這樣說：

自伏羲作八卦，周文王演三百八十四爻，而天下治。

另外，《史記·周本紀》也說：

西伯（即後來的周文王）……囚羑里，蓋益《易》之八卦為六十四卦。

可見在司馬遷的《史記》中，已經確立了伏羲氏和周文王在《易》道上的成就與貢獻。他認為八卦係伏羲氏所作，而推演八卦成為六十四卦、三百八十四爻的，則是周文王。然而他並沒有把孔子的《易傳》放在《易》道的發展史上考慮。因為在《易》道的發展上，道家也有其舉足輕重的地位。到了東漢班固的《漢書·藝文志》，才終於在《史記》的基礎之上，站在儒家的立場，確立了所謂「人更三聖，世歷三古」的說法。

班固先引用《易傳》中《繫辭下傳》的「伏羲始作八卦」之語，確定伏羲對《易》道有元始開創之功，然後說：

至於殷周之際，紂在上位，逆天暴物，文王以諸侯順命而行道，天人之占，可得而效。於是重《易》六爻，作上下篇。孔子為之《彖》、《象》、《繫辭》、《文言》之屬十篇。

故曰：《易》道深矣。人更三聖，世歷三古。

根據顏師古的注解，所謂「三古」「三聖」，是指上古的伏羲，中古的文王，和近古的孔子。意思是伏羲、周文王、孔子這三位聖人，就是《易》道發展史上的三位關鍵人物。不但《漢書．藝文志》這樣說，緯書《乾鑿度》也以為：「垂皇策者羲，益卦德者文，成命者孔也。」簡而言之，到了東漢班固的時代，學術界已經普遍認為：最初創作八卦的是伏羲氏，推演重卦並作卦爻辭的是周文王（包括周公），而為卦爻的內容大義作《彖》、《象》、《繫辭》等十篇（即所謂「十翼」）多所闡釋說明的，則是春秋末期的孔子。

至於孔子的著述《易傳》，從司馬遷開始，就一直有這種說法。《史記．孔子世家》中，有一兩段話常被人引用：

孔子晚而喜《易》，序《彖》、《繫》、《象》、《說卦》、《文言》。讀《易》，韋編三絕。曰：假我數年若是，我於《易》則彬彬矣。

前一段話是說孔子寫了《彖傳》、《繫辭傳》、《象傳》等等；後一段話「假我數年若是」，意思是說：假使能再給我幾年像「韋編三絕」這樣用功的研讀《周易》，那麼成就一定不可限量。韋編三絕，是指當時的書本，多用漆寫在竹簡之上，而以皮繩串編而成；孔子因為喜讀《周易》，不停的翻閱使用，因此連串編簡冊的皮繩也斷了三幾次。司馬遷的這些話不但見於〈孔子世家〉，同時也見於《史記·田敬仲完世家》，可見司馬遷反覆言之，一定有所依據。後來班固的《漢書·儒林傳》也照樣引用，一定也有所依據。

就因為孔子研讀《周易》如此用功，所以相傳他所作的《彖》、《象》、《繫辭》之屬十篇的《易傳》，才被後人認為足以輔翼《易》道，稱之為「十翼」。而孔子從此也被後人尊稱為「三聖」之一。

「孔子晚而喜《易》」的「晚」，有人根據《論語》的「加我數年，五十以學《易》，可以無大過矣」，認為是孔子接近五十歲「知命之年」的事，但也有人根據《經典釋文》引《魯論語》不同的版本作「亦可以無大過矣」，認為「五十以學」並非專就《周易》而言。但孔子讀過《周易》是無可懷疑的。《論語·子路篇》記載孔子引用「不恆其德，或承之羞」之語，即出自《周易·恆卦》的九三爻辭，可以為證。據此還有人推論孔子會占卦。

其實這「晚不晚」，並不重要，重要的是：孔子究竟是不是《易傳》七種十篇即所謂「十翼」的作者，還有，他為什麼要撰述這些著作？這才是我們其次要探究的課題。

二、後世對孔子著述《易傳》的看法

孔子究竟是不是《易傳》所謂「十翼」的作者？如果是的話，那麼他撰述這些著作的動機和目的是什麼？關於這些問題，唐宋前後學者的看法，頗不相同。

唐代以前的學者，大多認定這七種十篇的《易傳》，是孔子為解釋《周易》「古經」的經義而作，罕人懷疑；宋代以後，則從北宋歐陽修質疑非孔子一人所作開始，質疑的人越來越多，措辭也越來越激烈。

先說唐代以前。

像上述東漢的班固，就繼承西漢司馬遷的觀點，對於這些問題的看法，認為《易傳》乃孔子晚年所作，答案是肯定的。他在《漢書．儒林傳》中就以孔子的修《春秋》來比擬孔子的贊《周易》。他說孔子：「因《魯春秋》舉十二公行事，繩之以文、武之道，成一王法，至獲麟而止」，然後這樣說：「蓋晚而好《易》，讀之韋編三絕，而為之傳。」

「文、武之道」指周文王、武王的治國之道。「為之傳」則是明言孔子為《易》作「傳」。言下之意，似乎孔子之作《易傳》也有「繩之以文、武之道，成一王法」的用意。可見他比司馬遷更進一步，明確的說孔子作《易傳》，是為了闡揚文、武、周公之道。周公的制禮作樂，就是為了實踐文、武治國之道。配合上文所引《史記．孔子世家》所說的孔子「序《彖》、《繫》、《象》、《說卦》、《文言》」來看，班固說的其實就是：《易傳》乃孔子所作。又配合上文所引《漢書．藝文志》說的「《易經》十二篇」以及顏師古的《注》：「上下《經》及十翼，故十二篇」來看，孔子所撰述的《易傳》，應該包括上述七種十篇，也就是後來漢代緯書所稱的「十翼」。《繫辭傳》有云：「聖人設卦觀象，繫辭焉。」設卦觀象的聖人，可以兼指伏羲與文王，但繫辭於此，說明卦形符號以及卦爻辭並非簡單的卜筮之書，而是寓有深刻的人生哲理，足以垂範後世的，必屬春秋時期平民大教育家孔子無疑。

孔子常常感嘆「禮崩樂壞」，感嘆「不復夢見周公久矣」，所以他以六經授徒，應該是有「繩之以文、武之道，成一王法」的理想。就《易經》而言，據清儒焦循《易通釋》的推論：「《易》至春秋，淆亂於術士之口，繆悠荒誕，不足以解經，孔子所以韋編三絕而翼贊之也。」皮錫瑞《經學通論》說得更清楚：「孔子見當時之人，惑於吉凶禍福，而卜筮之史加以穿鑿附會，故演《易》繫辭，明義理，切人事，借卜筮以教後人，所謂以神道設教。」

「以神道設教」一語，可以說為孔子的何以撰述《易傳》，做了最好的注腳。它是「借卜筮以教後人」，是「推天道以明人事」。

「明人事」是講義理，講為人處事之道，講治國平天下之方，講人生的哲理，這是一般人都注意到的，但所謂「推天道」的「天道」，則講的是古代太卜的遺法，與卜筮有關，與象數有關。「推天道」是要把古代有關卜筮象數的道理，推而廣之，應用到社會人事方面，用來闡明人生的哲理。這卻是一般人所常忽略的。

而且，一般人常以為「天道」與「人事」相對，二者必然互相排斥，「明義理」必然反象數，「切人事」必然反神道；反之亦然。事實上，這是錯誤的聯想。所謂「借卜筮以教後人」，真正的意思是，必須自己先了解神道，明白太卜遺法、卜筮之方，然後才能自及及人。否則何以教人？因此，孔子雖然標舉用義理來解釋文王、周公所流傳下來的《周易》「古經」傳本，卻不否認它原為卜筮之書的事實。這也就是孔子所篤守的中正之道。換言之，孔子提倡義理之學而不廢占筮之術。他雖然希望復興文、武之道，成一王法，但他明白太卜遺法，所以並不排斥象數之學，只是不提倡而已。

孔子講《易》，提倡義理之學而不廢占筮之術，雖然沒有正式公開見諸經傳，但我們仍然可以從一些相關資料中探測而知。例如《儀禮・士冠禮》「筮人執筴」等句下，賈公彥的《疏》即引《春秋緯・演孔圖》云：

> 孔子修《春秋》，九月而成。卜之，得陽豫之卦。

這是說孔子自己會占筮卜卦，而且據宋均注云：「陽豫，夏、殷之卦名。」用的是夏、殷即古代已有之的筮法。另外，《帛書・要》篇中，更有孔子和子貢討論筮術的一段對話：

> 子贛（即子貢）曰：夫子亦信亓（其）筮乎？……
>
> 子曰：《易》我後亓（其）祝卜矣，我觀亓（其）德義耳也。幽贊而達乎數，明數而達乎德。又仁□（守？）者而義行之耳。贊而不達乎數，則亓（其）為之巫；數而不達於

德，則亓（其）為之史。史、巫之筮，鄉之而未也，好之而非也。
後世之士疑丘者，或以《易》乎？吾求亓（其）德而已。吾與史、巫同涂而殊歸者也。
君子德行焉求福，故祭祀而寡也；仁義焉求吉，故卜筮而希也。祝巫卜筮，其後乎！

藉子貢的提問，孔子表示他雖信筮術，但他和史、巫同途而殊歸。史、巫所崇尚者，在於卜祝術數，而他所欲通達者，則在於仁義德性。他甚至已預測將來會有人「以《易》」而「疑丘」。

《帛書・二三子》篇中更有孔子所說的下列一段話：「聖人之立正（政）也，必尊天而敬眾，理順五行，天地無菑……」，這和戰國末年鄒衍等人的陰陽五行之說，乍看之下，幾乎如出一轍。

凡此，皆可視為孔子的《易》學，雖然是倡義理，卻不排斥筮術。㊆

也因此，孔子所傳述的《易傳》，他所闡揚的「中道」，在戰國秦、漢之際，才可以與道、墨、陰陽等各家思想流派各立主張而並行不悖。到了漢武帝罷黜百家、獨尊儒術以後，雖然天下逐漸定於一尊，而蔚成所謂「漢學」，但所有學界中人，不管是拘守章句訓詁或發揮經文大義，不管是主張陰陽災異或經世致用，不管是提倡今文經學或古文經學，俱無不以孔子為先師；到了魏、晉、隋、唐之間，無論是崇尚玄學或象數，無論是「江左諸儒」或「河北學者」，亦無不視《易傳》為聖典，所以孔穎達的《周易正義》卷首第六的「論夫子十翼」，對於孔子所傳述的「十翼」，才會這樣說：「其《彖》、《象》等『十翼』之辭，以為孔子所作，先儒更無異論。」

可見到了唐代，一般的儒生都還毫無疑問的普遍認為《易傳》是孔子所「作」。孔穎達說的「先儒更無異論」，指的當然是唐代以前的「先儒」。事實上，唐代的儒生對此更是深信無疑。孔穎達奉命所編的《周易正義》，自頒行以後，成為天下學子所共同研習、成為科舉考試必讀的教科書，對當代及後世的影響，都很鉅大。但物極必反，就像《易經》所闡述的道理那樣，也因為如此，從北宋初年開始，逐漸引起後人的反動。其中頗有些知名學者，開始質疑《易傳》七種十篇所謂「十翼」之中，有的「應該」不是出自孔子之手。

質疑「十翼」並非孔子一人所作，是北宋初年歐陽修首開風氣的。

他在《易童子問》書中，以子之矛攻子之盾，開始質疑孔子曾作「十翼」。例如從行文的語氣，認為像「十翼」中的《繫辭傳》、《文言傳》、《說卦傳》等，文中出現不少「何謂」、「子曰」和卜筮之詞，都不像是出自孔子自己的筆下。他這樣質疑：「『何謂』、『子曰』，講師言也。《說卦》、《雜卦》者，筮人之占書也。」說它們有的像是講師問答的口氣，有的像是卜者筮人的預言，可見皆「繁衍叢脞之言」，不像《魯春秋》那樣言簡而意深，非孔子所宜有；而且還從內容方面，提出它們彼此前後之間「自相乖戾」有矛盾處。例如《文言傳》既言「元亨利貞」是「〈乾〉之四德」，應該斷成「元、亨、利、貞」，卻又說是：「乾元者，始而亨者也。利貞者，性情也。」顯然斷成「元、亨，利貞」，二者互相矛盾；所以歐陽修這樣質疑：「謂此二說出一人乎？則殆非人情也。」又如《繫辭傳》、《說卦傳》等篇，談到八卦之作，孔子自己就有不同的三種說法，《繫辭傳》既言：「仰則觀象於天，俯則觀法於地……，於是始作八卦」，卻又說：「河出圖，洛出書，聖人則之」，另外《說卦傳》又說是「觀變於陰陽而立卦。」所以歐陽修這樣質疑：「謂此三說出於一人乎？則殆非人情也。」總而言之：「眾說淆亂，亦非一人之言也。」

從歐陽修對「十翼」的質疑中，可以看出他對於孔子《易》學的了解，跟很多學者一樣，採取二分法，只肯接受其闡述義理的一面，而不肯相信孔子會兼採古代傳承下來的象數之學。他以為二者既相對立，則不應兼有。這樣的人很多，因此從歐陽修質疑「十翼」非孔子一人所作之後，懷疑和批評的學者也越來越多。

相較而言，歐陽修雖然質疑《繫辭傳》、《文言傳》、《說卦傳》等篇，但他還是認為《彖傳》、《象傳》仍為孔子所「作」，而後來的一些學者，像葉適、季本等人，則不僅懷疑《繫辭傳》、《序卦傳》、《雜卦傳》等篇，連《彖傳》、《象傳》也無一倖免。宋代理學昌盛，學者喜愛即物窮理，本就富於懷疑的精神，但到了清代，頗多學者崇尚樸學，重視實證，有人說這是「漢學」的復興，其實就《易經》而言，惠棟、張惠言、焦循等人所致力的，是想要恢復漢代的象數之學，而崔述、姚際恆以迄清末民初的康有為等人，則更勇於疑古，越到後來，越輕於侮昔，不僅推翻孔子撰述《易傳》的舊說，而且還競相推測「十翼」

各篇的著成年代，甚至說其中有些篇章是漢儒的偽作，著成於漢昭帝、宣帝前後。

這些問題到目前為止，尚無定論。但《史記》、《漢書》的記載，向來信而有徵，不會憑空臆造。孔子《易》學的傳承，雖然《史記‧仲尼弟子列傳》和《漢書‧儒林傳》所記的師承弟子的名字和次第稍有不同，但最後六世傳到西漢初的齊人田何，卻是一致的，沒有造假的可能，也沒有造假的必要。關於這些，下文還會談到，茲從略。

這些問題的產生，癥結在於《易傳》乃孔子所作的「作」之一字。其實孔子自稱他「述而不作」，「述」是繼承，頂多是引述而加以申論；「作」才是創作，有創始之意。孔子以六經授徒，如果說他把文王、周公以來的《周易》「古經」，傳本加以引述申論，撰述一些解釋文字，傳授給門下弟子，誰曰不宜？上引《史記‧孔子世家》曾說：「中國言六藝者，折中於夫子。」「中國」指中原而言，這是當時《周易》流傳的地區。六藝即六經，包括《周易》在內。「折中」有折服和調協之意，還有人以為「中」指中庸、中道而言。孔子前有所承，後有所傳，承傳之中，也必有他個人的意見。因此說他是「述」也可以，說他是「作」也不算錯。他闡述的核心思想就是中道。司馬遷的《史記》其實早已說清楚了。

因此筆者上文談到這些問題時總是說孔子「傳述」、「著述」，而不用「作」字。也因此，現代學者金景芳在《學易四種》裡所說的下列一段話：「十翼之中，有記述前人遺聞者，有弟子記錄者，有後人竄入者。」㈧筆者以為是很中肯的說法。《易傳》七種十篇之中，有的是孔子記述文王、周公以來的前人遺聞，有的是他門下弟子聽他講解《周易》「古經」的記錄，有的則可能是戰國、秦、漢間的再傳弟子及後學者所摻入的。戴君仁師在其《談易》一書中也有幾段話，說得非常圓融周到。他說：

> 我以為卦爻辭可能積累了很長時間、許多作者，到後來才有人把它編纂起來。
>
> 「十翼」是孔門傳《易》的學者眾手所成，而非孔子一人所作。
>
> 我們要把「十翼」仍算孔子所作，也無不可。……
>
> 「十翼」當為孔門七十子之弟子或者更後的儒家傳《易》者所作。若從學術流派的大體上看，我們可以把創派的祖師，來做一個學派的總代表，把這十篇統歸在孔子的身上，也可以的。㊈

戴老師寫論文，不會像一般學術論著那樣「引經據典」，處處加注，一一注明出處，但他所說的，都是他讀原典自己體會出來的心得，不是輾轉引用他人的成說。像上述所引的這些話，就可以看出多是通情達理之言，值得肯定。

四、五十年前，我初讀戴老師的論著，覺得他不遵守學術規範，不引經據典，不注明出處，未免是個遺憾。現在則覺得重要的是見解，所謂「學術規範」，有的只是「套招」，充當門面而已。有，固然好；沒有，也無所謂。為了紀念戴老師，因此筆者底下模仿戴老師，把以上三、四兩章的結語，用簡單的白話敘述如下：

伏羲發明八卦這一類的傳說，就像盤古開天的神話故事一樣，代代相傳。隨著時代的不同，地域的不同，傳說者的不同，故事會不斷的發展，不斷的轉變，有的增益，有的減少，但故事的雛形不會變，傳說的本身也不會變。

文明的進步，思想的發展，通常有一個演進的過程，伏羲發明八卦的傳說，代表的是《易》學發展史上，演進過程中一個開始起步的階段。伏羲可以代表一個人，也可以代表一群人，一個部落、氏族，或代表一個時代。稱他為聖王，是把該階段的一切成績榮耀歸功於他，使他成為箭垛式的人物。這和所謂倉頡發明文字是一樣的道理，和所謂文王、周公創作卦爻辭，所謂孔子作「十翼」，都是一樣的道理。

附注

㈠《易傳》「十翼」七種十篇，傳本不一。例如孔穎達《周易正義．卷首》即云：

《彖》《象》等「十翼」之辭，以為孔子所作，先儒更無異論，但數「十翼」亦有多家。既文王《易經》本分為上下二篇，則區域各別，《彖》《象》釋卦，亦當隨《經》而分。故一家數「十翼」云：《上彖》一，《下彖》二，《上象》三，《下象》四，《上繫》五，《下繫》六，《文言》七，《說卦》八，《序卦》九，《雜卦》十。鄭學之徒並同此說，故今亦依之。

㈡從宋初歐陽修《易童子問》質疑《繫辭傳》、《文言傳》、《說卦傳》、《序卦傳》、《雜卦傳》非孔子所作以後，質疑的越來越多。像南宋葉適的《習學記言》已開始質疑「十翼」皆「非《易》之正」；明代季本在《易學四同》中，不但質疑朱熹的《易圖》，也質疑孔子的《易傳》；到了清代的崔述，更在《洙泗考信錄》中，藉孟子不引《易傳》為例，這樣說：「孟子之於《春秋》也，不嘗屢言之，而無一言及於孔子傳《易》之事；孔、孟相去甚近，孟子之表章孔子也，不遺餘力，不應不知，亦不應知之而不言也。由此觀之，《易傳》必非孔子所作，而亦未必一人所為。蓋皆孔子之後通於《易》者為之，故其言繁而文。」

關於歐陽修等人的質疑，筆者下文尚有補充說明。

㈢見《史記》的〈孔子世家〉、〈酈生陸賈列傳〉等。

㈣見《序卦傳》。今本作「物不可終盡，剝窮上反下，故受之以復。」所引可能是漢《易》的異文。

㈤見《史記．太史公自序》。司馬談的〈論六家要指〉，作於武帝即位之初，建元、元封之間。

㈥筆者這裡所用「似乎」一詞，別有用意。因為司馬遷是否真的如此，歷來學者尚有不同說法。

㈦以上參考廖名春《帛書周易論集》、劉大鈞《今、帛、竹書周易綜考》、張立文《帛書周易注譯》、于豪亮《馬王堆帛書周易釋文校注》等書。

㈧見金景芳的《學易四種》。金氏在《周易講座》中也說：「有孔子寫的，有以前的舊說，有孔子講弟子記的，有後人竄入的。」並且說：「古人講的『作』與現代不同。現代的『作』，必須每一個字都出自一人的手筆，引文要注明，否則有抄襲之嫌。古代的『作』則不然，子書的作者可以不是一人，而是一派，書的內容一定反映同一派的思想。……《易傳》十篇也該這麼看，裡邊有『子曰』，說明不全是孔子親筆寫，但思想應屬於孔子。」

㊈見戴君仁師《談易》一書第一篇〈易經是一部叢書性質的書〉。

第五章 孔子六傳而至漢初田何的問題

一、《史記》、《漢書》的記載及其相關問題

孔子及其後學所撰述的《易傳》，原是為闡釋《周易》「古經」傳本的經文大義而作，根據司馬遷《史記．仲尼弟子列傳》和班固《漢書．儒林傳》的記載，孔子的《易》學，先是傳給弟子商瞿，六傳而至西漢初年，最後傳給齊人田何。《漢書．藝文志》還說：西漢能傳孔子《易傳》者，多屬田何一系。可見田何是西漢以後《周易》經傳的傳承過程中一個重要的關鍵人物。在他以前，文獻不足，資料有限，有些地方不容易說得清楚；在他以後，文獻資料大都斑斑可考，系統分明，足以徵信。因此筆者此章對田何以前，討論較多。

《史記．仲尼弟子列傳》的記載是：孔子傳《易》於魯人商瞿子木；商瞿，少孔子二十九歲，傳楚人馯臂子弘；馯臂子弘傳江東人矯疵子庸；矯疵傳燕人周豎子家；周豎傳淳于人光羽子乘；光羽最後傳給齊人田何子莊。《史記．儒林列傳》中也同樣作了以下的交代：

「自魯商瞿受《易》於孔子，孔子卒，商瞿傳《易》。六世，至齊人田何，字子莊，而漢興。」

《漢書．儒林傳》所記的孔門弟子名稱及次第，則和《史記》稍有不同：「自魯商瞿子木受《易》於孔子，以授橋庇子庸，子庸授江東馯臂子弓，子弓授燕周醜子家，子家授東武孫虞子乘，子乘授齊田何子裝。」

兩相對照，除了魯人商瞿子木之外，其他的傳人，名字有的音同，有的形近。橋庇子庸就是矯疵子庸，馯臂子弓就是馯臂子弘，周醜子家就是周豎子家，孫虞子乘就是光羽子乘，田何子裝就是田何子莊。唯一較大的不同是：在《史記》中，馯臂子弘是商瞿的弟子，是他傳《易》給矯疵子庸；但在《漢書》中，二人的次第卻正好相反，子弘（子弓）變成了商瞿的再傳弟子。這或許可以解釋為班固的《漢書》，著成在司馬遷的《史記》之後，雖然免不了有因襲《史記》之處，但他也必然參考了更多的文獻資料，可以訂正《史記》的一些疏失，因而比較可靠。話雖如此，但文獻不足，畢竟已無從斷定孰是孰非了。

上述《史記》、《漢書》所記的孔門《易》學弟子的名稱和次第，雖然稍有不同，但記孔子傳《易》於魯人商瞿，六傳而至齊人田何，則是一致的。商瞿，字子木，不見於《論語》，不像顏回、子路、子貢、子夏、子游、子張等孔門弟子那樣知名，但他受《易》於孔子，下啟漢初的《易》學大師田何，繼續推衍孔子的《易》學思想於兩漢經學界，則史有明文，不容懷疑。其他的橋庇、馯臂、周醜、孫虞等人，才真的「名不見經傳」。

有人說馯臂子弓曾受教於子夏，是戰國中期的《易》學名家，相傳荀子即得其傳，是唯一的例外。也有人說，子夏一名「卜商」，「卜」指其善卜，「商」即商瞿之簡稱，故疑子夏、商瞿為一人。㊀但事實上是：子夏魏國（一說衛國）人，少孔子四十四歲，商瞿魯國人，少孔子二十九歲，不可混為一談。我們不能把馮京當馬涼。

另外，世傳子夏有《子夏易傳》一書，《隋書‧經籍志》早已著錄。據專家考證，此書真本已經散佚，宋代以後所流傳的本子，乃後人所偽託，並非子夏所著。真正的著者，有人說是馯臂子弓，有人說是漢初《韓詩外傳》的作者韓嬰，也有人說是田何的嫡傳弟子丁寬。還有人說是漢代的學者杜鄴或鄧彭祖，因為二人俱字子夏。眾說紛紜，已難確考。但在商瞿之外，子夏也曾傳承孔子的《易》學，應非無稽之談。

孔子以六經授徒，只要弟子肯學，他總是「學不厭，教不倦」，「未嘗無悔焉」。相信他講解《周易》時，撰述《易傳》時，不會只對商瞿一人講；商瞿聽得到的，其他的弟子應該也聽得到。在古代文獻中，像《說苑‧反質篇》和《論衡‧卜筮篇》就有子張、子貢等弟子問《易》於孔子的記載。其中有關子夏的記載最多，《孔子家語》、《禮記》、《呂氏春秋》等書皆可見之。

子夏是孔子得意的門生之一，才思敏捷，以文學著稱。《論語‧八佾篇》曾記載他請教孔子「素以為絢兮」詩句的意義，孔子只答一句「繪事後素」，他立刻就能引申而得出「禮後乎」的道理。《孔子家語．弟子解》和《呂氏春秋．察傳篇》也都曾記載：有人讀古代史書，不解「晉師三豕涉河」之意；子夏竟然可以不假思索立即指出「三豕」是「己亥」的錯別字。他這樣解釋說：「非也，是『己亥』也。夫『己』與『三』相近，『豕』與『亥』相似。」這些都是著名的例證。

孔子死後，子夏回到魏國的西河講學，曾「為魏文侯師」，教了不少傑出人材，像田子方、段干木、吳起等等皆是。孔子死後，弟子有的傳經，有的傳道。傳經的弟子之中，以子夏貢獻最大。《後漢書．徐防傳》就說：「《詩》、《書》《禮》、《樂》，定自孔子。發明章句，始於子夏。」漢初傳今文派《春秋》學的公羊高、穀梁赤，相傳也都是他的弟子。

不止東漢的徐防這樣說，南宋洪邁的《容齋隨筆》也有同樣的看法，而且說得更詳細：

> 孔子弟子，惟子夏於諸經獨有書。雖傳記雜言，未可盡信，然要為與他人不同矣。
>
> 於《易》則有〈傳〉。
>
> 於《詩》則有〈序〉。而《毛詩》之學，一云子夏授高行子，四傳而至小毛公；一云子夏傳曾申，五傳而至大毛公。
>
> 於《禮》則有《儀禮．喪服》一篇，馬融、王肅諸儒多為之訓說。
>
> 於《春秋》所云不能贊一詞，蓋亦嘗從事於斯矣。公羊高實受之於子夏，穀梁赤者，

《風俗通》亦云子夏門人。

於《論語》則鄭康成以為仲弓、子夏等所撰定也。

《毛詩》屬於古文經，公羊高、穀梁赤則是今文派《春秋》學的創始人。據《公羊傳》何休〈序〉所引戴宏之語，以及《穀梁傳》范寧〈序〉所引的《風俗通》所言，這些古今文經傳人都出自子夏門下。由此可見子夏和秦漢六經的傳承，真的關係密切。因此，說子夏教過馯臂子弓，著有《子夏易傳》，都不應該是空穴來風。即使今傳的《子夏易傳》並非子夏所作，而是出於後人的偽託，也無妨於此一事實。

或許有人會質疑提問：既然如此，那為什麼像《史記》、《漢書》這些信史，列述孔子的《易》學傳人時，只提到商瞿一人，而未及於子夏等等其他弟子？

答案雖然不能確定，但筆者以為必然與下列的推測有關：《史記》、《漢書》是就漢代學術史的觀點及先後師承的關係，從漢初的《易》學大師田何身上，往上追溯他的師承思想淵源所自。所謂「西漢能傳孔子易傳者，多屬田何一系」，言下正表示漢初《易》學還有其他的系譜，只是田何這一系居於主流而已。

如果有人繼續追問：那為什麼其他的旁系會沒落，而偏偏田何一係獨興呢？筆者以為這樣問，就觸及問題的核心了。

問題的關鍵在於：從孔子死後到漢初田何之間，《周易》經傳的流傳，先後經過七雄爭霸的戰國時代和秦朝天下大一統的極權時代。這兩個大時代，政治、社會、文化、學術等各方面，都起了大變動。在大變動的過程中，傳統的《周易》經傳有沒有受到什麼衝擊和影響？六傳而至漢興的田何，他的《易》學觀點，是不是還和起初的孔子一樣？這些都是值得探討的問題。這些問題有的在前二章已約略提到，底下擬再作進一步的補充說明。

先說戰國時代。特別是到了戰國中晚期，陰陽家陰陽五行和道家清靜虛無的思想，非常盛行，已經逐漸取代了尊天事鬼的墨家的地位。筆者以為早在民間流傳的古代卜筮之書，受其影響，更曾配合四時、方位、八卦等等術數，產生了一些專講天人之際的新學說。秦、漢以後興起的卦氣之說、象數之學，應該都起源於此時。傳說的《周易》「古經」，和孔子及其後學所闡述「古經」義理的《易傳》，也自然不能不受其影響，而和陰陽五行之說產生交相混雜的現象。因此傳授孔門義理學說的儒生，多多少少都會有一些玄學化、抽象化的趨向，而喜言陰陽五行、專講術數之學如鄒衍者，也會大談儒家的仁義道德。這種風氣，起於戰國中晚期，卻一直蔓延到西漢初中期而未止。[二]

像《荀子・非十二子篇》就曾批評子思、孟子把一些不倫不類的「五行」之說，當作先君子（孔子）的言論；像《史記・孟軻荀卿列傳》也批評鄒衍「其語閎大不經」，「然要其歸，必止乎仁義節儉、君臣上下六親之施」；像桓寬《鹽鐵論・論儒篇》也同樣批評了「騶子（即鄒衍）之作變化之術，亦歸於仁義。」由此可見一斑。相傳孔子所撰述的《易傳》十種之中，所以雜有陰陽家、道家（老子）的思想，所以被認為有些非孔子所作，而是出於「戰國末世」的儒門後學之手，也應當都與此有關。

齊國是「談天衍」、「雕龍奭」、陰陽五行、五德終始之說最為盛行的地區，田何是齊國貴族，他的學界前輩、同時學者以及他所傳的弟子，自然不能不受到這種風氣的薰染。有人就從地理籍貫考索，證明《史記》、《漢書》所記的孔子易學六傳弟子中，從光羽以下，都是齊國人。換言之，當時齊國儒學者，在儒家經典之外，他們多少會懂得一些陰陽五行的筮術。

不過，田何並不能代表所有戰國晚期的儒門弟子，在他之外，在齊國影響的地區之外，也必然有些人，雖然同出儒門，卻另有不同的主張和見解。事實上，從孔子到田何之間，不同世代、不同地區的儒門弟子，對孔子的學術主張，是不可能一成不變的，必然有的守舊，有的趨新，後來由於發展的方向不同，道理的解釋不同，最終必然會走向分裂。

《韓非子．顯學篇》就曾以孔子、墨子為例，這樣說過：「孔、墨之後，儒分為八，墨離為三，取捨相反不同，而皆自謂真孔、墨，孔、墨不可復生，將誰使定世之學乎？」

底下即以儒家為例，來作進一步的申論。

從《論語》一書看，孔子認為「不知生，焉知死」，固然平常不語「怪力亂神」，但他有時卻也不諱言「天命」。他曾自稱「五十而知天命」，而其傳經授徒，不但以六藝設教，同時也「以神道設教」。有人做過統計，在孔子所作的《春秋》經文中，有關日蝕星墜、山崩地震、水旱成災、蝗蟲為害等等天災異象的記載，多達一百多則。孔子在記述時，大都採用一種「警示天譴」的方式，把這些天災異象和史事中的現實政治聯繫起來，認為這是當時為政者措施失當而有以致之。雖然這不免帶有一些神祕的色彩，但畢竟沒有偏離他一向主張的仁政王道。司馬遷《史記．太史公自序》中曾云：「《易》，著天地、陰陽、四時、五行，故長於變」，意思是說：《周易》著重在顯示陰陽五行如何配合天地萬物錯綜變化的道理，功用與其他經書自然有所不同。因此孔子在講授《周易》「古經」時，理所當然，為了闡揚文、武、周公之道，以及「長於變」的《易》道，不免要講些「天地陰陽四時五行」的道理。這些道理與其平日不語「怪力亂神」所給人的印象，頗有出入，因而也容易引人誤會。在他死後，據《史記．儒林列傳》說：「七十子之徒，散游諸侯」，不同地區、不同世代的儒生後學，有的傳「經」，有的傳「道」，講「經」者求其專精，論「道」者則求其一統，往往各執一端，各有主張，於是有的堅持孔子不語怪力亂神，有的則相信孔子偶而也會談談「天命」，偶而也會講些「天地陰陽、四時五行」的變化之道。因而最後「儒分為八」，儒家分裂成為八個流派，此乃必然的結果。

《韓非子．顯學篇》所說的儒門八個流派，包括子張之儒、子思之儒、顏氏之儒、孟氏之儒、漆雕氏之儒、仲良氏之儒、孫氏之儒、樂正氏之儒。其中有孔子的弟子、再傳弟子和後來的儒門後學。但傳「經」的子夏不在其中，上文所引的《易》學傳承代表人物：商瞿—馯臂—矯疵—周豎—光羽—田何，也俱不在其中，即使馯臂子弓是子夏弟子，但他畢竟也曾受《易》於商瞿。可見商瞿、田何所傳承者，並非這儒門傳道的大宗，而所謂「儒分為八」，恐怕也只是舉其犖犖大者而已。

二、以孟荀為例說明漢初儒門《易》學不止田何一系

錢大昕曾說：「儒家以孟、荀為最醇」，孟子即「孟氏之儒」，是子思的再傳弟子。他秉持子思的「中庸」之道，在戰國中期形成「思、孟學派」。荀子即「孫氏之儒」。他是戰國晚期趙國的知名學者，其學出自子弓（清代汪中以為即孔子弟子仲弓；郭沫若則以為即馯臂子弓），曾在齊國稷下講學，三為祭酒，後在楚國任蘭陵令，著書至死。因久居楚地，故被視為南方學者。㊂世稱其學能「解諸子之蔽，取百家之長」，但也有人批評他「學儒而背儒」。

孟子、荀子二家思想學說雖然同出儒門，卻有不同。孟子主性善，荀子則主性惡。對於孔子仁道，孟子益之以「義」，荀子則益之以「禮」，對於孔子的《易》學，孟子未見有何述論，荀子則於書中多加援引。

底下擬再以孟、荀為例，除略說二家思想不同之外，將側重於藉此說明戰國以迄秦、漢之際的《易》學，在田何一系之外，確實還有其他的系譜存在。

上文曾說子夏對孔子的傳承，主要是傳「經」，至於孟子，則主要是傳「道」。孟子之學出於子思，子思即孔子的孫子。《史記．孔子世家》稱《中庸》乃子思所作，據後人考證，《禮記》中的〈坊記〉、〈表記〉、〈緇衣〉等篇，亦俱出諸子思或其門人之手。這些篇章中，曾舉孔子所引《周易》「古經」的彖辭或爻辭，作為論證之用，卻未見加以解說闡釋。繼述子思之學的孟子，對「中庸」思想力加闡揚，但對於《周易》「古經」及孔子所撰述的《易傳》卻一概略而不提，未曾見有論《易》之語。有人說《易傳》真正著成的年代，是在戰國中晚期，因此孟子或許未及見之，但思、孟一派學者對於孔子的《易》學較不重視，卻也是不爭的事實。

荀子較之孟子，則有所不同。他對於孔子的六藝，不僅想傳其「道」，而且更想傳其「經」。《荀子．非十二子篇》對道、墨、名、法諸家，都分別指斥他們學說的種種謬誤，對於儒家的子思、孟子一派，更是不假辭色。他批評思、孟一派「志大才疏」，「略法先王而不知其統」，「案往舊造說，謂之五行」，把一些不倫不類的「甚僻遠而無類，幽隱而無說，閉約而無解」的邪說飾詞，都當作「先君子之言」。他所說的「先君子」，是指孔子；而所謂「五行」，據楊倞注，乃指孟子性善之說所標榜的「五常」，亦即「仁義禮智信」。他責斥孟子把「仁義禮智信」的「五常」和陰陽家「金木水火土」的「五行」比附在一起，走的其實就是陰陽五行的路數。

在傳經方面，荀子不但常引用《詩》、《禮》、《書》、《春秋》，也常引用《周易》

「古經」和孔子所撰述的《易傳》。《荀子》的〈非相篇〉、〈大略篇〉，都曾直接引用《周易》「古經」的卦辭爻辭，〈大略篇〉中還引用了《易傳》中的《彖傳》、《說卦傳》及《序卦傳》。最值得注意的是，《荀子》有些篇章所表現的思想（例如〈天論篇〉）還與《易傳》中的《繫辭傳》頗有相通之處。

西漢初年著名的政論家陸賈，其學出自荀子的門下齊人浮邱伯，他的《新語》一書〈道基〉、〈明誡〉等篇，也同樣與《繫辭傳》、《說卦傳》有相通處。陸賈生卒年代與田何大致相當，[四]又同屬儒門，這和上文《韓非子》所說的「儒分為八」一樣，都足以證明秦、漢之際的儒門《易》學者，其實不止田何一系。其他的系譜，應該也是在秦朝極權統治之下，沒有傳承下來或隱沒不見於世而已。

當然，這也就涉及了秦始皇焚書坑儒的問題。

上文說過，秦始皇的焚書坑儒，歷來頗有些學者以為燒的是儒家經籍，坑的是儒生，其實這種說法大有商榷的餘地。

秦始皇二十七年，在平定六國之後，他終於完成了天下一統的大業。在志得意滿之餘，秦始皇開始大興土木而興建阿房宮等，同時企求長生不老而迷信方士之說。《史記・封禪書》說齊、燕古多方士，早在戰國時期，齊威王、宣王和燕昭王的時代，就曾經「使人入海求蓬萊、方丈、瀛洲」，此海上三神山，相傳就在渤海之中，「蓋嘗有至者，諸仙人及不死之藥皆在焉。」而且司馬遷的《史記》還特別提到齊國的鄒衍，燕國的宋毋忌、羨門高等人，他們講的就是這種神仙之術。秦始皇對方士的神仙之說和不死之藥，充滿嚮往之情，於是多次派徐福等人到海上神山尋仙求藥。不但如此，秦始皇還曾御駕東巡四次，除了到泰山、嶧山等地立石頌德、封禪祭祀之外，最主要的目的，還是為了尋仙求藥。可惜事與願違，秦始皇幾次派到海外尋仙訪求不死之藥的方士，都騙了他，一直沒有帶回好消息。

到了秦始皇三十四年（西元前二一三），據《史記・秦始皇本紀》的記載，有一天，「始皇置酒咸陽宮，博士七十人前為壽」。這些博士應大多是通曉《詩》、《書》的飽學之士，他們在敬酒稱壽之餘，紛紛歌功頌德，向始皇獻策建言。最後是丞相李斯請求頒下禁書令。說是：「今陛下創大業，建萬世之功，固非愚儒所知」，「今諸生不師今而師古，以非當世，惑亂黔首」，「入則心非，出則巷議，夸主以為名，異取以為高，率群下以造謗，如此弗禁，則主勢降乎上，黨與成乎下」，因此「臣請史官非秦記皆燒之！非博士官所職，天下敢有藏《詩》《書》百家語者，悉詣守尉雜燒之！有敢偶語《詩》《書》者，棄市！以古非今者，族！」這裡所說的「《詩》《書》百家語」，雖然主要是指儒家的經書，但也應該包含其他思想流派的典籍在內，所以文中才特別加以補充說明：「所不去者，醫藥、卜筮、種樹之書。」

秦始皇同意了，下令「焚書」。這是秦始皇三十四年之事。到了次年，為秦始皇尋仙求藥的方士，有侯生和盧生二人，他們私下商量，都認為「始皇為人，天性剛戾自用」，「貪於權勢至如此，未可為求仙藥」，於是相偕逃亡而去。秦始皇聽說他們逃走了，大怒，這樣斥罵：「徐福等費以巨萬計，終不得藥，徒奸利相告日聞！」於是「使御史悉案問諸生」，最後把涉案的「諸生，共四百六十餘人，皆坑之咸陽」。這些被坑殺的「諸生」，應指方士而言，即使是指儒生，至少他們也要懂些方術才算。

這就是秦始皇「焚書坑儒」的始末。「焚書」的目的，本來是為了箝制人民的思想，怕讀書人師古而非今，「焚書」受害最大的，當然是儒家。孔子崇尚堯、舜、禹、湯、文、武、周公之道，尊古聖而尚仁政，儒家的經書當然在焚禁之列，但其他思想流派的圖書典籍，當時牽連所及，恐怕也在劫難逃。「坑儒」是因方士而起，真正被坑埋的應是講陰陽五行、神仙之術的方士。上文說過戰國中晚期以後的方士與儒生，往往集於一身分不開，有些方士也是儒生，有些儒生也是方士。他們在秦始皇的高壓之下，最後有的只好選擇逃亡匿藏在民間。下文談西漢中期以前的《易》學傳承，常有所謂「隱者」、「古義」，即指此而言。

歷來也頗有些學者，看到《漢書》有「及秦燔書，而《易》為筮卜之事，傳者不絕」的記載，就誤以為《易經》乃卜筮之書，故能免於秦火。這真是美麗的誤會。上文也說過，廣義的《易經》，包括《周易》「古經」和孔子的《易傳》所謂「十翼」兩大部分。它們原來並不合在一起，經自經，傳自傳。「古經」只是一些卜筮占斷之辭，《易傳》才發揮義理，闡述經文大義。實際上能免於禁燬的，是《周易》「古經」而非《易傳》。因為「古經」只有六十四卦的圖案符號和記錄卜筮占斷的卦辭爻辭，因此是屬於「醫藥、卜筮、種樹之書」。至於《易傳》，那是孔子及其後學闡釋義理之作，講究文、武、周公之道，主張推行王政，觸犯秦朝大忌，豈有不被焚禁之理？

在這種氛圍之下，毫無疑問，必然也會使講授《易傳》義理的儒生，心生恐懼，至少有所戒惕，在有意無意之間，朝向卜筮之書玄學化、抽象化、術數化的方向發展。上文也曾說過，孔子雖然闡揚《易》學義理，但他並不排斥占卜之學，因此歷經戰國、秦、漢之際的儒門《易》學者，他們通常會兼通筮占之術，藉以避禍全身，或藉此作為掩飾。因此所謂孔子、商瞿六傳而至漢初田何這一系譜，講的應是兼通筮術的易學傳承。

高懷民《兩漢易學史》對此有一段很精闢的分析。他說《周易》「古經」原是占斷所用的筮書，是「術」不是「學」，當時只要經傳不合刊就可不禁，加上當時的儒門《易經》學者大多兼通筮術，因此「筮既不禁，故有傳承」。他如此推論：

> 由此可知司馬遷《史記・仲尼弟子列傳》中所載自孔子、商瞿至漢興田何的《易》學傳承系譜，實為筮術的傳承，而非儒門《易》經的傳承。但此傳承中人，必都是兼通《易》學與筮術的人。㊄

「兼通《易》學與筮術」，正是田何一系的最高理想與最大特色。

附注

㈠東漢應劭《風俗通》主張子弓為子夏門人之說。疑子夏、商瞿為一人者，則見呂相國《子夏易傳導讀》一書所引。

㈡沈剛伯師《沈剛伯先生文集》中有一篇論〈秦漢的儒〉，文中說：「始皇（一統天下）既喜用儒生，就有些方士假儒生之名以干祿求榮」，「先秦諸子原有許多與儒家類似的主張，歷時越久，它們彼此所受到的交互影響，也就越多。」他把秦、漢的儒分為五類：

一、刑名化的儒家：例如荀子、晁錯。

二、縱橫式的儒家：例如陸賈、酈陽。

三、陰陽化的儒家：例如鄒衍、董仲舒、京房。

四、黃老化的儒家：例如司馬談、揚雄。

五、雜家式的儒家：例如劉安、司馬遷、班固。

又說：「等到（武帝）百家罷黜，其風行於世的儒家，早已不是孔子所祖述、講授的道。」這些意見都很值得參考。

㈢據《史記・儒林列傳》，孔子死後，「七十子之徒，散游諸侯」，其中「子張居陳，澹台子羽居楚」。陳國在孔子死後一年，亦為楚國兼併，則在南方楚國傳孔子《易》學者，至少有子張、子羽及上文所提的馯臂子弓等人，只是不知與荀子是否有師承關係。

㈣陸賈與田何的主要活動，皆在漢高祖至文帝年間。田何約當西元前二〇二～一四三年，陸賈則卒於西元前一七〇年，生年不詳。

㊄參閱高懷民《兩漢易學史》第一章〈漢易中幾個特殊問題〉（台北：著者自刊本，民國七十二年二月三版）。

按，高氏係筆者民國五十七、八年在台北醒吾商專兼課時的同事。當時同事之中，高氏治《易經》，韋政通治思想史，朱自力治近代學術思想。忽忽五、六十年矣。

第六章 漢初《周易》經傳的傳承

一、田何一系的傳承

田何是孔子《易》學商瞿一系第六代的傳人，由於受到戰國秦、漢之際學風的影響，兼通《易》學與筮術。同時他也是齊國貴族田氏的後裔，漢高祖劉邦平定天下即位後不久，為了削弱關東大族的勢力，採用婁敬之策，徙齊、楚、燕、趙諸國豪傑名家於關中，於是田何在高祖九年就徙居長安附近的杜陵，從此取號「杜田生」，潛心學術，廣收弟子，從事傳播發揚孔子《易傳》的工作。雖然他在政治事功和學術著作方面沒有什麼特別的表現，《史記》、《漢書》都沒有為他立傳，但他廣收門生，培育英才，卻促成了漢代《易》學的復興和繁榮。

《漢書．儒林傳》記述田何《易》學傳承的系譜，頗為詳細。茲先摘錄一段如下：

漢興，田何以齊田徙杜陵，號杜田生。

授東武王同子中、雒陽周王孫、丁寬、齊服生，皆著《易傳》數篇。同授淄川楊何字叔元，元光中徵為太中大夫；齊即墨成，至城陽相；廣川孟但，為太子門大夫；魯周霸、莒衡胡、臨淄主父偃，皆以《易》至大官。要言《易》者，本之田何。……

這真是所謂枝條繁茂，蓬勃發展。看看田何這些門生及其再傳弟子的著作、籍貫，就可以想見他的影響力在當時有多大，所以有很多人不遠千里慕名而來。尤其難得的是，這些列名的門生弟子，個個有成就，有的表現在學術著作上，有的表現在政治事功上。田何的幾個嫡傳弟子，據《漢書．藝文志》著錄的《易》學十三家書目，著錄的有：

王同《易傳王氏二篇》，
周王孫《易傳周氏二篇》，
丁寬《易傳丁氏八篇》，
服生《易傳服氏二篇》。

他們的著作都冠以「易傳」二字，應是表示有闡述孔子著作之意。其中最有成就也最值得注意的，是丁寬。

《漢書．儒林傳》即以丁寬為首，這樣介紹他：

丁寬，字子襄，梁人也。初，梁項生從田何受《易》，時寬為項生從者，讀《易》精敏，材過項生，遂事何。學成，何謝寬。寬東歸，何謂門人曰：「《易》以東矣！」寬至雒陽，復從周王孫受「古義」，號《周氏傳》。景帝時，寬為梁孝王將軍，距吳、楚，號「丁將軍」。作《易說》三萬言，訓故舉大誼而已，今小章句是也。寬授同郡碭田王孫，王孫授施讎、孟喜、梁丘賀。繇是有施、孟、梁丘三家。

此傳寫得非常簡要。開頭說丁寬是梁（今河南商丘）人，他原陪同鄉項生來跟田何學《易》，想不到反而得到田何的青睞，收為弟子，傾囊相授，變成田何的得意門生。當他學成東歸時，田何曾對門人說：「《易》以東矣！」意思是我《易經》的學問都隨他東去了。這句話據顏師古注：「云丁寬得其法術以去」。法術應指田何所有的《易》學與筮術。

底下說丁寬經過洛陽時，去拜訪同門學長周王孫，又跟隨周王孫受「古義」。

據唐晏《兩漢三國學案》說：「田何本無章句，至王同、周王孫、丁寬，始有《易傳》。然周生獨號『古義』，豈周氏別有所得乎？」別有所得，就是別有師承。筆者以為指的應是荀子的後學或韓嬰的《易傳》之類，亦即下文所說的「訓故舉大誼」。有人（像高懷民）㊀以為丁寬在田何門下所學，只是「筮術」。這是把「法術」解作筮術，而把所謂「古義」，解作田生所得儒門的孔子《易傳》。筆者看法略有不同，對所謂「古義」及相關問題，下文會有補充說明，此不贅述。

以上是班固《漢書》稱讚丁寬的材學精敏，說他對於《易》學，不但能盡得田何所傳，而且還另從周王孫處，學了罕傳的「古義」。他後來傳《易》給同郡碭地的田王孫。田王孫在漢武、昭帝之際曾立為博士，他也是後來漢宣帝時號稱《易》學三大家施讎、孟喜、梁丘賀的老師。施、孟、梁丘三家，就是開創西漢《易》學盛世的關鍵人物。由此可見丁寬在漢代《易》學史上的重要地位。

除此之外，傳記中還提到丁寬曾在景帝時，「為梁孝王將軍，距吳、楚，號丁將軍」。說他文武全才，還善於帶兵打仗，曾在「七國之亂」時，堅守大梁，抗拒吳王濞所率領的吳、楚二十萬大軍。這是說明丁寬在政治事功方面的傑出表現。

這一方面，讀者不可忽略。因為田何所傳的《易》學，兼有義理之學與卜筮之術，卜筮之術由古代太卜的遺法而來，它本來就是為王家政治服務的。漢代的經學，從漢武帝以後，強調「通經致用」，標榜儒「術」經「術」，所謂「致用」，其實是更重視政治事功的成就。

本節開頭所引《漢書．儒林傳》記載田何《易》學傳承的世譜，在說明田何嫡傳弟子王同等人「皆著《易傳》數篇」之後，接著就列敘王同所傳的六大弟子：

淄川楊何字叔元，元光中徵為太中大夫；

齊即墨成，至城陽相；

廣州孟但，為太子門大夫；

魯周霸、莒衡胡、臨淄主父偃，皆以《易》至大官。

這一大段文字就是全都記載王同六大弟子的官職，說他們「皆以《易》至大官」。強調的是做「大官」，有政治事功，而不是有什麼學術成就。

上述的楊何、成（即墨人）、孟但、周霸、衡胡、主父偃六人，論學術成就，除了楊何做了太中大夫，還曾經傳授《易》學於司馬談和京房之外，其他的五人皆可謂一傳而無聞。楊何是王同的得意門生，即田何的再傳弟子。他也是漢武帝時所立的五經博士之一，在當時名位很高，影響很大。司馬遷的父親司馬談，和另一位太中大夫京房，都出自他的門下。不過，要請讀者注意，西漢經學界有兩個京房，這個京房是楊何的弟子，當過齊郡太守，還教過梁丘賀，和另一位焦延壽的弟子，即後來的象數派大師京房，不是同一人。

就因為楊何教過司馬談，司馬談又是司馬遷的父親，所以司馬遷在《史記．仲尼弟子列傳》中，寫到孔子傳《易》於商瞿、六傳而至田何之後，接著寫的就是田何傳給東武人王同；王同傳給淄川人楊何。還特別交代楊何在「元朔中，以治《易》為漢中大夫」，最後的結語是：「然要言《易》者，本於楊何之家。」這和班固《漢書．儒林傳》最後強調：「要言《易》者，本之田何。」是大異其趣的。雖然楊何是田何的再傳弟子，「本於楊何之家」，和「本之田何」並不衝突，但出入輕重之間，卻有所不同。「要言《易》者，本之田何」，是說大多出自田何門下，以田何之說為本；而「本於楊何之家」則認為田何這一系，經王同而傳至楊何，才發揚光大。重點並不相同。

查核資料，對照筆者參考諸家之說所撰的〈兩漢以前《易》學重要學者傳承表〉（見附表）㊁，顯而易見，司馬遷之標舉楊何，多少帶有私情，班固之推崇田何為漢代易學大師，則較為客觀。

為了便於下文的討論，茲附筆者所撰「兩漢以前《易》學重要學者傳承表」於下（見下頁）。

從表上看來：

楊何師從王同，王同與丁寬皆出田何門下。

王同傳楊何，丁寬傳田王孫。楊何與田王孫都是武帝時著名的《易》學者。

楊何傳司馬談與京房，司馬談沒有傳授弟子，京房教過梁丘賀，但他由太中大夫出任齊郡太守之後，亦無傳授；可見楊何一系，以政治事功為主，在學術上則後繼無人。田王孫則

兩漢以前《易》學重要學者傳承表

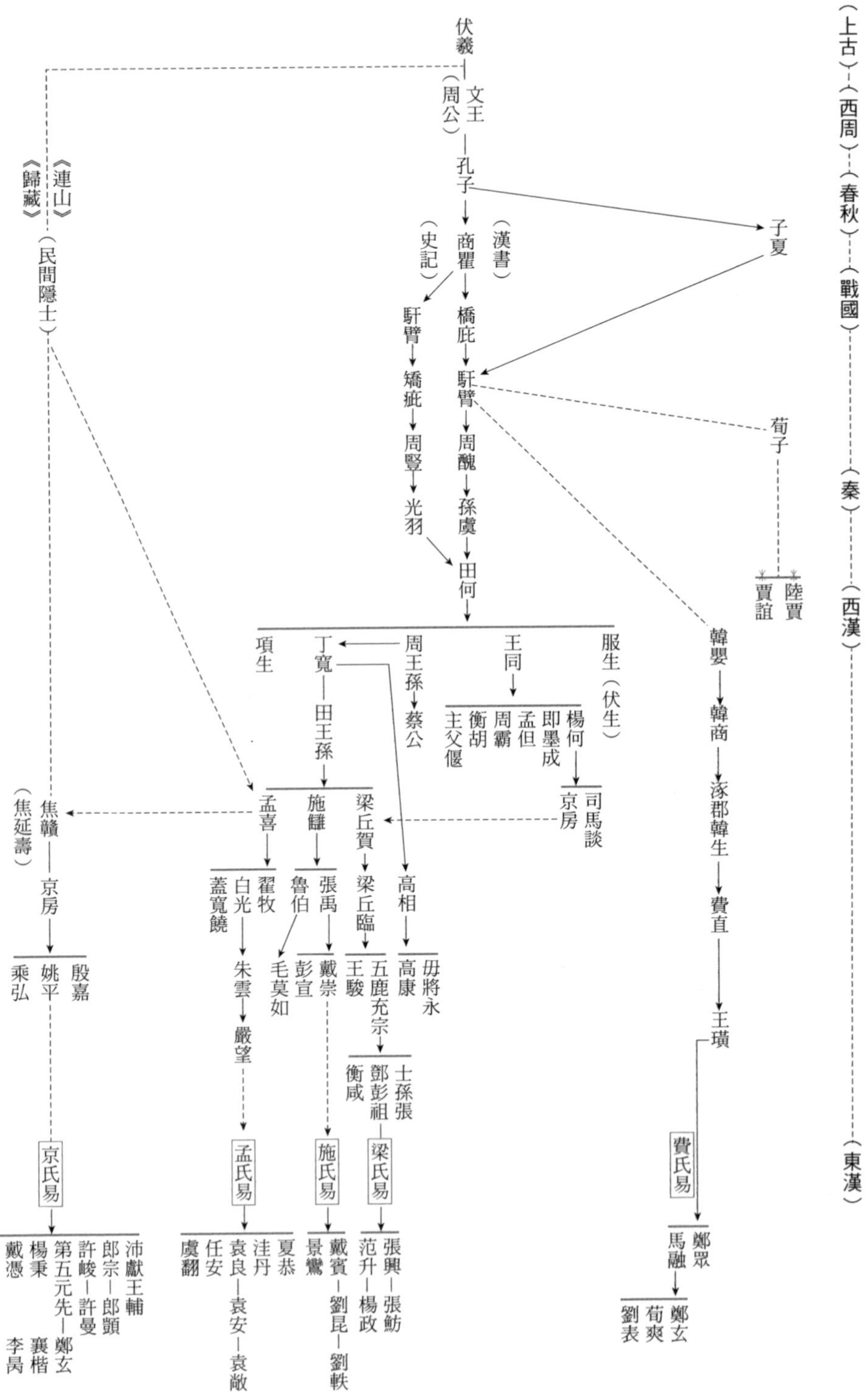

傳施讎、孟喜、梁丘賀三家。這三家皆有傳人，不但在漢宣帝前後列於學官，顯赫一時，而且披枝散葉，到東漢時更衍為施氏《易》、孟氏《易》、梁丘《易》三大門派。他們都傳承了田何的《易》學，其中孟喜一系還「改師法」，倡象數之學，經焦延壽而別開京房一大流派。兩相對照比較，班固《漢書》說漢代《易》學者多「本之田何」，屬田何一系，是足可採信的。

不過，筆者上文說司馬遷《史記》之標榜楊何，多少有些私情，其實是有《春秋》責備賢者之意。就司馬遷編纂《史記》是從漢武帝元封、太初至征和年間來說，他當然看不到此後漢昭帝、宣帝以迄東漢之間《易》學的發展歷程。他和他父親司馬談所看到的是：漢武帝從十六歲即位之後，受到親炙師長趙綰、王臧的影響，倡明儒學，先後設立五經博士，廣招方正賢良文學之士；到了元朔五年（西元前一二四）不但採用了董仲舒的策議，而且又批准了丞相公孫弘為經學博士設置弟子員的奏請，罷黜百家，獨尊儒術，同時「開獻書之路，置寫字之官」，從此「天下遺文古事，靡不畢集太史公」。從此經學寖盛，《易》學也日趨繁榮。於是《周易》躍居五經之首，孔子的《易傳》，也被視同經書了；於是楊何成為第一個《易經》博士；於是「公卿大夫士吏彬彬多文學之士矣」。至於楊何一系後來再傳無人，西漢武帝時的司馬遷是無法預料的，不像東漢的班固可以有客觀的事實作為依據。

以下即談武帝設立五經博士及廣開獻書之路，對漢代《易》學的影響。

二、漢武帝與漢代《易》學的發展

其實在武帝之前，博士之職早已有之。據《漢書．百官公卿表》的記載：「博士，秦官，掌通古今。秩比六百石，員多至數十人。」它原是戰國時代魯、齊等國一種掄才崇學的制度，秦因其舊，設此以備帝王詢問。凡通《詩》、《書》、諸子、數術、方伎者，皆可立博士。像漢初精通《尚書》的魯國濟南伏生，《史記．儒林列傳》就說他「故為秦博士」；像漢初曾為高祖訂定禮儀的叔孫通，《史記》本傳也說他「秦時以文學徵，待詔博士……」。漢興以後，又因秦之舊，仍然以「通古今」者為博士。㊂像惠帝時，《史記．孔子世家》就說孔鮒弟子襄「嘗為孝惠皇帝博士」；文帝時，更設「一經博士」，百家、傳記皆可比照。《史記．屈原賈生列傳》就說文帝聽說賈誼「年少，頗通諸子百家之言」，於是「召以為博士」；《漢書．楚元王傳》也說文帝「聞申（培）公為《詩》最精，以為博士」。景帝時也一樣，例如《史記．儒林列傳》就說董仲舒「以治《春秋》，孝景時為博士」。

據說文帝時，博士即有七十餘人，他和景帝崇尚黃老，為道家立博士應無疑問。㊃他們連儒家的典籍《論語》、《孟子》、《孝經》、《爾雅》等等，相傳亦皆設置博士。可見在武帝之前，早已有「通古今」的博士之職，備帝王諮詢之用。但這與武帝的設立五經博士意義卻不相同。武帝建元元年選拔方正賢良文學之士，主要是為了罷黜百家；建元五年又設立五經博士，主要是為了獨尊儒術。雖然文帝時，《詩》已立博士；景帝時，《春秋》已立博士，㊄但武帝特地又為《易》、《公羊春秋》、《禮》立了博士。他把《詩》、《書》、《易》、《禮》、《春秋》五經和諸子百家之言分開了，結果把秦以來「通古今」的博士之職，變成了專精特定五經的經學宗師。這個轉變，就儒學經書而言，比文帝、景帝所設置的「一經博士」更為徹底，更朝向經學儒術的專業化全面化進展。從此以後，學術發展的道路只有一途，就是經學，而經學的發展，只能歸於一尊。

為了配合這些政策，武帝一方面起用公孫弘為丞相，進一步設立博士弟子員，對生員士子「勸以官祿」，一方面又廣開獻書之路，使秦火劫餘的經學古籍可以浴火重生，重見天日。這兩個措施，前者使生員士子甘心於皓首窮經，拘守師法、家法，後者使經書表面上有足本、善本、定本可讀，可以通古今，辨正譌，實際上卻是為了化異求同，統一教材，以牢籠士子。這兩個措施結合在一起，竟然使漢代的經學風氣起了大變化。不但使經學昌盛起來，而且激起了今古文學派的古義和新潮。不過，也因此逐漸產生了流弊，不少人為了利祿，或曲意迎合，歌功頌德，或勾心鬥角，互相排斥。從武帝開始，即西漢中期以後，變得和以前很不一樣，可謂截然不同。

《易》居五經之首，它的轉變，尤其明顯。

這種風氣的轉變，就武帝推行的政策而言，不但和五經博士的設置有關，和武帝的廣開獻書之路也有關係；就武帝思想的傾向而言，不但和他採用董仲舒的策議有關，和他自己晚年思想的轉變，所帶給社會風尚的影響，也有關係。因為牽涉的問題比較複雜，所以武帝推行的政策部分列入本章，至於武帝採用董仲舒的策議所造成的影響，則併入下章一起討論。底下分別簡述其要。

先說五經博士的設置。

武帝設立的五經博士，司馬遷的《史記》記載如下：

今上即位，趙綰、王臧之屬，明儒學，而上亦向之。於是招方正賢良文學之士。自是之後，言《詩》，於魯則申培公，於齊則轅固生，於燕則韓太傅；言《尚書》，自濟南伏生；言《禮》，自魯高堂生；言《易》，自淄川田生；言《春秋》，於齊、魯自胡毋生，於趙自董仲舒。

這是說到武帝時，學術昌明，五經先後都立了博士，而且各有其宗師。他們都來自魯、齊、燕、趙等地，時代包括高祖至武帝之世，早的如漢初的齊人田何，晚的如武帝時的趙人董仲舒。其中田何的再傳弟子楊何，是司馬談的《易》學老師，董仲舒相傳是司馬遷的《公羊春秋》學老師，而燕人韓太傅也就是三家詩《韓詩》的創始人，也可能是《子夏易傳》的著述者韓嬰。韓嬰和丁寬大約同時，都活躍於文景之世。他們的活動時間，都在武帝以前。

武帝對於五經，特別喜愛《易》、《禮》和《公羊春秋》。這不僅是因為在他即位以前，《詩》、《書》比較通行，早已在文、景時立有博士，而且也是由於這三經所講的道理和他的思想主張比較接近的緣故。上有所好，下必甚焉。就因為他喜好《易》，所以自從元朔五年（西元前一二四）設立博士弟子員以後，天下士子無不為了利祿，趨騖於此。田何的再傳弟子楊何，在武帝時被徵召，被立為博士，當然更使《易》學成為武帝以後熱門的學問。

《漢書．儒林傳》記載：孟喜的父親孟卿，是武帝、昭帝之際著名的《禮》學和《春秋》學專家。后蒼、疏廣即其弟子。但孟喜起先想學《禮》，孟卿卻這樣告訴他：「《禮》經多，《春秋》煩雜」，意思是《禮》經種類太多，《春秋》過於煩雜，想藉之博取功名都不容易，於是教他從田王孫受《易》。田王孫是丁寬的弟子，與楊何同輩，其立為易學博士，在武帝、昭帝之際，頗受時人推崇，弟子眾多。孟卿是當時的經學名家，教子猶且如此，其他的人可想而知。

至於武帝的廣開獻書之路，筆者以為不但涉及以前秦始皇焚書坑儒的問題，而且也涉及以後漢代今古文學派的經學之爭。

焚書坑儒，造成漢初儒生讀經無書，只能口耳相傳。以《易經》為例，田何起初講學授徒，並無教本，到了他的弟子王同、丁寬等人，才筆錄成書（已見上文），孔子及其後學的

《易傳》也因此到了漢代才得以「今文」的形式傳世。「今文」本子是用漢代通行的隸書寫成的，這跟廣開獻書之路以後陸續出土的「古文」《易經》，用小篆以前的古文字寫的本子並不相同。不但文字有所歧異，有時連內容也有所出入。今古文學派之爭，即因此而起。

開獻書之路，武帝之前，亦早已有之。但文、景之世的獻書，朝廷多是被動，而且規模小，至於武帝的廣開獻書之路，則化被動為主動，規模大，甚至還特地為此「建藏書之策，置寫字之官」，所以效果也大不相同。

《漢書．藝文志．序》對此有一段簡明扼要的論述文字。上文曾經引述過，但為了討論的方便，仍再摘錄如下：

> 昔仲尼沒而微言絕，七十子喪而大義乖，故《春秋》分為五，《詩》分為四，《易》有數家之傳。戰國縱橫，真偽分爭，諸子之言紛然殽亂。至秦患之，乃燔滅文章，以愚黔首。
>
> 漢興，改秦之敗，大收篇籍，廣開獻書之路。迄孝武世，書缺簡脫，禮壞樂崩。聖上喟然而稱曰：朕甚閔焉。於是建藏書之策，置寫字之官。下及諸子傳說，皆充秘府。……

這段文字，就撰寫本文的觀點看，筆者以為可注意者有三：一、孔子及其弟子死後，「《易》有數家之傳」；二、秦因「諸子之言紛然殽亂」，故焚書坑儒，「以愚黔首」；

料。

三、漢興之後，雖開獻書之路，至武帝時猶「書缺簡脫，禮壞樂崩」，但經武帝提倡「建藏書之策，置寫字之官」後，就在他在位的幾十年間，不但儒家古籍紛紛出土問世，而且連各種「遺文古事」、「諸子傳說」也兼收並蓄，充塞於宮中秘府，成為太史公參考的圖書資料。

拿這段文字來對照《漢書．武帝紀》所記載的：「元朔五年六月詔曰：蓋聞導民以禮，風之以樂。今禮壞樂崩，朕甚閔焉……」，可知漢武帝「建藏書之策，置寫字之官」，是從元朔五年開始。推動這個政策、訂定實施細則的，則是該年拜相的丞相公孫弘。後來在哀帝時負責宮中秘府校書的劉歆，在《七略》中也曾這樣記載：「孝武皇帝敕丞相公孫弘廣開獻書之路，百年之間，書積如山。」書積如山，一作「書如山積」，意思一樣，都是在強調廣開獻書之路的成果。

所謂「百年之間」，應是泛指從漢武帝元朔五年（西元前一二四）以後，經昭帝、宣帝、元帝而至成帝年間的獻書活動。這段期間，由於帝王的不斷提倡，公卿的積極推行，官方如孔安國、河間獻王，加上民間如河內女子等等的熱心參與，儒家古逸的經籍，以及各種「諸子傳說」之類的圖書，也兼收並蓄，逐漸集中到宮中秘府，因而先秦亡佚之書日漸齊備，而學術亦因此而改觀。這「百年之間」，有人落實「百年」二字，解釋為：「自元朔五年廣集典籍，下至成帝河平四年（西元前二五）劉向、劉歆父子校書中秘，正一百年。」㊅雖然有些穿鑿，但對照劉歆父子的校書宮中秘府，卻是美好的巧合。如果依此元朔五年往前推算一百年，也恰好是秦王政二十四年（西元前二二三），即焚書坑儒的秦始皇即位稱帝的前夕。《易》學研究者常說西漢中期以後，《易》學的研究風氣發生了大變化，如果說，西漢中期的前後不同，是以漢武帝在位期間為分水嶺，那麼，武帝元朔年間的廣開獻書之路，可以說正好是中間的一個定點。

底下筆者擬以民間河內女子的獻書為例，說明它對西漢中期以後《易》學研究的影響。此事首見於東漢王充的《論衡·正說篇》：

> 孝宣皇帝之時，河內女子發老屋，得逸《易》、《禮》、《尚書》各一篇。奏之。宣帝下示博士，然後《易》、《禮》、《尚書》各益一篇。

據後人的考證，「孝宣皇帝之時」，是指宣帝本始元年（西元七三），逸《易》一篇係指《易傳》中的《說卦傳》，逸《書》一篇係指《古文尚書》中的〈泰誓〉，而逸《禮》一篇則不能確知所指。有人以為係指《大戴禮記》中的〈明堂月令〉㊆。

又據《隋書·經籍志》的載錄：「及秦焚書，《周易》獨以卜筮得存，唯失《說卦》三篇。後河內女子得之。」可知《論衡》所說的逸《易》一篇，係《說卦》合《序卦》、《雜卦》而為一篇。古代的書籍多以簡冊串連成編，合數卷為一長篇，乃是常事。而且河內女子所發現的逸《易》，既稱為「逸」，則其為古逸之書，是古文本子，自無疑問。它與漢初田何一系所傳的今文本子必然有所不同，所以宣帝才會「下示博士」，要求補正。既言「宣帝下示博士……」，則河內女子得逸《易》一篇，必定屬實無疑。

這些資料告訴我們，《說卦傳》在秦、漢之際，曾經亡佚，到宣帝時才在河內又失而復得。

河內，是古郡的名稱，在今河南省黃河以北地區。漢時轄地有懷縣、汲縣、武德等地，先秦時轄地更大，包括殷商故都朝歌的所在地及西伯（周文王）被拘禁的羑里。據此推測，則此所謂逸《易》者，可指殷朝或殷周之際所傳的古《易》本子而言。這個本子有可能著成於孔子之前，甚至可能著成於周文王演《易》之前或同時。當然也有可能像一些研究者所猜測的，如同《易傳》的一些篇章，確實出自孔子及其後學者之手，因避秦火而藏於屋壁之中。

不過，大約兩百年後，西晉武帝咸寧五年（西元二七九）在汲郡（今河南汲縣）被偷盜的戰國時代魏王古墓中，所謂「汲冢」，又出土了一些竹簡本的古籍，除了《易經》二篇、《竹書紀年》十三篇、《國語》三篇、《穆天子傳》五篇等等之外，還有與《易》相關的幾篇文獻。據《晉書．束皙傳》的記載，這幾篇文獻是：

《易繇陰陽卦》二篇，與《周易》略同，繇辭則異。

《卦下易經》一篇，似《說卦》而異。

《公孫段》二篇，公孫段與邵陟論《易》。

據此又可推知西晉汲冢出土的《易繇陰陽卦》，與當時所謂的《周易》本子相較，經卦「略同」而「繇辭則異」；《卦下易經》，則與《易傳》的《說卦傳》雖相似而有所不同。歷來的研究者從出土文物的年代、地點、字體、墓主等方面推測，大多認為這應是戰國晚期儒家與陰陽家結合的產物。加上出土的地點汲郡，原是漢代河內郡的轄地之一（見王先謙《漢書補注》二八上）。可能因為這個緣故，頗多研究者也就把漢宣帝時河內女子所發現的《說卦傳》，當作戰國中晚期儒家與陰陽家結合的產物了。

實際上，筆者在上文「人更三聖，世歷三古」中已一再說過，即使是孔子以六藝講學授徒的春秋時代，伏羲、文王以來所傳的古本《易經》，即使沒有被孔子採納，應該也還潛藏在民間流傳著，即使像讖記預言，即使已「抱殘守缺」，卻也從未曾滅絕。這些古《易》佚文遺說可以在民間流傳到戰國時代，也可以流傳到秦、漢之世。它隨時可與其他思想流派結合而產生新學說。戰國時代的中晚期如此，西漢中期的武帝時代也是如此。筆者以為宣、元之際，孟喜、京房引起的《易》學新潮，就是這樣形成的；哀、平之際，西漢末年《易緯》的興起，也是這樣產生的。

上述河內女子所發現的逸《易》、《說卦》，就是促成西漢中期以後的《易》學者重新思考八卦起源及其方位的一個案例，孟喜、京房等人所帶動的《易》學新思潮，也因它而起。它對漢代經學，甚至對經學史來說，都是一件大事。東漢初年，王充《論衡》所以會提到此事，也就是因為它與今古文經之爭有關係。

漢代自武帝設立五經博士、廣開獻書之路以後，今文經學成為官學，而古文經也因陸續出土，逐漸被人重視。總的來說，武帝是為「大合天下之書」開其端，而宣帝之「論六經於石渠，學者滋盛，弟子萬數」，則是繼其盛，發其光。宣帝在位時，經學日益昌盛，古文學派也逐漸抬頭。僅就《易經》而言，在古文學派方面，不但民間有河內女子獻古逸之書，朝中也有丞相魏相「數表采《易陰陽》及〈明堂月令〉」，而今文學派方面，則有田何一系田王孫的三大弟子施讎、孟喜、梁丘賀，並列於學官，同時並立，真所謂古今相映，新舊並陳，這和武帝以前今文經獨尊的情況，實在不可同日而語。起先它們各自發展，並未勢同水火，但因主張不同，古今學派之間後來才逐漸有了門戶之見，新舊之爭。

東漢初年的王充是古文經學派的學者，他的《論衡・正說篇》即針對今文經學者而發。他認為武帝設立五經博士以後，固然使經學日趨於發展，但不少今文經學者不知古文訓詁，只為了早仕競進，常對儒家經籍牽強附會曲加解釋，因而使「偽說傳而不絕」，自然慢慢的會產生流弊。他批評今文學者說：「儒者說五經，多失其實。前儒不見本末，空生虛說；後儒信前師之言，隨舊述故，滑習辭語。」為了糾正這種陳陳相因的謬說，所以他才寫了這篇

「正說」來駁斥。他對五經和《論語》都探究其本末原委，分別提出不少意見。其中很多論點，即以上述河內女子所發現的古逸之書來作為立論的基礎。例如對於《易經》，他就根據河內女子所發現的《說卦傳》中的「天地定位」和「帝出乎震」這兩章，對漢初以來今文學派的八卦起源的舊說，提出質疑，認為他們不知《周易》的本末原委：

說《易》者皆謂伏羲作八卦，文王演為六十四。夫聖王起，河出圖，洛出書。伏羲王，《河圖》從河水中出，《易》卦是也。禹之時，得《洛書》，書從洛水中出，〈洪範〉九章是也。……

他不但認為《河圖》和《洛書》都是上古一種卦形的圖象和文字，而且在《論衡》其他的〈感虛篇〉、〈自然篇〉中，還反覆申述《河圖》、《洛書》都是「天地出之，有為之驗也」、「天道自然，故圖書自成」的道理。換言之，他是相信上古之世，在周文王「演為六十四」之前，真有「河出圖」、「洛出書」這回事。不管對或不對，這是代表古文經學派的觀點。

我們知道《易傳》中《說卦傳》的「天地定位」一章所說的八卦理論，實際上是以筮法的形式來解釋宇宙萬物的生成演化，而「帝出乎震」一章所講的卦位之說，則是在空間的方位和時間的序位上，賦予了傳統的八卦說一種新的意義。這些說法和漢初以來今文經學者所主張的儒家傳統並不相同。有研究者以為這顯然是受了戰國晚期陰陽五行學說的影響，更有研究者（如高懷民）確定是受了戰國（以迄淮南劉安時）道家思想的影響，㊇所以才與田何一系所傳的不同。這在下章還會作進一步的討論，茲不贅。這說法之對或不對，也暫且不論，但它卻成為後來《易》學爭論不已的話題之一。西漢中期宣帝以後象數派（京房）的八卦卦氣說，宋代圖書派（邵雍）的《後天八卦圖》，可以說都是據此推衍出來的。

由此可見，廣開獻書之路後，各地的獻書之中，有的文獻資料會對原有的《周易》經傳，在板本或解說方面造成衝擊。以上說的就是武帝以後宣帝年間發生的一個例子。由河內女子所奏上的逸《易》，確實與漢初以來田何一系所傳的本子有所不同，因此使《易》學的研究有了一些新改變新方向。

也因此，談漢代《易》學，在田何一系的傳承之外，不能不注意武帝即西漢中期前後風氣的轉變。下一章擬就此再作進一步的討論。

附注

㈠見高懷民《兩漢易學史》。

㈡〈兩漢以前《易》學重要學者傳承表〉係筆者參考《漢書藝文志問答》（台北：正中書局，民國五十八年初版）、高懷民《兩漢易學史》附表等等資料而得。

㈢《漢書．成帝紀》：「儒林之官，四海淵源，宜皆明於古今，溫故知新，通達國體，故謂之博士。」可見漢朝對於博士之職，後來除了「通古今」之外，還要求「通達國體」，表示學術成就之外，還要有政治事功。

㈣《廣弘明集》卷一與《法苑珠林》卷六十八都曾引述吳人闞澤之語：「至漢景帝，以黃子、老子義體尤深，改子為經，始立道學。」

㈤例如漢文帝時，已立申培公、韓嬰為《詩》博士。景帝時，又立轅固生（《齊詩》）、張生（《尚書》）、胡毋敬、董仲舒（《春秋》）為博士。

㈥此為程元敏學長《兩漢經學史》論述之語。程學長的考證力求詳實。引述資料求多，令人敬佩，但有時反而有畫蛇添足之失。例如他此文談元朔五年廣開獻書之路以後，接著又說：「自是之後，所獻經籍，史闕有間，無從考實，唯魯壁、河間及河內所進，要目存焉」，他認為其中應包括「孔安國家人獻孔壁所出經書六種」、「河間獻王崇儒好書，得書多……」、「淮南王劉安亦好書，招致賓客著書，其後叛亡，所儲書度亦均歸諸漢朝，諒多諸子百家語籍策」、「至河內獻書三篇，一皆漢人偽造，將以取金賞，或邀朝廷獎譽而已」，等等。

這些話有的很有參考價值，例如說淮南王劉安所儲書稿，「諒多諸子百家」，其中儒道古笈秘本，涉及《易》、《老》者，當不在少數，等等。但其中恐怕有的意見還有待商榷。例如：筆者查河間獻王獻《孝經》，是建元六年（西元前一三五），孔安國獻《古文尚書》，是元光元年（西元前一三〇），皆在武帝元朔五年（西元前一二四）廣開獻書之路以前。至於「河內獻書三種三篇」是否「皆漢人偽造」更有商榷之餘地。據《隋書．經籍志》的載錄：「及秦焚書，《周易》獨以卜筮得存，唯失《說卦》三篇。後河內女子得之」，以及後人的考證：此「三種三篇」中之逸《易》，蓋指《說卦》而言，逸《書》蓋指〈泰誓〉，唯逸《禮》不知所指，或謂即《大戴禮記》之〈明堂月令〉。

㈦參閱上注。黃懷信《大戴禮記彙校集注》卷八〈明堂〉引孔廣森曰：「明堂月令者，古《明堂陰陽》篇名。自『赤綴』以下，引其文也。……」則〈明堂月令〉又似古《明堂陰陽》之篇名。

㈧同注㈠。

第七章 《易》學的古義與新潮（上）

以下二章承接上文，以武帝在位期間為分水嶺，討論西漢中期前後的《易》學發展。西漢中期以前，所謂「古義」的階段，指楊何、田王孫以前，漢初的陸賈、賈誼、韓嬰、董仲舒、劉安、司馬談等人，大致與漢初的田何及其弟子丁寬等人同時，其特色是講義理，切人事；西漢中期以後，則指田王孫及其三大弟子施讎、孟喜、梁丘賀，在宣帝、元帝年間開創《易》學盛世以後，特別是指孟喜、京房以及東漢虞翻等人所開創的象數之學，其特色是講卦氣，重術數。前後期轉變的關鍵，筆者以為主要是受了漢武帝所推動的學術政策以及董仲舒天人感應思想的影響。

西漢中期以前，列為第七章，主要談「古義」；西漢中期以後，列為第八章，主要談「新潮」。

一、漢初的「古義」六家

皮錫瑞《經學通論》中，曾有一個章節專論西漢初年的《易》學，結論是「漢初說

《易》，皆主義理、切人事，不言陰陽術數」。屈萬里老師在《先秦漢魏易例述評》一書中，也曾有「西漢武帝前諸子易例」一節，對西漢初年著成的六部著作：包括陸賈的《新語》、賈誼的《新書》、韓嬰的《韓詩外傳》、董仲舒的《春秋繁露》、劉安的《淮南子》以及司馬遷的《史記》，加以考索，共舉了二十一個事例，最後的結論是這些著作之引用《周易》：「或詮釋其辭義，或引申其意旨，要皆類《文言傳》《繫辭傳》之說，未曾一語涉及象數也。」[一]證實皮錫瑞的觀點是正確可靠的。

皮錫瑞另外還有一個觀點，也值得注意。他說：以陰陽災異說《易》，其實是《易》之「別傳」。所謂「別傳」，當然不是指「正宗」而言。他所說的「正宗」，指的是主義理、切人事，以孔子的《易》學傳承為主，而所謂「別傳」，指的則是用陰陽災異說《易》的術數之學。這種《易》學新潮，始於孟喜，而成於京房。皮錫瑞說：「以《易》而論，別傳非獨京氏而已，如孟氏之〈卦氣〉、鄭氏之〈爻辰〉，皆別傳也。又非獨《易》而已，如《伏傳》五行，《齊詩》五際，《禮・月令》、明堂陰陽說、《春秋・公羊》多言災異，皆別傳也。」可見皮錫瑞所說的「別傳」，就《易》學而言，除了孟喜、京房之外，還包括鄭玄的爻辰說，甚至還包括伏生所傳的《尚書》，轅固生所傳的《齊詩》，《大戴禮記》的《月令》明堂陰陽說以及《公羊春秋》等等「五經」在內。

屈老師所舉的西漢初年的六部學術著作，筆者以為正好可以依序分為三組，用來說明丁寬既受《易》於齊人田何，又從洛陽周王孫「受古義」的時代背景及相關問題。

陸賈的《新語》和賈誼的《新書》在引述《易經》時，確實重在闡述義理人事，屬於儒門的著作。據《史記》本傳的記載，陸賈是楚人，跟從高祖劉邦平定天下，常居左右。往往在高祖面前稱說《詩》、《書》，標舉仁義，其學出自荀子弟子齊人浮邱伯。他的《新語》說《易》時，曾兩次引用《易傳》的《繫辭傳》，並用《魯詩》及《春秋．穀梁傳》參證。他死於文帝初年。

賈誼則是洛陽人，十八歲即能「誦《詩》、《書》」，人稱「洛陽少年」。文帝時徵為博士，始赴長安。他曾為長沙王、梁懷王太傅，教導皇子讀書，但不幸早死，死時才三十三歲。他的《新書》說《易》時，也常用《魯詩》、《春秋》以及《荀子》等書參證。㊁相傳他學於吳公，吳公受自李斯，李斯也是荀子的弟子。

因此，陸賈和賈誼都可說是荀子的再傳弟子，生卒年代和田何也大致相當，從事學術活動的時間，主要都在高祖到文帝之間。《荀子．大略篇》說：「善為《易》者不占」，因此陸賈和賈誼之於《易經》，應該也是以闡述義理為主，不講筮術。

韓嬰，是燕人，他也是「三家詩」中《韓詩》的創始人，文帝時立為博士，但他最愛的是《易經》。景帝時，他曾出任常山王太傅，常山屬趙國，所以他的學說，流行於燕、趙之間。燕、趙人好《詩》，也因此韓嬰的《易》學，只傳自己的子孫。據《漢書．儒林傳》說，韓嬰曾與董仲舒在朝廷之上、武帝面前，公開辯論一些事理，「仲舒不能難也」。董仲舒一向辯才無礙，竟然難不倒他，可見他也能言善道。他的《韓詩外傳》之說《詩》，和上述的陸賈、賈誼一樣，「或取《春秋》，雜采眾說」，藉以推求詩人之意，甚至有時會斷章取義，離開經文本身。他除了常引述《易經》的經文及《繫辭傳》之外，也時常引用荀子的言論。據漢代劉歆《七略》的著錄，《子夏易傳》實為韓嬰所著，而梁朝阮孝緒的《七錄》則說是韓嬰與丁寬合著。因此筆者以為上文所說的丁寬從周王孫受「古義」的「古義」，應指韓嬰一系的著述而言。

董仲舒是廣川人。廣川在今河北衡水一帶，古居齊、魯、燕、趙之交。他從小就好讀《春秋》，讀的是《公羊春秋》。景帝時，立為博士；武帝時，以賢良對策聞名。武帝元光年間，司馬遷跟隨父親入長安求學時，據說曾師從董仲舒讀《春秋》，因此董仲舒也是司馬遷的老師。

董仲舒是當時受人敬重的學者，一向主張「通經致用」，他最著名的著作是《春秋繁露》。書中援引陰陽五行的學說，用來闡述儒家的經義，把儒家的政治主張、文化理想和陰陽五行的理論結合在一起。西漢中期以後的思想家，很少不受他的影響。他也常引《詩》說教，不過除了《魯詩》之外，他和夏侯始昌一樣，也常用講求「五際六情」的《齊詩》，因此解說時也常脫離經義本身。

韓嬰和董仲舒都是生於燕、趙的北方學者。他們從事學術活動的時間，主要在文帝、景帝、武帝三朝，大約與丁寬同時。他們都喜好《詩》和《春秋》，也都屬於經學中的今文學派。

劉安是漢高祖的孫子，生於文帝元年（西元前一七九）。父親劉長因罪絕食而死，文帝哀憐他，故封為淮南王。淮南王劉安好書，起先好儒，後則好道、法。喜延賓客方術之士，一起合作著述。據《漢書》本傳說他「招致賓客方術之士數千人，作為內篇二十一篇，外篇甚眾，又有中篇八卷，言神仙黃白之術，亦二十餘萬言。」

劉安的《淮南子》，據《漢書．藝文志》說，原分內外篇，內篇論道，外篇雜說。今存內篇，原題「鴻烈」，即「大明」之意。劉安立為淮南王，是在文帝十六年（西元前一六四）。武帝即位後，建元二年（西元前一三九），淮南王入朝時，才獻上此書。《淮南子》出於淮南王劉安及其門客之手，用來「講論道德，總統仁義」。書中也常談《詩》說《易》。《詩》用《魯詩》，《易》則經傳兼而有之。他稱引《易經》時，都冠以「《易》曰」或「傳曰」，有些引自「古經」，有些引自《彖傳》、《象傳》、《繫辭》、《文言》、《序卦》，顯然已把孔子及其後學所撰述的《易傳》視同經文。其中有些可能出自《淮南道訓》。班固《漢書．藝文志》著錄《易》類有《淮南道訓二篇》，原注：「淮南王安，聘明《易》者九人，號九師法。」有的版本「九師法」的「法」字作「說」。揆之文、景之世崇尚黃、老，筆者以為《淮南道訓》九師之言，諒必亦以闡述道家的「道德」教訓為主。《周易》和《老》、《莊》學說本來就有相通之處，戰國末年，儒家曾受到道家思想的影響，更無疑問。因此，有人以為《易傳》之《說卦傳》中的「天地定位」和「帝出於震」二章，即出於戰國中晚期以後受道家影響的儒門弟子所作。

《史記．老莊申韓列傳》敘述老子的生平，充滿神祕的色彩，但寫他的兒子李宗，以及後代子孫，到了漢朝以後，卻又有明確的交代，說是：

> 宗為魏將，封於段干。宗子注，注子宮，宮玄孫假。假，仕於漢孝文帝，而假之子解，為膠西王卬太傅，因家於齊焉。
>
> 世之學老子者則絀儒學，儒學亦絀老子。

據此可知老子的後裔李解，在文、景帝時，任職膠西王劉卬的太傅。後來景帝時發生「七國之亂」，膠西王劉卬涉身其中，做為他太傅的李解，當然被株連在內。㊂由此亦可推知，李解應與丁寬、司馬談同時。引文的最後兩句：「世之學老子者則絀儒學，儒學亦絀老子」，出於司馬遷筆下，頗有言外之意，暗示儒、道從此分道揚鑣，極可能是淮南王在武帝元狩元年造反畏罪自殺、道家從此被斥退以後的事。

至於司馬談，據《史記．太史公自序》說，曾「學天官於唐都，受《易》於楊何，習道論於黃子」。司馬談受《易》於楊何，上文已經說過，此不贅。「學天官」之事，〈太史公自序〉中還引述司馬談所說的一段話：「余先周室之太史也，自上世常顯功名於虞夏，典天官事。」天官所典之事，一向與卜筮星曆有關，所以古書常常史、巫同舉，史、卜並稱。司馬談「學天官於唐都」，還「受《易》於楊何」，顯然都是為了做好他太史的份內工作。至於「習道論」的「道論」，應與《淮南道訓》的「道訓」同義，指的是道家的「道德」教訓。這是漢初道家的主流之一。另外，〈自序〉中引述司馬談的〈論六家要指〉，更為我們提供了他們父子對戰國秦、漢之際學術思想的主要觀點。

〈論六家要指〉首引《易大傳》（即《繫辭傳》下篇）「天下一致而百慮，同歸而殊途」之語，說：「陰陽、儒、墨、名、法、道德，此務為治者也。直所從言之異路，有省不省耳。」首先表示六家的終極目標是一致的，只是取徑有所不同；然後才分別說明各家的特點。強調陰陽術士「序四時之大順，不可失也」，儒者「序君臣父子之禮，列夫婦長幼之別，不可易也」，墨者「強本節用，不可廢也」，法家「正君臣上下之分，不可改也」，名家「正名實，不可不察也」，但都各有缺點，唯獨標榜道德家「使人精神專一，動合無形，贍足萬物。其為術也，因陰陽之大順，采儒、墨之善，撮名、法之要。與時遷移，應物變化，立俗施事，無所不宜。指約而易操，事少而功多。」意即兼有各家之長。不但如此，他在評隲前五家的優缺點之後，又重申道德家的無為之術，即治天下之術。

司馬遷在《史記．太史公自序》中，特地還記敘他父親司馬談曾經這樣殷殷誡勉他：「自周公卒五百歲，有孔子；孔子卒後，至於今五百歲，有能紹明世、正《易傳》、繼《春秋》，本《詩》、《書》、《禮》、《樂》之際？」意思是期望他能像聖人孔子一樣修史，重訂「六藝」。所謂「五百歲」是用《孟子．公孫丑下》所謂「五百年必有王者興，其間必有名世者」的典故。這裡說的《易傳》和《春秋》、《詩》、《書》、《禮》、《樂》，正指六藝（六經）而言。可見他們父子對儒家和道家的主張都能兼容並納，而且已把孔子所撰述的《易傳》視同《易經》了。

二、六家「古義」析論

綜合上述，對照田何、丁寬一系《易傳》的師承，可以推知下列幾點：

一

以上所談的六家，正好可分為三組：陸賈、賈誼一組，他們承接荀子「善為易者不占」之餘緒，闡述孔子傳統的儒學理論；韓嬰、董仲舒一組，他們都是今文學派的經學家，表面上宏揚儒家經學，實際上兼講陰陽五行；淮南王劉安、司馬談一組，他們儒道並重，但特別推崇道家的黃、老之術。論時代，陸賈、賈誼活動於高祖以迄文帝年間，大約與田何相當。韓嬰、董仲舒同時崛起於文、景之際，大約與丁寬相當。韓嬰於文帝後元七年（西元前一五七）立為博士，董仲舒則於景帝元年（西元前一五六）立為博士，相差只有一年，而丁寬則於景帝三年（西元前一五四）作《易說》三萬言，傳《易》於田王孫，他們活動的年代都甚為相近。劉安於文帝十六年（西元前一六四）立為淮南王，活動於文、景之世，與韓嬰、董仲舒也大致相當。但淮南王劉安卻遲至武帝建元二年（西元前一三九）始入朝呈上《淮南子》，雖為武帝所寵，卻於元狩元年（西元前一二二），被告造反，畏罪自殺，還株連數萬人。司馬談生年不詳，約生於文、景之際，而卒於武帝元封元年（西元前一一〇）。他當太史令，主要的活動時代，是在武帝建元、元狩年間。並起於文、景之世的韓嬰和董仲舒，在武帝年間也頗為活躍，二人著名的學術辯論於朝，即在武帝元光元年（西元前一三四）。尤其是董仲舒，他在武帝初即位的建元元年（西元前一四〇），策對賢良方正，提出「天人三策」以後，就一直受到武帝的賞識。武帝所以會「推明孔氏，抑黜百家」，很多學者都認為是受到董仲舒的影響。「孔氏」泛指孔子及其後學者的儒術而言。所以後人常把這句話說成「獨尊儒術」。

因此歸結來說，以上六家論其學術著作，「皆主義理、切人事」，即使涉及天人之際，也多從人文倫理的觀點出發，而未談陰陽術數；論其活動時代，則俱在武帝以前，即西漢中期以前。這和昭帝、宣帝以後侈談災異術數的學術風氣大不相同。上下對照，顯然是以武帝在位的期間為分水嶺。前者大都以戰國時代儒、道、陰陽諸家的「古義」為依歸，後者則在武帝和董仲舒「天人感應」之說的影響下，說災異，談卦氣，附會政治時事而釀成「新潮」。

（二）就從事學術活動之時代言，上述六家與田何、丁寬等人，雖謂同時或時代相近，但他們之間，似無直接之交往。

田何以齊田氏之後，奉高祖劉邦之命，徙居杜陵，在帝京長安腳下講學授徒，其實是受監管，只能在民間活動。這和同時的陸賈、賈誼等人俱在朝廷之上，直接為漢朝帝家服務，一朝一野，蓋有所不同。據史書記載，漢惠帝喜好《易》學，曾以田何「年老家貧，守道不仕」，親往受業，可能因此而使田何「終為《易》者宗」。上文曾說田何的《易》學，受戰國時代「齊學」的影響，除了闡揚孔子傳述的《易傳》之外，必然也雜有道家的虛無思想，也講求陰陽家的占筮之術。這和荀子的再傳弟子陸賈和賈誼等人所講的《易》學，重在「主義理、切人事，不言陰陽術數」，都是有所不同的，和稍後表面儒家而雜有陰陽之學的韓嬰、董仲舒，以及推崇道家的淮南王、司馬談，也同中有異。換言之，漢初的《易》學傳承，在田何一系之外，至少原有專主義理的「正宗」，和不言陰陽術數的「別傳」的若干支流。就時代論，這六家正處於田何與丁寬之間。論學術傳承，也正是田何、丁寬的過渡時期。

（三）高祖劉邦雖於馬上得天下，但平定天下之後，仍得如陸賈所言，必須依賴儒家取法先聖古賢而訂定禮儀制度。即位之初，奠都洛陽，為了長治久安，不久即遷京長安，因此京、洛成為政治文化中心。高祖在位十六年，到了晚期，開始下詔訪求賢才。惠帝即位後，有鑑於秦朝焚書坑儒之害，更下詔廢除挾書之律，於是開了藏書出土和傳抄古籍的風氣，也開始了漢朝倡六藝、定五經的奠基工作。到了文、景之世，所謂「蕭規曹隨」，雖然儒、道並重，私底下，文帝還「好刑名之言」，景帝也「不任儒者」，㊃但他們仍然都做了一些肯定儒學的行政措施。像文帝曾遣派晁錯到山東濟南跟從秦博士伏勝受《尚書》，用隸書記錄而成《今文尚書》；像景帝時，魯恭王拆孔子舊宅以廣其宮，在破壁中發現不少用小篆以前的古文字所記載的先秦古籍，同時河間獻王劉德也將民間發現的《周官》、《毛詩》、《左氏春秋》等古文經傳獻於朝廷。於是秦火以前的儒家經典古籍，陸續出土問世了。

這些因素，都促成了今古文經學派的出現與發展。梁人丁寬所以能在長安杜陵受《易》於田何，又能到洛陽從周王孫受「古義」，都與這些時代背景有關。就漢初的《易》學傳承而言，丁寬和周王孫都同樣出於田何門下，親炙其學，他們所學應無不同，但丁寬既盡得田何所傳之後，又去從周王孫受「古義」，這也表示周王孫的所謂「古義」，應該原本不屬於田何一系。㊄

西漢初年，因為秦火焚書，先秦古籍極為難得，所以經學的傳授，早期悉依口耳相傳，而以「書」為主。例如同為今文學派的《詩經》學，還分為《齊詩》、《魯詩》、《韓詩》三家；同為今文學派的《春秋》學，初期還分為《公羊傳》和《穀梁傳》。至於《左氏春秋》變為「春秋三傳」之一的《左傳》，那是後來的事。因此研究經學、讀經學時，不但要論「家法」，而且還要論「師法」。家有家法，師有師法，門戶各立，非常謹嚴。大致從文、景年間古書紛紛出土傳世之後，風氣才開始轉變。固然有人嚴守家法、師法，但也有人「轉益多師」，不再「從一而終」。也因此，所謂丁寬從周王孫學「古義」，同時也表示了周王孫在師從田何學其《易》學之外，另有「古義」的師承。「古義」在漢代經學裡，也有其特別的含義。據清代四庫館臣的解釋：所謂「古義者，漢儒專門訓詁之學，得以考見於今者也。」㊅可見「古義」指的應是有關遺經佚說的一些輯錄、補注、考證或申論。孔子及其後學在秦、漢以前所撰述的有關《易》學著作，俱屬此類。

四

從高祖劉邦稱帝到武帝劉徹即位之初，雖然儒道並重，但在文、景之世，為了與民休養生息，特別崇尚黃、老之術。文帝在位二十三年，景帝在位十六年，四十年間，由於帝王之家的提倡，黃、老之術，道家之說，不但可與儒家爭衡抗勝，有時甚至還居於領先的地位。齊人田何奉命移居關中之後，以「杜田生」講授《周易》，除了闡述孔子的《易傳》之外，田何及其弟子格於當時的時勢，必然也會引述帶有「齊氣」的道家雜學之說，即使不迎合王朝帝家，至少也不敢牴觸。這從下面的兩個實例，可以推想而知。

一是漢景帝中元三年（西元前一四七），齊人轅固生與黃子爭論「湯武非受命」於朝廷之上，涉及儒道是非。竇太后因好《老子》之書，聞之，怒「召固問」。景帝雖然同情轅固生，竇太后卻仍然「使固刺豕」，置之於死地。

二是武帝建元元年（西元前一四〇）即位之初，有心推行儒術的大臣，如御史大夫趙綰、郎中令王臧，都因行動積極而遭竇太后之忌，被迫下獄自殺。

這種情況，一直延續到建元六年（西元前一三五）竇太后死後，才有所改變。尤其是在元狩元年（西元前一二二）淮南王劉安因謀反而自殺之後，道家思想遂亦被排斥。在漢武帝採用董仲舒的策議，「推明孔氏，抑黜百家」，獨尊儒術之前，漢初《易》學的傳承，一直在這種風氣的籠罩之下。可以想見西漢初年，道家思想盛極一時，對《易》學的浸染，是無庸置疑的。我們從上述六家的《易》學傳承中，也可以窺見這種風氣盛行的一斑。

高懷民《兩漢易學史》對於道家的黃、老之術在西漢中期的發展，有其獨到的見解。他認為西漢中期以後興起的象數之學，即起於《淮南子》一系的儒門子弟，結合「流行的陰陽思想」而成。他說：

> 推測儒門「十翼」義理的《易》，在淮南時代起，由道家人物領導，開始與流行的陰陽思想合流。此後，融合愈密切。到了孟喜的卦氣，也就是象數《易》問世時，此種流行的陰陽思想，乃正式成了《易》家之物。㊆

這裡所謂「流行的陰陽思想」，應指董仲舒所倡導的陰陽五行之說，一種從武帝起開始流行的新思潮。換言之，他以為西漢中期以後興起的孟喜等人的象數之學，曾經受到董仲舒所闡揚的思想的影響。

筆者不但認同高懷民的見解，而且還認為道教後來所以能在東漢時，由道家的學說演化發展而成為宗教的型態，應該也與這種思想的廣為宣揚，普遍流行，深入民間，都有密切的關係。許地山《道教史》所附的「道教發展示意簡圖」（見下頁），可為一證。

附注

㊀見屈萬里師《先秦漢魏易例述評》一書。此書立論平實，言必有據，最宜初學者研讀。

㊁賈誼《新書》所引《春秋》一書，前人多以為指《左傳》而言。蓋賈生嘗師事張蒼，傳其《左傳》之學。例如友人王更生《賈誼春秋左氏承傳考》即云：「賈誼之傳《春秋》也，承荀卿、張蒼之授業，開劉歆、賈護之先河。」然而，據潘銘基學弟《賈誼及其新書研究》之考證，賈誼《新書》所言史事不見於《左傳》者多，同記一事而所記有別者亦不少。筆者則一向以為漢初學者文人之所謂《春秋》，多指《公羊春秋》或《穀梁春秋》而言。

㊂見拙著《老子新繹》一書所引何炳棣〈司馬談、遷與老子的年代〉一文。

㊃俱見《史記·儒林列傳》。

㊄田何門下，周王孫受教在先，丁寬受教在後。會不會田何在周王孫受教時，曾授以「古義」，而丁寬受教時則僅教「法術」之學？對照上文第六章第一節所述，應無此可能。故丁寬從周王孫所學之

「古義」，自應在田何一系之外，別有所傳。

㈥見《四庫全書總目》第一冊，頁六七八。

㈦參閱高懷民《兩漢易學史》。

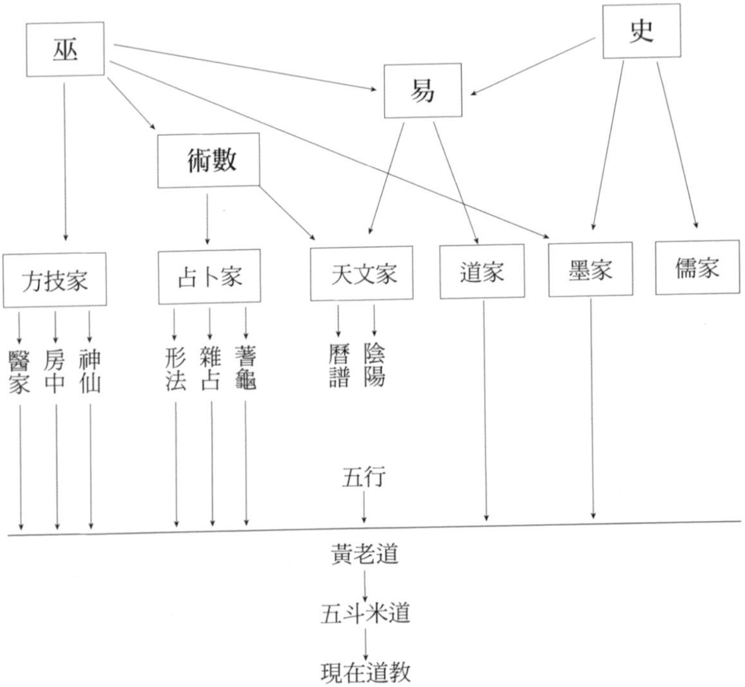

道教發展示意簡圖

——引自許地山《道教史》

第八章 《易》學的古義與新潮（下）

一、西漢中期以後的《易》學新潮

董仲舒是武帝所倚重的經學家。他於五經，首推《公羊春秋》，兼重《易》學。漢初《易》學，如上文所述，多重義理，繼述孔子的《易傳》，就董仲舒本人著述中引《易》說《易》的文字看，他也屬於講義理的一類。但他在《春秋繁露》書中所闡揚的陰陽災異、天人感應的思想（例如《春秋繁露．玉杯》篇中所謂「《易》本天地，故長於數」等等），確實也雜有術數的影子，因此有人說他提倡的是新儒術，間接促成後來孟喜、京房象數一派和哀、平之際《易》學讖緯的興起，並非無根之談。㊀《史記．儒林列傳》說他在武帝建元六年（西元前一三五）家居時，曾寫了一篇〈災異之記〉，推論遼東高廟所以發生火災，是由於人事所立不當的緣故；被王同的弟子主父偃告發。天子召諸生，認為有刺譏之意，下吏當死。後詔赦，董仲舒從此不敢再談災異之事。這正表示他本來就好此道，亦善此術。

漢武帝的「罷黜百家」，罷黜的主要對象是名、法、縱橫、道、墨，而「獨尊儒術」其實是指兼講陰陽五行的儒家。他起用的丞相公孫弘，其實是「外儒內法」；他倚重的經學家董仲舒其實是「外儒內五行」。表面上是他採用董仲舒的策議，事實上是他自己「竊好五行占候之說」。《史記．日者列傳》有褚少孫所補寫的一段文字：

孝武帝時，聚會占家問之，某日可取婦乎？五行家曰「可」，堪輿家曰「不可」，建除家曰「不吉」，叢辰家曰「大凶」，歷家曰「小凶」，天人家曰「小吉」，太乙家曰「大吉」。辯訟不決。以狀聞。制曰：「避諸死忌，以五行為主。人，取於五行者也。」

漢武帝好五行占候之術，透過褚少孫的這段描述，可謂昭然若揭。聚會占家討論，只是形式，其實他早有定見。

五行占候之術，雖是具有宗教意味的巫術，卻多多少少含有合乎現代邏輯的數字觀念，㈡而董仲舒《公羊春秋》所推闡的天人感應之說，認為天人相與，天在上，可垂象示人吉凶；人在下，可行善以感動天。這是在戰國末年齊人鄒衍「五德終始」說的基礎之上，再參考《公羊傳》的「春秋大義」。換言之，是援引陰陽五行的學說來解釋儒家的經義，把符瑞災異的思想與現實的政治人事結合起來，加以論述。這和當時朝野之間儒道並重又雜陰陽五行的風尚，不但相應和，而且也和武帝既想昌明儒學又偏好方術的性格不謀而合，因此董仲舒受到武帝的寵信和倚重。這種結合儒家和陰陽家為一體的天人感應的學說，也因而成為一種新「儒術」，一種學術新潮流。《漢書．五行志》就曾說：「景、武之世，董仲舒治《公羊春秋》，始推陰陽，為儒者宗。」上文已經說過，董仲舒從小就研究《公羊春秋》，早在景帝時已立為博士，但受寵信重用，是在武帝掌握實權之後。

武帝雄才大略，即位後不久，認為學問之道，必須講求「經世致用」，而「經世致用」之終極目標，在於博取功名，報效君國。因此從建元年間起，就定五經，置博士，開弟子員，設科射策，舉用「賢良方正文學」，授以官祿，使天下士子盡入彀中。這些政治措施，其實都與董仲舒所上的策議主張有關。

但是，大致從元狩元年（西元前一二二）以後，武帝的好大喜功，不斷的巡邊、求仙，愛美人，疑心重，種種性格中的弱點，卻也逐漸顯露出來。蘇轍〈武帝論〉就說漢武帝到了晚年，「禍災並起，外則黔首耗散，內則骨肉相殘」。前者如李廣利率軍之西征匈奴，最後失利投降；後者如后妃爭寵，發生巫蠱之禍，最後太子劉據自殺，等等皆是。如果拿他早期的舉用「賢良方正文學」之士而授以官祿，來對照他後期的設立「腹誹」之法而誣殺大臣，實在令人不得不訝異於他與晚年大興土木、海外求仙、焚書坑儒的秦始皇，何其相似！

不過，讀者必須了解，武帝晚年這些失常的表現，並無損於董仲舒陰陽五行、天人感應新學說的流行。董仲舒死於太初元年（西元前一〇四），但就在這一年，漢武帝還是以「歷紀壞廢，宜改正朔」為由，下詔唐都、司馬遷等人修造「太初曆」。秦及漢初均以十月為歲首，至此改為正月，色尚黃，數用五，定官名，協音律，立宗廟百官之儀，等等。可見在董仲舒死後，漢武帝仍然在推行董仲舒的策議主張。無論生前死後，武帝都同樣重視董仲舒所提供的政治主張和文化理想。

漢武帝死後，先後繼位的昭帝、宣帝及其重臣，也都同樣重視儒術，繼續推行漢武帝崇儒尊孔的政策，甚至有過之而無不及。因此使人更加相信董仲舒〈災異之記〉所說的道理：天人是相與的，天在上，人在下，天會垂象示人吉凶，人亦可行善以得天保佑。也因此，人雖云亡，而政策卻仍然得以延續。昭帝、宣帝仍然重視經學，也都同樣強調「經世致用」。宣帝藉「設科射策，勸以官祿」時，參加「石渠」論學的弟子員，即以萬數。因而董仲舒「天人三策」中天人合一、天人感應的思想，戰國中晚期盛行的五德終始、陰陽災異之說，仍舊興而未衰。

因此，從武帝到宣帝期間，可謂君臣上下，紛紛提倡「經世致用」，主張學術必須與現實政治人事結合在一起。推行這種政策的，武帝時有董仲舒、夏侯始昌；昭帝、宣帝時有眭孟、夏侯勝等人。夏侯勝即曾公開告訴弟子員諸生：「士病不明經術。經術苟明，其取青紫，如俛拾地芥耳。學經不明，不如歸耕。」意思是讀經書不能不明「經術」；明「經術」

才容易獲得功名，就像低下頭來即可拾取地上草芥那樣簡單。可見儒生學經，主要是學「經術」。「經術」，指的應不止儒家經籍，例如《易傳》之類，應該還兼指戰國以來民間流傳的占卜筮術，包括天文、曆算、五行等等所謂陰陽災異的「術數」在內。宣帝時，丞相魏相不但常以卦氣推自然之利害，察人事之吉凶，而且還「數表採《易陰陽》及〈明堂月令〉奏之」，《易陰陽》、〈明堂月令〉講的就是陰陽災異的「經術」。

筆者以為「經術」，是儒家經義與陰陽術數的結合，它所以能夠在武帝以後盛行，是因為繼位的帝王都真的以為它與王道的興衰有關，就如同元帝朝中大臣翼奉上奏所言：「《易》有陰陽，《詩》有五際，《春秋》有災異，皆列終始，推得失，考天心，以言王道之安危。」同時也是因為在朝廷的一些倡導大臣所推斷的災異、預言的吉凶能夠應驗，因此才能見賞於君，信服於人。㊂例如：夏侯始昌治今文《尚書》，闡述「洪範五行」之說。因其「明於陰陽，先言柏梁台災日，至期日果災」，因而得到武帝的重視。他的族子夏侯勝，在昭帝時「從昌受《尚書》及《洪範五行傳》，說災異」，也因為預言應驗，所以當時的執政大臣霍光亦「以此益重經術士」。也因此，經術與政治更加緊密的結合。到了宣帝以後，因為帝王公卿的好尚，經術更加發展，而且也開始轉型。甚至有些公卿大臣開始用經術來闡明經書中的「大義」。例如講《春秋》經，就開始由《公羊春秋》而轉向《穀梁春秋》。

宣帝之所以能夠繼承皇位，是因為他「受《詩》、《論語》、《孝經》，躬行節儉，慈仁愛人」。繼位之後，他不只能「奉承祖宗廟，子萬姓」，而且能發揚武帝所推行的「經術」。他在本始二年（西元前七二）下詔尊武帝廟的詔令中，就曾推崇漢武帝「選明將，討不服，匈奴遠遁，平氐、羌、昆明、南越，百蠻嚮風，款塞來享」，不但武功彪炳，而且在文德方面，也「建太學，修郊祀，定正朔，協音律；封泰山，塞宣房，符瑞應，寶鼎出，白麟獲。」因此稱頌武帝「功德茂盛，不能盡宣」。上述引文「建太學」以下，與立五經博士有關，與儒家經義有關；「封泰山」以下，與災異符瑞有關，與陰陽術數有關。他對漢武帝極加推崇，但對董仲舒所倡導的思想主張，則順應時勢而略作更張。因此從宣帝開始，經學的發展，也起了微妙的變化。

先是昭帝在始元年間，曾經為當時的三大政策：對匈奴是和是戰、鹽鐵是官營或民營、政治是德治或法治，舉行一次「鹽鐵會議」，召集大臣互相辯論。結果是霍光所主導的，主張與匈奴和親、罷鹽鐵官營、以德教為主的一方獲勝。影響所及，同樣是闡揚孔子義理的《春秋》經學，也開始起了變化。

我們知道，武帝所倚重的董仲舒，他所倡導的《公羊春秋》是齊學，附會現實政治，喜談微言大義及陰陽天人之理，當時因公孫弘執政，基本上是儒法合流，刑德並重。《公羊春秋》和《穀梁春秋》雖然都是傳自子夏，在漢初流行；但二者不同。《穀梁春秋》是魯學，基本上以講宗法人倫為主，「不傳微言，但傳大義」（皮錫瑞語），講的是章句訓詁。二者在昭帝、宣帝之際，魯學漸興，才逐漸取代齊學，有了此長彼消的趨勢。它們涉及的，不僅是《春秋》或《易》學，而是整個經學發展的問題。

宣帝有鑑於此，特地在甘露年間，召集名儒博士蕭望之等數十人，舉行兩次會議。第一次是在甘露元年（西元前五三），在朝中殿上辯論《公羊》、《穀梁》異同。辯論三十餘事，結果「多從《穀梁》。由此《穀梁》之學大盛。」第二次是甘露三年（西元前五一），在石渠閣「講五經異同」，宣帝還「親稱制臨決焉」。會議的文件，據《漢書．藝文志》的記載，《書》四十二篇、《禮》三十八篇、《春秋》三十九篇、《論語》十八篇、《五經雜議》十八篇，共一百五十五篇。結果是在武帝時所立的五經七家博士之外，新立了梁丘《易》、大小夏侯《尚書》、《穀梁春秋》四家經學博士。所謂「梁丘《易》」，即指田何的三傳弟子梁丘賀。他就是在這次會議中被立為博士的。

這不但是《穀梁春秋》「但傳大義」專講章句訓詁的勝利，而且也因此「扶進微學，尊廣道藝」，促進了經學的發達。從此出現了一些經學世家。學有所成的經學大師，只要被認為自成一家之言，就可以開館授徒，也因此經學的傳授和研習，更加方便，也更加普及了。

㊃

二、今文《易》學三家

由於儒學經術日漸受到重視，加上從宣帝到元帝之間，能通一經者，即可免徭役，還可以當官，因而更使經學的發展日趨畸型化。經師生員不但要講「學」，而且更要講「術」。他們為了功名利祿，各顯神通，有時「師」出多門，轉益多師，甚至會互相排斥攻擊，因而風氣大變。

例如丁寬的弟子田王孫，其得意門生即所謂「今文易學三家」的施讎、孟喜、梁丘賀，在宣帝朝皆曾列於學官，有的還立為博士，但他們之中，像梁丘賀起初師事楊何的弟子京房，後來京房出任齊郡太守，梁丘賀即改拜田王孫為師。他在宣帝時做過太中大夫，主要是因為他「精於筮術」，而非出於京房或田王孫的傳授。像孟喜「好自稱譽」，師從田王孫表面講義理，但其實私下早就喜談卦氣之說，嗜好陰陽占候之術。田王孫在世時不敢說，但田王孫一死，他即自稱，田王孫在垂死之前曾枕其膝，獨傳一本《易家候陰陽災變書》的秘笈給他，因此聲譽鵲起。所謂《易家候陰陽災變書》，大概就是上文所引魏相上奏的《易陰陽》之類。不料同門梁丘賀卻出面拆穿他說謊。因為田王孫死時，施讎就在他身旁，而孟喜其實人在故鄉東海，和田王孫不在一起。也因此，孟喜被斥為師門叛徒，不得錄用為《易經》博士。

雖然如此，孟喜叛離師門之後，卻更積極發展他的占候災變之說。經由他的倡導，卦氣之說、象數之學，竟然勃然興起，成為西漢中期以後的《易》學主流。他的門下弟子白光、翟牧，後來在元帝、成帝時都成了《易經》博士。他也成為開創漢《易》象數派的先驅。

孟喜的卦氣之說，對後來漢代《易》學的影響，非常深遠。從《漢書・藝文志》所著錄的《易經十二篇・施、孟、梁丘三家》、《孟氏、京氏十一篇》、《章句施、孟、梁丘氏各二篇》、《災異孟氏、京房六十六篇》等等看來，三家的著述可稱宏富，可惜原書均已亡佚。但仍可推定從孟喜開始，卦氣之說，包括陰陽五行、天干地支、四時節令、八卦方位以及曆法等等，都已溶入了《易》學之中，促成象數之學的新發展。

所謂「卦氣」，講的是陰陽術數，是一套占驗之術。其中最著名的，係以六十四卦、三百八十四爻，配合一年的四時、十二月、二十四節氣、七十二候、三百六十五（又四分之一）日來推衍演繹。換言之，卦氣原是配合曆法中的節氣，以六十四卦分主四時之法，用以表明氣候變化和農事活動。孟喜所講的卦氣主要是以坎、震、離、兌為四正卦，分主四時二十四氣。其餘六十卦配一年十二月、三百六十五又四分之一日，每卦主六日七分。每一節氣又分初、次、末三候，配以始卦、中卦、終卦。

孟喜的卦氣說，最有名的是十二月卦。「十二月卦」是從六十四卦中選取了復、臨、泰、大壯、夬、乾、姤、遯、否、觀、剝、坤等十二卦，以陰陽爻位的相對進退為用，來配合十二月份的運轉。十一月冬至，微陽生於地下，故取〈復卦〉；依次陽氣漸進而陰氣漸退，至四月為純陽〈乾卦〉，陽氣最盛。五月微陰生於地下，故取〈姤卦〉；依次陰氣漸進而陽氣漸退，至十月為純陰〈坤卦〉，陰氣最盛。如此周而復始，可與一年的四季寒暑變化相應。這「十二月卦」，一名「十二消息卦」。這裡的「消息」，是《易》學的專有名詞。「消」專指陰氣增長，「息」專指陽氣增長。孟喜以此附會政治人事。四正卦外，每卦主六日七分，每月得五卦。此五卦又分辟（君）、公、侯、卿、大夫五等，而以辟卦統領之，故十二月卦又稱「十二辟卦」。孟喜即借此陰陽的推移變化，來占測政治人事的升降吉凶。

十二消息卦圓圖

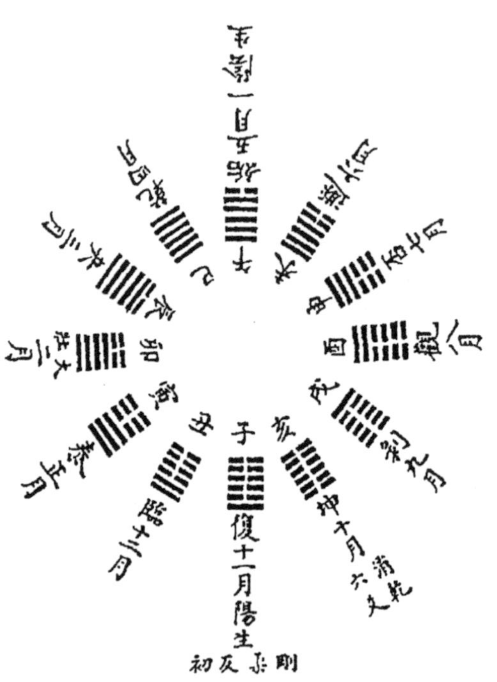

宋代朱震《漢上易傳卦圖》所列《復七日來復圖》

據唐代李鼎祚《周易集解》的引述，孟喜以後，東漢的荀爽、虞翻都早已加以沿用孟喜的卦氣之說。荀爽是古文學派大學者馬融的弟子，虞翻是今文學派的集大成者，由此可見孟喜的卦氣之說對後世今古文二大流派的影響。

不止孟喜一家如此，根據上引《漢書・藝文志》的著錄，施、孟、梁丘「今文三家」的著述，都同樣成就過人，可謂一時並起，開創了西漢中期以後《易》學的盛世。他們的門下也同樣並開爭茂，代有傳人。根據《漢書・儒林傳》的記載：

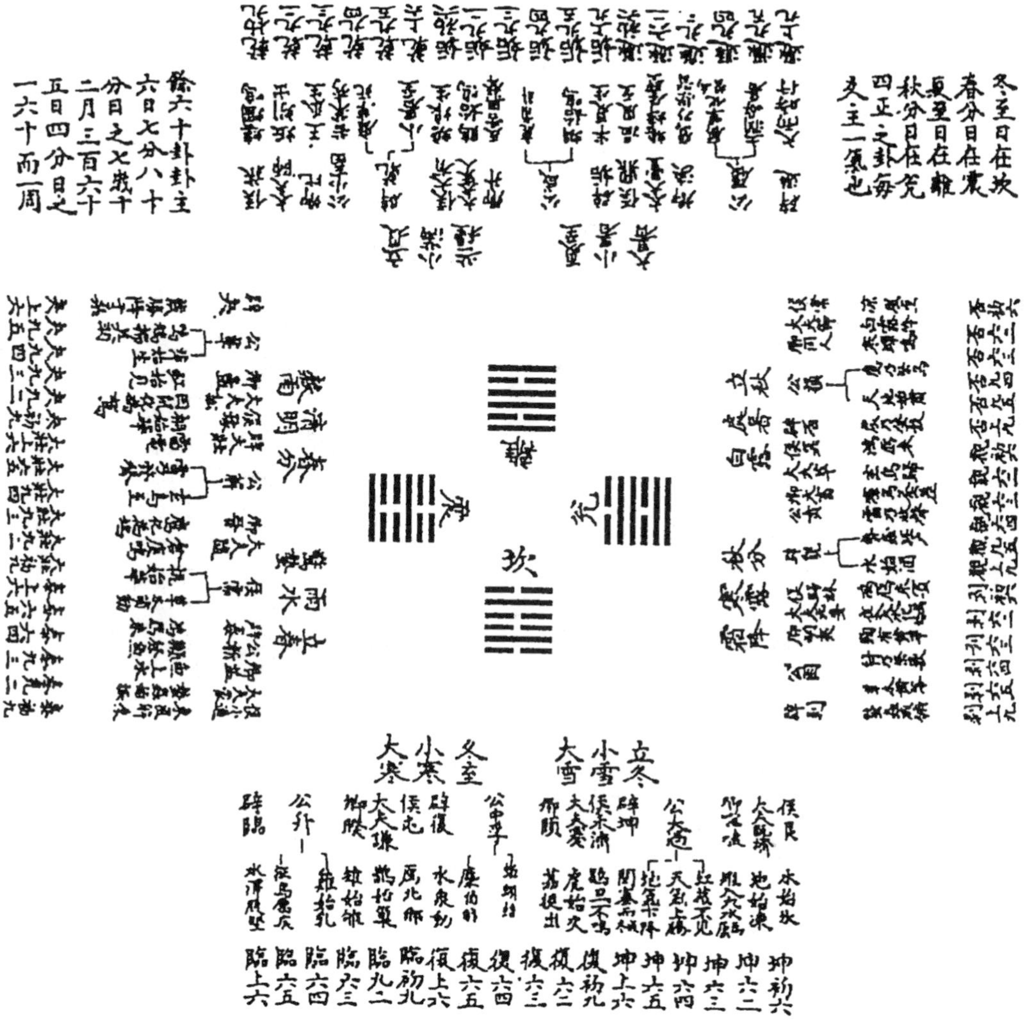

宋代楊甲《六經圖》所列李溉《六十四卦卦氣圖》

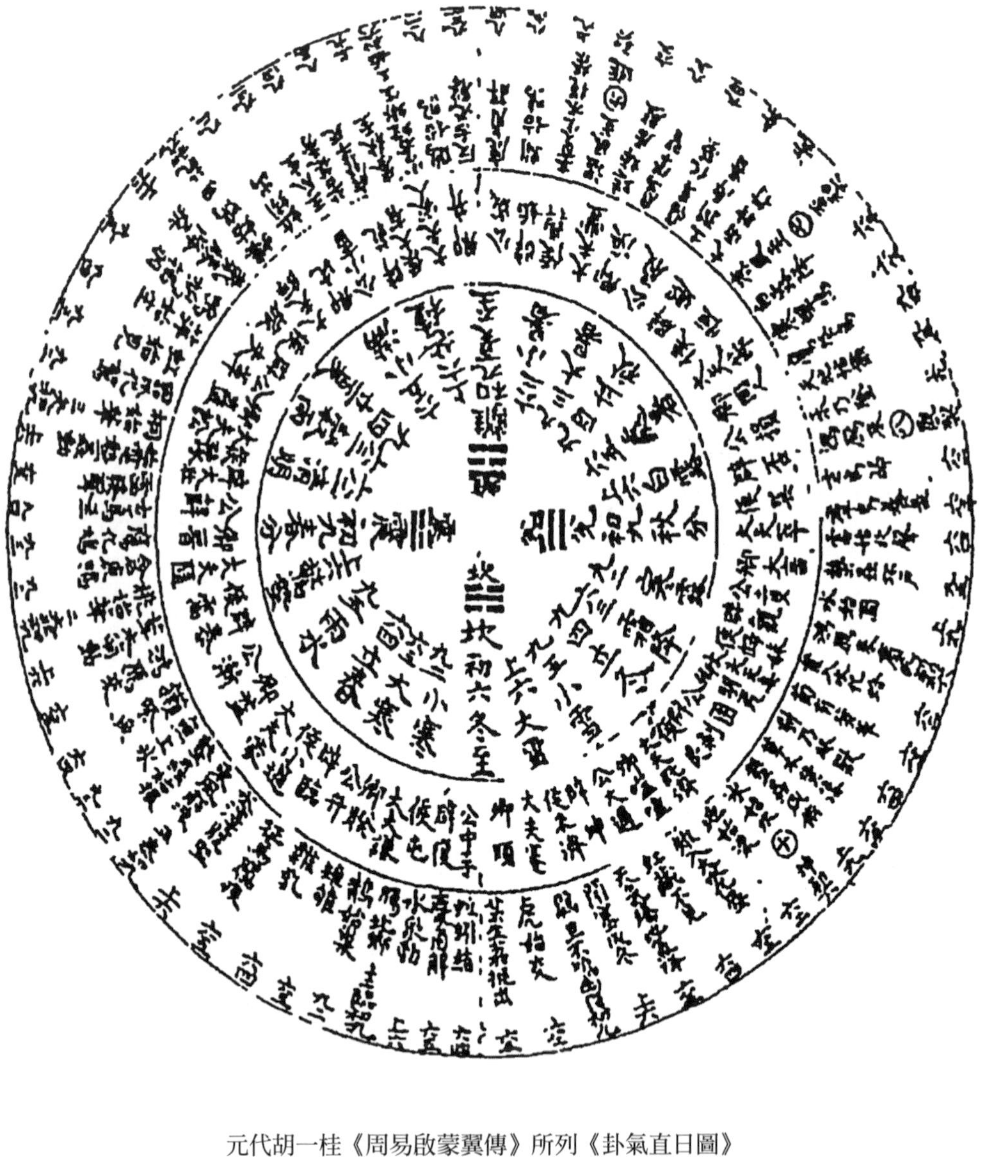

元代胡一桂《周易啟蒙翼傳》所列《卦氣直日圖》

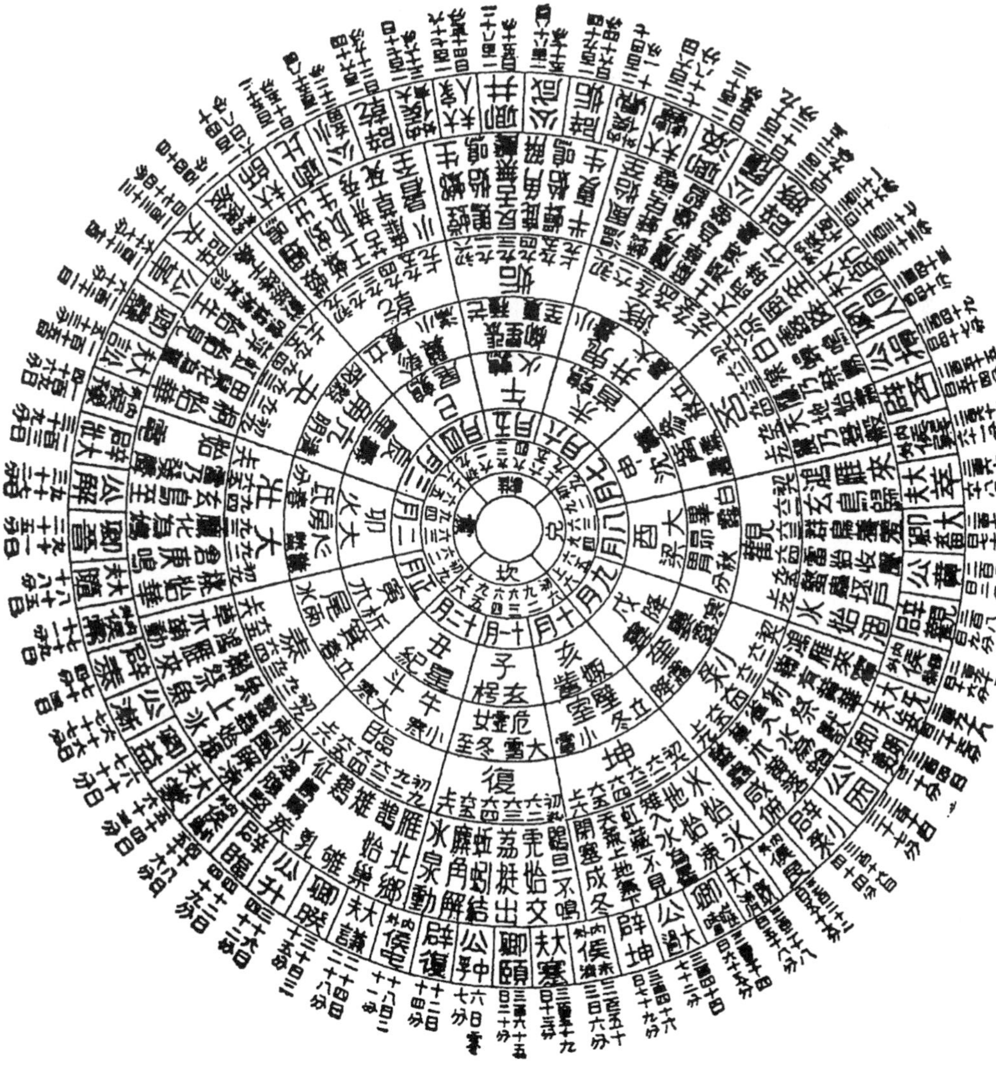

《卦氣集解》所列《卦氣圖》

——引自郭彧《易圖講座》

施家「有張（禹）、彭（宣）之學」；

孟家「有翟（牧）、白（光）之學」；

梁丘家「有士孫（張）、鄧（彭祖）、衡（咸）之學」。

他們代代相傳，前後承續，把田何所傳授的加以發揚光大。到了漢元帝、成帝時，在朝廷之上談論《易》學的，幾乎全都出自這三家門下。如此說來，田何一系，在漢代《易》學的傳承系譜中，真的是「族繁不及備載」。

為了配合下文的論述，茲就其中比較受後人注意的焦贛和京房二人，在此略作一些補充說明。

西漢中期以後的象數之學，由孟喜首開其端。他的卦氣之說和曆數之學，到底是他自己的創見或前有所承，已不可確考，但此路一開，卻成了西漢《易》學的一大特色。繼承他而發揚光大的，是焦贛（一名延壽）、京房和東漢的虞翻。

焦贛的《易》學，據說也是「獨得隱士之說」，而京房「治《易》，事梁人焦延壽」，這表示他們的象數之學，不是來自田何一系，而是另有「別傳」，所謂「隱士之說」，應指戰國中晚期以來流傳於民間的結合儒、道、陰陽的學說。這是上文一再說過的。

焦贛的《焦氏易林》和京房的《京氏易傳》，在《四庫全書》中，都歸入子部術數類的

「占卜之屬」。他們著述的真正目的，其實是為了比附現實政治人事，用來占驗陰陽災異，而非為了探討氣象曆法本身的變化。

焦贛自稱曾從孟喜學《易》，他在先秦的揲蓍演卦之外，不取爻辭，另創一種占斷新方法，他的《焦氏易林》，即根據《左傳》、《國語》的筮例，探求其中由爻變而至卦變的規律，發現《易》可含萬象，於是以六十四卦為本卦，每一卦又推衍出六十四卦，總共四千零九十六卦，構成了一個龐大的新體系。而且在每一卦的下面，都配上一首解釋卦爻辭的四言詩（偶有三言），用以占算吉凶禍福。措辭通俗易解，偶有藉古事以示意者，幾乎字字句句都是取象而來，同時都是以《易》之象為象。讀者若有興趣，可以參考近人尚秉和所著的《焦氏易詁》、《焦氏易林注》等書。不過，歷來學者對它的評價是：詳則詳矣，美則美矣，但實在過於繁瑣。

焦贛後來又傳給京房。上文說過，漢代《易》學有兩個京房，一是楊何的弟子，一是焦贛的弟子。二人在《漢書》中都有傳記，前者是梁丘賀的老師，見卷八十八〈儒林傳〉，後者本姓李，字君明，見卷七十五本傳。此指後者。

京房雖是焦延壽弟子，但性情學術並不相似。焦氏治學雖求新變，為人則安於現實，而京房不然。他既熱衷政治，談《易》更喜直承孟喜而變本加厲。他在元帝時，「數上疏，先言其將然。近數月，遠一歲，所言屢中」，故「以有災異得幸」。但也由於急切功名，與朝中大臣石顯、五鹿充宗等人皆有嫌隙，後來即遭石顯陷害而死。

不過，京房在孟喜之後，對後來的學者影響也很大。他發明了「八宮卦」，拋棄了六十四卦原有的卦序而重新編排，以「八宮」卦變為基礎，將六十四卦分別歸屬八宮統領。宮即方位之意。每宮八卦，以乾、坤等八純卦各主一宮，逐爻變化，繫以世應（一世、二世、三世、四世、五世）、遊魂、歸魂等卦名。依陰陽消息的次第，宣揚天人感應之說；同時他又改造了孟喜的卦氣說，將坎、離、震、兌四正卦，也納入一年的日數來分配，因而六日七分的卦數也跟著作了調整；另外又以飛伏（爻之見者為飛，藏者為伏）、納甲（以八卦配十干、五行等）以及月建（以十二地支配十二月）等等推斷災異的符號系統和象數方法，藉通變以談《易》卦，真可謂炫異而夸新。

事實上，京房所談的「象」，目的都在「定吉凶，明得失，降五行，分四象」，並沒有超出占筮的範圍，不過是在原有的象數之學中，另開了占候一派。他用此占驗吉凶，後來東漢的《易》學者則用以注經，差別在此而已。所以四庫館臣才說漢代的象數之學是「一變而為京、焦，入于禨祥。」禨祥，即指鬼神災異之事。也因此，焦贛的《焦氏易林》和京房的《京氏易傳》，《四庫全書》都列為子部術數類的「占卜之屬」，沒有歸入《易經》類之中。

說到這裡，筆者似乎也應該指出《四庫全書．經部總敘》所說的「一變而為京、焦」，

京房「八宮卦次圖」

	本位卦 不變	一世卦 一變	二世卦 二變	三世卦 三變	四世卦 四變	五世卦 五變	遊魂 六遊	歸魂 七歸
乾	乾	姤	遯	否	觀	剝	晉	大有
坤	坤	復	臨	泰	大壯	夬	需	比
兌	兌	困	萃	咸	蹇	謙	小過	歸妹
艮	艮	賁	大畜	損	睽	履	中孚	漸
離	離	旅	鼎	未濟	蒙	渙	訟	同人
坎	坎	節	屯	既濟	革	豐	明夷	師
震	震	豫	解	恆	升	井	大過	隨
巽	巽	小畜	家人	益	无妄	噬嗑	頤	蠱

明代錢一本《易像鈔》所列《八卦變遊歸宮之圖》

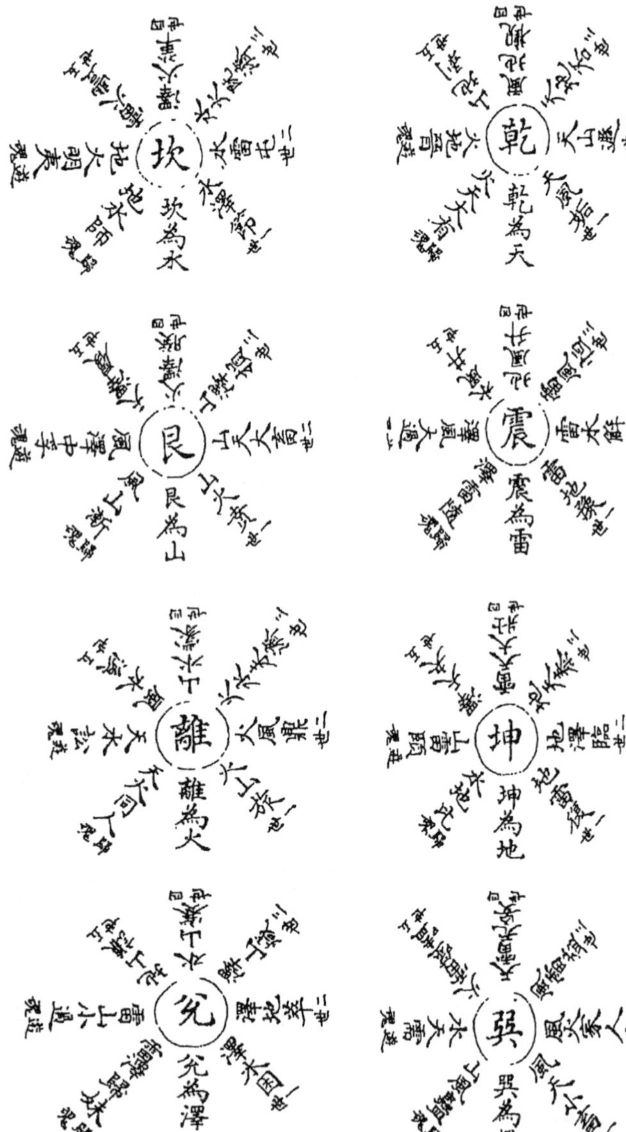

楊甲《六經圖》所列《八卦變六十四卦圖》

是值得商榷的。因為它把後京房李君明列於焦贛之前，容易令人誤會說的是指前京房。

總之，孟喜、京房等人，把田何一系所傳承的今文《易》學，轉向了卦氣之說、曆象之學，也把它推上了漢《易》發展史上的高峰。

三、「古義新潮」與民間緯書

就在這經學昌盛的時代裡，不讓「今文《易》學三家」學者專美於前，民間也同樣出現了幾個重要的古文《易經》學者。其中受人注目的，有費直、高相等人。

他們的《易》學雖然未曾立於學官，只在民間流行，但在當時經學「大師眾至千餘人」的熱烈氛圍中，仍然有一席之地。據《漢書．儒林傳》云：「高相，沛人。治《易》，與費公同時。其學無章句，專說陰陽災異，自言出於丁將軍。」可見他的《易》學，出於丁寬，而擅長「陰陽災異」，則可能在丁寬所傳之外，又學了孟喜等人的新數術。不管是丁寬或孟喜，仍與田何有關。

至於費直，《漢書．儒林傳》云：

費直，字長翁，東萊人也。治《易》，為郎，至單父令。長於卦筮，亡章句，徒以《彖》、《象》、《繫辭》、《文言》解說《經》上下。瑯玡王璜平中能傳之。

所謂「長於卦筮」，和高相的「專說陰陽災異」一樣，應是當時《易經》學界流行的風氣。但說他「徒以《彖》、《象》、《繫辭》、《文言》解說《經》上下」，對當時盛行以陰陽災變、占候數術來解釋《易經》的風氣而言，反而值得我們注意。這不但直接說明費直專以孔子《易傳》的義理之說來解說經文，而且暗示他所用的《易經》讀本與眾不同。

據范曄《後漢書．儒林傳》云：

> 東漢費直傳《易》，授瑯玡王璜，為費氏《易》。本以古字，號「古文易」。

又，《隋書．經籍志》也有同樣的說法。可見費直講《易》不僅「以傳解經」，而且他所用的讀本是「古文易」。這裡所說的「古文」，應有特別的含義，是指先秦所用的古文字而言，包括小篆、大篆、籀文等等。這裡所說的「古文易」，即費直所傳的古文本子，所謂「費氏易」，更涉及西漢「今文經」和「古文經」消長的問題。

底下，我們就從今古文經說起。

我們知道，因為秦火一炬，燒掉很多古書，因此西漢初年，先秦儒家的經籍一本難求。又由於古今字體的變遷，由篆文而轉為隸書，因此漢初有很多經書，像《今文尚書》、《詩經．三家詩》、《公羊傳》、《儀禮》等等，大都出自耆學宿儒的口耳相傳，用漢代通行的隸書抄寫而成；另外有些則是用秦、漢以前的古文字寫成的，大都是漢景帝以後孔壁出土或民間呈獻的古籍，像《古文尚書》、《毛詩》、《左氏春秋（左傳）》、《周官（周禮）》、《古文孝經》以及上文所述河內女子古逸之書等等皆是。前者用漢朝隸書抄寫而成的經書，古人稱為「今文經」，後者用秦、漢以前古文字寫成的古籍，稱為「古文經」。本來「今文經」和「古文經」都同樣來自先秦儒家留傳下來的經典文獻，但由於使用文字的不同，經師解說的不同，竟然逐漸有了門戶之見，也有了流派之爭。

「今文經」學者以為經書講的是經世濟物之學，可由三綱五常推衍到治國平天下的道理，他們重視的是闡發經文中的微言大義；而「古文經」學者則把這些古籍視為歷史文獻，主要用來授徒講學，首先要把經文解釋清楚，注重的是文字訓詁。由於重點不同，師承不同，於是逐漸形成今文、古文兩大學派。

西漢前期，今文學派受到帝王公卿的重視，他們傳授的經書大都列於學官，立為博士，而古文學派則只在民間流傳。可是到了西漢中期以後，風氣逐漸轉變。例如《詩經》因為是韻文，便於誦讀，秦火之餘，容易用漢隸抄錄下來，所以在文帝時，魯人申培公就有傳授，作訓故，稱為《魯詩》；燕人韓嬰也有傳授，作內外傳，稱為《韓詩》；景帝時，齊人轅固生也作「詩傳」，稱為《齊詩》，三家詩都在西漢初期武帝時就立了博士。而魯人毛亨、趙人毛萇所傳的故訓傳，稱為《毛詩》的古文經，則到平帝時才立為博士。

同樣的情況，《春秋》經歷來有所謂「三傳」之說，但實際上，《左傳》原名《左氏春秋》，乃左丘明所著，與孔子所撰的《春秋》經各自為書，並非為「經」作「傳」，而《公羊傳》原名《公羊春秋》、《穀梁傳》原名《穀梁春秋》，二者是不是真的緣「經」而作，也有不同的說法。㊄據桓譚《新論》等書的論述，「三傳」若論成書的先後，自是先有《左氏春秋》傳世百餘年，始有魯人穀梁赤所撰的《穀梁春秋》和齊人公羊高所撰的《公羊春秋》。但若論在漢朝列於學官的先後，則《公羊春秋》最早，武帝特別推崇它；其次是《穀梁春秋》，宣帝特別標榜它；《左氏春秋》最後，平帝才立為博士，但不久又在東漢光武帝建武年間廢止了。今文學派和古文學派的經學鬥爭非常激烈，這從《後漢書·鄭范陳賈張列傳》今文學派范升和古文學派韓歆等人的辯論中，韓歆奏立《費氏易》、《左氏春秋》為博士，范升卻攻擊《費氏》「無有本師，而多反異」，《左氏》則「不祖孔子」，非為經作傳，等等，可以看出來。㊅而且由此也可以看出漢人常將《易》與《春秋》相提並論。

就《易經》在漢代的傳承而言，田何一系所傳承的，大都是屬於「今文經」的系統。他們原本多株守一經，家有家法，師有師法，陳陳相因，發展到「今文《易學》三家」的施讎、孟喜、梁丘賀時，才趨於變化，但卻又由孟喜別開焦贛（延壽）、京房一派。這時候，他們講的《易經》，已經不是重在解釋經義，而是藉陰陽五行之說，用象數之學來推求政治得失及天人之道，可謂已到了盛極而衰，或者說是窮極則變的時候了。

可見費直等人的崛起，是時會所使然，是《易》學新潮的一種反動。因此上文所謂的「費氏易」或「古文易」，可稱為「古義新潮」，而與後來成帝時劉向、劉歆父子的受命校書中秘互相印證。據《漢書．藝文志》說，劉向曾以宮中所藏「古文」《易經》「校施、孟、梁丘《經》，或脫去『无咎』、『悔』、『亡』，唯費氏《經》與古文同。」可見費直所用的《易經》讀本，應是傳自先秦，真的與田何一系今文經學者所用的本子有所不同。

這種情況不止《易經》有之，其他經籍也時而有之，因此到了哀帝時，劉歆終於上書，建議把古文經列於學官。因為遭到今文學派博士名儒的反對，於是今古新舊二派各立門戶，分爭王庭，樹朋結黨，互有奧援，從此展開長約兩百年的學術論爭。儼然政治集團一般，至東漢末年而未息。

東漢以後，風氣逐漸轉變。上文說過，光武帝即位之初，古文學派尚居劣勢，費氏《易》以「無有本師，而多反異」不得立博士，《左氏春秋》雖已立為博士卻又廢止，然而，到了和帝、章帝、安帝時，古文學派逐漸抬頭了，學者多兼採今古文經，而且兼通數經的風氣也越來越盛。加上王莽喜好符命祥瑞、光武帝又因靠讖緯登上帝位，迷信方術，因此緯書風行一時。㊆

如果說費直等人古文《易》的出現，是「今文《易》學三家」新潮流的反動，那麼，西漢末年以後盛行民間的《易緯》，則可稱為新潮流的輔翼，不是抑制、反動，而是擴張、延伸。

讖緯之學，起於周、秦之際，風行於西漢末年，至東漢明帝、章帝時而達於極盛。許慎

《說文解字》云：「讖，驗也。有徵驗之書。河、洛所出書曰讖。」可見「讖」乃立言於前，有徵於後，像《河圖》、《洛書》一樣，是詭為隱語、預告吉凶的一種神祕語言。而所謂「讖」，係對「經」而言。《四庫提要》卷六即云：「緯者，經之支流，衍及旁義。」亦即一種解說演繹儒家經典的書籍。從西漢末年哀、平之際起，民間開始出現很多緯書。五經等書都有不少。屬於《易經》的多已亡佚，今存者有《乾鑿度》、《乾坤鑿度》、《稽覽圖》、《辨終備》、《通卦驗》、《乾元序制記》、《是類謀》、《坤靈圖》等八種，統稱為《易緯》。它們大多承襲戰國中晚期齊學的災異之說，推衍西漢今文學派陰陽五行的理論、天文曆算的方法和天人感應的思想，用來解釋《周易》構成的原理，同時也藉此來附會陰陽災變。前者是以象數解《易》，將其理論化。後者是以災異說《易》，將其神格化。可以說是董仲舒經學思想進一步的推展，和當時風靡一時的孟喜、焦贛、京房等人的卦氣之說和象數之學，更是契合無間。緯書作者蓋以此作為干祿取榮的工具。雖然不知作者究竟是誰，但觀其內容，卻都與孟喜、京房的《易》學理論，密切相關。所以清代早就有人說是出於孟喜、京房的傳述。㊇

現代的中、日研究者，有人主張《易緯》是繼承了孟喜、京房的卦氣說，又進而提出了八卦卦氣之說。有人認為孟喜係用震、離、兌、坎四正卦來表示四方、四時、二十四節氣；而京房則用乾、坤二卦與震、離、兌、坎、巽、艮所謂「六子卦」來表示一年二十四節氣；到了《易緯》又更進一步用八經卦來表示四立（立春、立夏、立秋、立冬）、二至（冬至、夏至）、二分（春分、秋分）、八方和一年的十二月份及相關的二十四節氣。

也有人說，《易》學史上的「八宮」、「九宮」說、「五行生成」說、「爻辰」說、「大衍之數」等等，都是《易緯》推衍孟、京之說而興起的。有的緯書，稱震、離、兌、坎為四正卦，巽、坤、乾、艮為四緯卦，用此「四正四緯」來配合五行之氣和五常之德，推論天地萬物及人倫日常的道理，因此而形成後來的象數新思潮。其中，像九宮之數及五行生成之數，對後來宋《易》圖書之學中的《河圖》、《洛書》，就有很大的影響。特別是《易緯．乾鑿度》假借孔子名義所說的「《易》一名而含三義」：「《易》者，簡易也，變易也，不易也」，東漢以後的知名學者，包括鄭玄的《易論》，孔穎達的《周易正義．序》等等都採用此說，說明易者言其德，變易者言其氣，不易者言其位。(九)

底下筆者再以《易緯》中的《乾鑿度》及《乾坤鑿度》二書為例，略舉數則，說明緯書對於《周易》經傳的推衍如下：

（一）對於所謂「人更三聖，世歷三古」之說，《乾坤鑿度》就改以韻語歌頌：「蒼牙靈，昌有成，孔演明經」。「蒼牙靈」係指伏犧氏作《易》，「昌有成」係指文王姬昌成繇辭，「孔演明經」係指孔子撰《易傳》。另外，《乾鑿度》還就推演《易》道的角度加以分析說：「重自策者，犧；卦道演德者，文；成命者，孔。」

（二）對於《易傳》中《繫辭傳》所提出的「伏羲氏始畫八卦」的說法，《乾鑿度》不但也託之為孔子之言，並且加以引申：「孔子曰：方上古之時，人民無別，群物無殊，未有衣食器用之利。於是伏羲乃仰觀象於天，俯觀法於地，中觀萬物之宜，始作八卦，……」。

（三）對於孔子「五十學易」韋編三絕的說法，《乾坤鑿度》先加以確認：「五十究《易》，作十翼，明也」，但接著又說孔子「作九問十惡，七正八嘆，上下繫辭，大道大數，大法大義……」等等一大段話，就不知所云奧妙何在了。

以上是就緯書符合經義的一面說。但平心而論，讖緯之書，附會政治人事，爭相歌功頌德，常常以祥瑞粉飾太平，以素王推尊孔子，本來就多「荒唐之言、無稽之辭」，不可盡信；將儒家的經書神格化，倡言符命禎祥，提倡五德相生、君權天授等等思想，就今日視之，更是近乎荒誕。㊉難怪當時的有識之士，像揚雄、桓譚、王充、張衡等等，皆曾力斥其非。

至於上文曾經提及的，東漢桓帝時的魏伯陽，把《周易》和黃老思想以及古老的煉丹術結合起來，寫成《參同契》一書，前人已認為多臆造之言，深奧難解。例如其中認為煉丹用火，與月光的盈虧、四時的變化都有關係，因而提出「月體納甲」之說。那無異是把《周易》視為道家（或者說是道教）一種古老的方術了。筆者於此所知極為有限，故不具論。

《易》學發展至此，已與民間迷信混合了，處處蒙上神祕的色彩，彷彿墜入十里雲霧之中，亟待有人出來撥雲見日。因此後來王弼的出現，被稱為應運而出，道理在此。

附注

㊀參閱韋政通《董仲舒》（台北：東大圖書公司）、林麗雪《董仲舒》（台北：台灣商務印書館）等。

㊁例如「九宮算」、「五行生成數」、「大衍之數」等等數字之演算，皆有合乎現代科學精神與邏輯觀念者，不應一概以古代方術迷信視之。請參閱第十二章「象由數設」一節。

㊂參閱《漢書．眭兩夏侯京翼李傳》。其中有云：

> 漢興，推陰陽、言災異者，孝武時，有董仲舒、夏侯始昌；昭、宣，則眭孟、夏侯勝；元、成，則京房、翼奉、劉向、谷永；哀、平，則李尋、田終術。此其納說時君著明者也。

筆者以為哀、平之際的緯書盛行，背景在此。又，《後漢書．方術列傳》云：

> 漢自武帝頗好方術，天下懷協道藝之士，莫不負策抵掌，順風而居焉。後王莽矯用符命，及光武帝尤信讖言，士之赴趣時宜者，皆騁馳穿鑿，爭談之也。……自是習為內學，尚奇文，貴異數，不乏於時矣。

上有所好，下必甚焉。筆者以為東漢以後讖緯之風盛行，原因在此。

㊃參閱《漢書．儒林傳》。

㊄參閱《漢書藝文志問答》（台北：正中書局，民國五十八年），頁四十七、四十八。

㊅東漢光武帝建武二年（西元二六），《左氏春秋》與《費氏易》不得立博士之事，見《後漢書．鄭范陳賈張列傳》：「尚書令韓歆上疏，欲為《費氏易》、《左氏春秋》立博士。詔下其議。四年正月，朝公卿、大夫、博士，見於雲臺。帝曰：『范博士可前平說。』升起對曰：『《左氏》不祖孔子，而出於丘明，師徒相傳，又無其人，且非先帝所存，無因得立。』遂與韓歆及太中大夫許淑等，互相辯難，日中乃罷。升退而奏曰：『……今《費》《左》二學，無有本師，而多反異，先帝前世，有疑於此，故《京氏》雖立，輒復見廢。……今陛下草創天下，紀綱未定，雖設學官，無有弟子，《詩》《書》不講，《禮》《樂》不修，奏立《左》《費》，非政急務。……』」最後，《左氏春秋》立了又廢，而《費氏易》終不見立。

㊆同注㊂。《隋書．經籍志》亦云：「王莽好符命，光武以圖讖興，遂盛行於世。」

㊇清代吳翊寅《易漢學考》的〈易緯考〉一節中，即曾把《易緯》視為孟喜、京房所著，以為《乾鑿度》為孟喜所述，而《稽覽圖》、《通卦驗》則皆京房所述。也有人說應是後人整合孟、京卦氣說的著述。總之，與孟、京《易》學的關係非常密切。

宏一按，吳翊寅，陽湖人。邃於易學，光緒間著成《易漢學考》、《易訓故述》等書。

㊈以上參閱日本學者安居香山、中村璋八所輯《緯書集成》、朱伯崑《周易通釋》、姜廣輝主編《中國經學思想史》第二冊（張廣保〈緯書對經書的闡釋〉）、鍾肇鵬《讖緯論略》等書。

㊉林麗雪《王充》一書的序言曾說：「漢代學術的主流是糅合陰陽家與儒家思想為一體的天人之學」，奠基者是董仲舒。並說：「董子立論之初，是主張以天統君，假神道設教，目的在使大一統的皇帝，在意志上、行為上不能不有所畏忌，以便接受儒家的政治理想。此蓋儒家精神在專制政體下被迫成的微妙宗教性轉變。其情至為可憫」，可惜後來儒生之言陰陽者，不能固守董學的宗旨，以致逐漸走入末流。「哀平之際讖緯之學的興起，以及東漢時祥瑞之說的盛行」，皆因此而生。

第九章 《易》學的流派與分期（上）

一、《易》學分為象數、義理兩大流派

前面的兩章談漢代的《易》學，說《周易》的經傳發展到西漢中期以後，在原有的「古義」之外，有了「新潮」。「古義」是講義理、切人事，「新潮」是重術數、談曆象。田何一系的傳承，本來兼講儒學與筮數，至此遂告分流。

上文說過，《周易》有廣狹二義，廣義的《周易》包括「古經」和「易傳」兩大部分。這兩大部分的性質本來就不相同。「古經」原供卜筮之用，而「易傳」則原是「以傳解經」。卜筮之用，重在形式，講的是象數；以傳解經，重在內容，講的是義理。一在取象明喻以測吉凶，一在解經論道以闡義理。西漢中期以後，象數之學乘時興起，起先受到曆象占候之術和天人感應之說的影響，以卦氣說為中心，後來竟變本加厲變成兩漢《易》學的主流。於是一般的研究者，談漢代的《易》學，往往僅著眼於此，而對西漢中期以前講儒家義理的《易》學，罕加注意；即使注意了，也多僅僅限於田何一系少數的名家而已。因此談漢

代的《易》學，有人不談漢初陸賈、賈誼等人，也有人斷然以朝代興亡為終始，把漢《易》學分成西漢、東漢兩個斷代來談。這些作法都是值得商榷的。

清代皮錫瑞為了矯正這些弊端，所以才在《經學通論》中正本清源，論述漢初的說《易》者，「皆主義理、切人事，不言陰陽術數」，表示漢代的《易》學，先是有談義理的流派，後來才有談陰陽災異的流派。也因此，他把後來孟喜以下京房、鄭玄等人談陰陽災異的，一概稱為《易》之「別傳」，並且把五經之中涉及災異之說的經傳，也都歸類其中。上文曾經引述皮氏的一段話，對此即有明確的交代：

別傳非獨京氏而已，如孟氏之〈卦氣〉、鄭氏之〈爻辰〉，皆別傳也。又非獨《易》而已，如《伏傳》五行，《齊詩》五際，《禮・月令》明堂陰陽說、《春秋・公羊》多言災異，皆別傳也。㊀

皮錫瑞所說的「別傳」，戴君仁師以為皆與「齊學」有關。既然與「齊學」有關，那也就表示與田何一系同樣源出於戰國中晚期的齊國一地的學術思潮，既重儒學，也講筮術；到了西漢中期以後，才由孟喜別開風氣，在主義理之外，另開象數一派。這種風氣一直延續發展到東漢以後，並不是與朝代的興衰相終始。

戴君仁師在《談易》之六〈漢代易學概況〉中說得好：

> 「以陰陽災異說易」，皮錫瑞以為《易》之別傳；「以象數解《易》」，屈翼鵬以為始於孟喜。這些我們統可以稱之為術數派。漢代《周易》經師之說，在今日尚可看見的，幾乎都是術數派；所謂「易漢學」，可以說是術數說的總匯。……
>
> 它分為兩大類，一類是災異的術數，這和兩漢其他的經學相通，而有點政治學的意味；一類可以說是卦變的術數。是把卦爻弄出許多種變化的形式來附會，可以說是經學的本身。前者代表西漢《易》學，後者代表東漢《易》學。前者有關乎曆，後者多憑乎象。（這不是截然的分別，兩派不是截然的無關係，如孟喜屬前派而亦言象。）而陰陽五行、天干地支等都拉了進去。這種現象是較晚於漢初的主義理、切人事的說《易》，所以皮錫瑞以為是別傳。[二]

戴老師談的是西漢中期以後，主要是孟喜以後象數派的流變。他說「這種現象是較晚於漢初的主義理、切人事的說《易》」，就是認為西漢中期以前的《易》學，主要是談儒學義理，以理論為主，不管是雜有道家或陰陽家的思想，不管是否受到道家、陰陽家、法家等等不同學說的影響，只要涉及儒家經籍中《易》學的，都可歸入。這類著作在班固的《漢書》中，都歸併在五經《易經》類的「《易》家」中，而以蓍占筮術為主的，則另歸入「數術」一類。「數術」一詞，出自《漢書．藝文志》，包括天文、曆譜、五行、蓍龜、雜占、形法六家。後人多易稱為「術數」。西漢中期以前，田何一系的儒生，多通筮術，西漢中期以後，有人說，天子自武帝起，臣相自董仲舒、公孫弘起，「明災異」成了必須具備的學識。㊂因為從武帝採信董仲舒天人相應的學說之後，又提倡經學，主張「經世致用」，因而講災異的術數，難免與經學相通，「而有點政治學的意味」。

經學昌盛之後，講陰陽災異的，如果所預言的事情能有應驗，自可受寵於上，取信於人，否則可能有欺君之罪，為人所唾棄。尤其在今古文經學並起競爭之後，主張今文經的，多立於朝，喜談陰陽災異而附會現實政治，雖然不能每言必中，極可能會預言落空，但利祿所在，仍為眾人之所趨向。而主張古文經的，多在民間，喜談訓詁大義，詮釋《易》學文獻，有的探究卦變的道理，萬一學有所成，成為經學家，可以講學授徒，有的則和今文經學者合流，大談卦氣，「把卦爻弄出許多變化的形式來附會」，把「陰陽五行、天干地支等都拉了進去」，炫奇立異，成了時尚、流行的新潮流。後者似佔大多數。因此從西漢中期以後，一直到東漢末年，術數派中講災異的和講卦變的，成為《易》學的主流。而所謂傳承漢初主義理的，一直沉寂到三國時代王弼出現，才又翻身而起，可與術數派爭衡抗勝。

崇尚玄學的王弼，他的《周易注》、《周易略例》等著作，雖屬「主義理」的一派，但他和「獨尊儒術」的漢儒，仍然有所不同。對於大多數的漢儒而言，《易經》的經是經，傳是傳，經、傳是分開的，但對王弼來說，他以為經、傳是應該合併的，所以他倡立「卦主」之說，改定了歷來經、傳的體例，把《易傳》「十翼」中的《彖傳》、《象傳》、《文言傳》等，分附於六十四卦各相應的卦爻辭與〈乾〉、〈坤〉兩卦之後，看起來果然是比原先的更有條理，更便於讀者閱讀；同時，他「掃象數，開玄理」，用他所精通的《老》、《莊》之說，來詮釋《易經》中的玄理妙諦，因此把西漢中期以後今文學派孟喜、京房等人所倡導的讖緯術數的風氣，所形成的掉弄玄虛的迷霧，掃除出去。但他也不拘泥於古文學派的章句訓詁，他要辨析的是語言文字中的「言」、「意」、「象」，不僅僅是「象」與「數」的不同。其實他講的是，儒道思想所結合的「玄理」，不僅僅是一般儒家所說的「義理」。因此，他所講的「義理」給後人一新耳目的感覺。

不過，也大致從王弼以後，《易》學開始有象數與義理之分。對於王弼的注《易》，唐代的孔穎達在《周易正義》中是推崇備至的，奉之為義理派的始祖，稱之為「獨冠古今」。但宋代的程頤卻在《伊川易傳》中，認為王弼所講的其實是玄學，不是儒家思想，更不應該說是象數之學，因而主張：因象明理，以理解《易》。他以為「有理而後有象，有象而後有數」。象、理要兼顧，朱熹承程氏之說，在《周易本義》中說得更明白。他以為《易》本卜筮之書，因此解釋《周易》中的「義理」，不應該脫離筮法中的「象數」。戴君仁師就說朱熹的書叫做「本義」，其最大的原因，還不僅是解釋要合經文的本意，而是更要知道畫卦和卜筮的原意。因為孔穎達和程頤、朱熹等人，在學術史上都有很高的地位及影響，《易》學因而從此分為象數與義理兩大流派，而且從宋、明以後，幾乎成為學術界的定論。

到了清代乾隆年間，紀昀等人奉命開館纂修《四庫全書》，負責「經部」的館臣在〈易類總敘〉中寫了一大段提要式的評論文字。這一大段文字，對歷代《易》學的發展作了精簡的評論，不但分為兩派六宗，而且也涉及了分期的問題。

二、《四庫全書》論兩派六宗

《四庫全書．經部．易類總敘》卷一是這樣說的：

聖人覺世牖民，大抵因事以寓教。《詩》寓於風謠，《禮》寓於節文，《尚書》、《春秋》寓於史，而《易》則寓於卜筮。故《易》之為書，推天道以明人事者也。《左傳》所記諸占，蓋猶太卜之遺法。漢儒言象數，去古未遠也。一變而為京、焦，入于禨祥；再變而為陳、邵，務窮造化。《易》遂不切民用。王弼盡黜象數，說以老、莊。一變而程子、胡瑗，始闡明儒理；再變而李光、楊萬里，又參證史事。《易》遂日啟其論端。此兩派六宗，已互相攻駁。……

這一大段提要，要言不煩，代表清代乾隆年間四庫館臣的意見。那時候清代「《易》漢學」的風氣尚未「復興」，有些後來才出土的文獻資料也尚未問世，加以館臣在論述時，對於戰國、秦、漢之間《易》學的發展，以及唐代孔穎達《周易正義》和宋代朱熹《周易本義》等書對後世的影響，又都略而未提，因此歷來學者對此加以引述申論者以乎並不多見。不過，文中把孔子以後《易》學的重點放在漢、宋二代，分為象數之學與義理之學兩大流派，並擇要加以分類，可以說是凝聚歷來研究者的共識，確實能把握重點，自有其卓見。在此之前，並不是沒有人這樣分，例如清初王夫之在《周易大象解》中也曾說過《周易》之學有二，一為占筮之學，一為義理之學，但都不能像四庫館臣一樣，進一步析論《周易》作為經書的性質和功用，並分為兩派六宗來討論其特色。

四庫館臣的這一大段文字，其實有個大前提，作為他們立論的基礎。即：這裡所說的《易》，是就廣義的《易經》來說的，討論的是孔子「以傳解經」以後，漢武帝「推明孔氏」以後，經漢、魏、晉、唐以迄兩宋儒家推闡而成的《易》學，而其評論的觀點，則以傳統的儒家為主。

筆者以為他們的評論過於簡要，有些觀點也有待商榷，所以不憚其煩，引述有關文字如上，以便作進一步的討論。在討論之前，先略加說明其段落大意如下：

第一段，緒言，說明五經「大抵因事以寓教」，表示經書是講究經世致用的，《易經》旨在「推天道以明人事」，它的性質和功用，與五經的其他經書不同。並且認為這是傳承了古代太卜所掌管的職責。從先秦文獻中，例如《左傳》所記的筮例，都由史官來占測，猶可見其遺法。所謂「遺法」，指的就是殷周時代早期的象數之學，包括龜卜和蓍占。尤其是周朝的筮占，更是「推天道以明人事」。天道與卜筮有關，人事與義理有關。

第二段，說明象數派起於「漢儒」。究竟是哪些漢儒，文中並沒有交代清楚。對照下文，可知所說的漢儒，似指京房、焦贛以前的西漢經學家而言。似乎可以包括田何、丁寬、楊何、孟喜等人。到底是專指一人，或泛稱若干主張相同的學者，不得而知。他們「去古未遠」，雖然都崇尚儒學，但都還能兼擅象數之學的筮術，「推天道以明人事」。四庫館臣批評他們的象數之學，越走越偏，一變而過於牽就政治人事，現實化成為後來京房、焦贛那種預測人事吉凶、「入于禨祥」的災異占斷之術；再變而過於探測玄虛，理論化成為北宋陳摶、邵雍那種「務窮造化」探究宇宙生成的圖式計數之學。兩者一實一虛，皆有流弊，於是象數派的《易》學變得「不切民用」，不足以「明人事」而講義理，距離一般群眾也就越來越遠了。

第三段，說明漢武帝立五經，置博士，《易經》成為五經之首以後，義理派一直到三國魏朝的王弼才又興起。王弼崇尚老、莊玄學，結合道術儒學以解《易》，「排擊漢儒，自標新學」，重新闡述了《易經》的義理之說，掃除了漢儒的象數之弊。《四庫提要》說他「闡明義理，使《易》不雜於術數，則深為有功；祖尚虛無，使《易》意入于老莊，則不能無過。」固然有得有失，但稱之為義理派的新開創者，四庫館臣認為是不成問題的。在他之後，義理派也分從一虛一實的兩個方向發展。起先是北宋初期的程頤、胡瑗那種「闡明儒理」，喜談心性理氣，純以儒家思想為主，不以「玄理」解《易》，而以「儒理」解《易》，似乎可視為王弼玄學的一種反動；後來是南北宋之際的李光、楊萬里那種「參證史事」，援引古代史實，以與《易經》卦爻所講的義理互相印證。兩者也一虛一實，各有主張，各立門戶，又好發議論，於是時起爭議。

第四段，結語，說明以上的兩派六宗，從宋代以來，早已互相攻訐駁斥。

所謂「兩派六宗」，是指象數派的三宗：包括（一）「去古未遠」的「漢儒」，講的是筮占，「猶太卜之遺法」；（二）「入于禨祥」的京房、焦贛等人，講的是災異；（三）「務窮造化」的陳摶、邵雍等人，講的是「圖書（河圖、洛書）」。

另外，還有義理派的三宗：包括（一）「說以老莊」的王弼，講的是玄學；（二）「闡明儒理」的程頤、胡瑗等人，講的是理學（一稱道學）；（三）「參證史事」的李光、楊萬里等人，講的是史事。

最後的「已互相攻駁」，言下之意，兩派六宗之間，早已互相攻擊駁斥，自宋元以至清初，迄未停止。

三、關於《易》學史的分期

這些意見，反映了清朝乾隆年間四庫館臣對歷代《易》學流變的一些看法。他們在敘事說理方面，大致要言不煩，對《易》學流派的發展及其得失利弊，大致也能舉其大概。基本上，不難看出來，他們是按朝代的先後來分派歸宗討論的，這種方法，對於讀者的了解《易》學發展史，可以沿枝討葉，循本探末，應該很有幫助。所以民國以來，有一些學者曾經徵引它加以申論，也有學者據以分期或分朝代而另作專題的研究。其中筆者以為朱伯崑的《易學哲學史》說得最好：

古代的易學史大致可分為五個時期：《易傳》即戰國時期，兩漢經學即漢易時期，晉唐易學時期，宋易時期，清代漢學時期。……戰國時期形成的《易傳》為《易》學哲學奠定了理論基礎。兩漢《易》學則同當時的天文曆法相結合，並受到占星術和天人感應論的影響，形成了以卦氣說為中心的哲學體系。晉、唐《易》學，則同老、莊學相結合，將《周易》原理玄學化，《周易》成了「三玄」之一。玄學派的《易》學是這個時期《易》學哲學發展的主流。兩宋的《易》學又同道學即新儒家的哲學相結合，其發展一直延續到清初。清代漢學興起後，對《周易》的研究，又回到了漢《易》的傳統。㊃

朱伯崑的分期雖然從義理派的立場來談，但仍然符合《易》學的發展史。統而觀之，他雖然分為五期，但卻又與《四庫全書》的「兩派六宗」之說，互相發明而並無牴觸。所謂「兩宋的易學」，「其發展一直延續到清初」以及「清代漢學興起後，對《周易》的研究，又回到了漢《易》的傳統」，意思也就可以歸入四庫館臣所分的義理、象數「兩派」之內。

筆者一直以為講《易經》，不能不注意經、傳的分合，同樣的，講《易》學史，不能不注意象數與義理兩派的消長。秦始皇的秦火一炬，不知燒掉了戰國以前多少相關的文獻資料；同樣的，漢武帝的罷黜百家，也不知毀損了漢初以後多少相關的文獻資料。秦始皇、漢武帝二人和秦、漢前後《易》學的發展，關係都非常密切。因為秦始皇的焚書坑儒，表面上看，《周易》的「古經」因同卜筮之書而未受損；《周易》的「傳」，即孔子及其後學所撰述的「易傳」則被焚禁了，但實際上，《易傳》卻因「孔氏」後學者兼通筮術，披上了卜筮的外衣，可以「抱殘守缺」留傳於世，反而《周易》「古經」和殷周以前的《連山》、《歸藏》之類屬於早期象數派的古籍失傳了。同樣的，因為漢武帝的「推明孔氏」、獨尊儒術，再加上昭、宣以後帝王公卿的提倡，推波助瀾，經學日益昌明了，表面上看，五經之一的《易經》，和《易傳》的地位都提高了，但實際上，武帝的「獨尊儒術」是為了經學可以「經世致用」，他真正喜歡的，是陰陽五行之說，只是披上了儒學的外衣而已。結果是講儒學義理的，最後拘守在古文經學家「訓詁舉大義」的小天地裡，真的「抱殘守缺」，反而講卦氣、象數的，結合天文曆數和五行蓍占等等術數之學，發展成為漢《易》學的主流。

因此，象數與義理兩派的消長，互相關係，也互相限制。也因此，筆者以為就大體而言，秦、漢以後的《易》學分為象數和義理兩派，不成問題，但就分期言，不必再分朝斷代，依據現存《易》學資料，只分西漢中期前、後即可。西漢中期以前為義理派，西漢中期以後為象數派。王弼以下之義理派，可視為秦漢儒學之革新；陳、邵以下之象數派，可視為後漢圖讖之復古。此後之《易》學，不為漢學，即為宋學；不為宋學，即為漢學。代代相傳，新舊交替，各有因革，互為消長。及其末流，下焉者或淪為江湖術士，上焉者或流於空談心性。所謂《易》學的流派與分期，歸納之，分析之，道理不過如此而已。

總之，筆者以為《四庫全書》的評語，雖然不是長篇大論，但觀點卻很周到；雖然只分兩派六宗，但概括性卻很強，是值得一讀再讀的。所以下一章擬就此再作進一步的析論。不但要補充說明它的長處，同時也要指出它的缺點，有什麼美中不足之處，以供讀者參考。

附注

㈠見皮錫瑞《經學通論》。已見前。京氏指京房，孟氏指孟喜，鄭氏指鄭玄。「伏傳」指伏勝所傳今文《尚書》，「齊詩」指「三家詩」之《齊詩》，「禮」指《大戴禮記》。「春秋公羊」指公羊高之《公羊春秋》。蓋概括五經而言。

㈡參閱戴君仁師《談易》一書。

㈢參閱高懷民《兩漢易學史》有關的論述。此就大概而言，即使有例外，亦不足為高氏病。又，《漢書．藝文志》所說的術數六家，據李零的解釋，「天文」講占星候氣，「曆譜」講曆法算術，「五行」講選擇時日，「蓍龜」講龜卜筮占，「雜占」講其他占卜和厭劾術（趨吉避凶的巫術），「形法」講相術和風水。

㊃見朱伯崑《易學哲學史》（北京大學出版社，一九八六年），「前言」頁五。

第十章 《易》學的流派與分期（下）

本章承接第九章，首先對上述四庫館臣的說法，逐段再作進一步的說明論證和補充。引文已見上章，不贅引。

一、《四庫全書》論象數派

引文**第一段**，四庫館臣說明《易經》旨在「推天道以明人事」，並舉《左傳》所記諸占為例，說這是傳承了古代太卜的遺法。

這個問題，筆者在上文已多論述，尤其在第二章關於《周易》的名義中，論及周朝的太卜時，對太卜的遺法已有不少的說明。太卜和太祝、太史都是隸屬於大宗伯掌管國家禮儀的三大主管，而各有所司。太卜掌管卜筮占夢之事，太祝掌管祈禱祝頌之事，太史掌管檔案保管之事。

不過，上文在說明時，只側重在太卜負責的龜卜筮占上，對於太祝和太史的職責，則多略而未提。事實上，三者的職責是一體的，皆隸屬於宗伯，並不能分開。他們在古代都是廣義的史官。古人所以會「史巫同舉」、「史卜同舉」，就是這個緣故。

商、周以前的神權時代，國家或帝王諸侯遇見重大的事故，例如祭祀和戰爭，通常會由大宗伯率先占卜，選擇祭祀的吉日和適當的禮儀，由太卜用龜卜、蓍占或占夢之法，來祭告天地，求助神明，請示如何避凶趨吉。所謂「太卜之遺法」，即指太卜占卜時如何「觀物取象」、「立象明意」的方法。一旦有了結果，就會把卜筮所問的命辭和所得的徵兆，交給敬事天神地祇人鬼的太祝，撰成祝辭，在祭祀的典禮上宣讀歌頌。這些祝辭，也是「繇辭」的一種，通常寫得簡短而有韻味。到了年終，占人會「計其占之中否」，統計卜問及所占的吉凶，應驗和失誤的情況，把應驗的或事關緊要的繇辭，記錄下來，再由太卜交給太史整理。太史掌管國家重要的典冊文書，負責節氣曆法的修訂。經過太史整理之後，通常會把事關重大或足以垂訓後世的，按次序編在一起，有的寫在簡冊上掛起來，有的記錄成書，分類整理，歸為檔案資料，藏於秘府內庫。我們今天所看到的卜辭和卦爻辭，應該就是這樣來的。

這些卜辭和卦爻辭，古人通稱為「繇辭」，有的記事，有的說理，有的只是占斷吉凶，有的則取象設喻，說明因果。其中有些還保留古代太祝頌禱的餘風，像是後代辭賦頌體的韻文。例如我們今天所見〈乾〉、〈坤〉等卦的一些彖辭，以及《文言》、《雜卦》等「傳」的若干片段，就保留有這種押韻對偶的情形。至於像上文提過的《左傳．昭公二年》韓宣子聘魯「觀書于大史氏」，見《易象》與《魯春秋》的記載，更是太史保管《易象》等等國家重要檔案資料的鐵證。

可見這裡的太卜是泛稱，實兼太祝、太史而言。古代史書如《左傳》，就常常「史卜同舉」、「史巫同舉」。上述四庫館臣說的「《左傳》所記諸占」，據戴君仁老師說，即「都由史官來占」，也可以作為佐證。

其實不只《左傳》有筮例的記載，《國語》一書也有。《左傳》所記與史事有關的卜筮資料，有人做過統計，共有二十二則，《國語》所記較少，但也有六則。由於這兩部史書所記古事，和《周易》「古經」產生的時代比較接近，所以書中對《周易》卦爻辭的引用和解說，被認為頗有參考價值。據研究者統計分析，這二十八則筮例中，占筮者分別屬於周、魯、齊、衛、晉、秦、陳、楚等國，其中以晉國最多見，其次是秦、周、魯、齊，而二書皆稱卦爻辭為「繇辭」，所引者多繫於《周易》名下。分析研究的結果，它們有兩個共同的傾向：一是所占大多從八卦取象比類而來，二是所占注重卦爻辭義的引申與應用，前者關乎象數，後者關乎義理。漢儒《說文解字》有所謂「六書」之說，其中有「象形」、「指事」、「會意」、「轉注」等項，《左傳》、《國語》所引用的這些筮例，套用漢儒「六書」之言，正是要讀者自己「象形」、「指事」、「比類合誼」，目的都在於說明事情的緣由，指示如何避凶趨吉。這兩個傾向也正好反映出後來《易》學的發展，為什麼會分成象數和義理兩個流派。也可以說明四庫館臣為什麼在「《左傳》所記諸占，蓋猶太卜之遺法」後，馬上以「去古未遠也」來交代「漢儒言象數」之事。

這裡還有一點要提醒讀者，甲骨文在清初還沒有出土，四庫館臣是無法從甲骨卜辭去討論殷商占卜情況的。他們只能依據傳世的金石文字以及《左傳》、《周禮》、《史記》、《漢書》等古代歷史文獻，談的也只能限於周朝的筮占而已。

引文**第二段**，論漢、宋二代的象數派。象數派分為三宗，首先把「去古未遠」的漢儒，視為象數派的始祖。

四庫館臣說「京、焦」以前的「漢儒」，「去古未遠」，猶得「太卜之遺法」，那也就是等於說他們能藉卜筮「推天道以明人事」，指的應是孟喜以前田何一系的儒生。田何一系確實是以儒學為主，而兼筮術。但筆者對照《四庫全書》子部「術數類」，在「數學之屬」中，發現邵雍《皇極經世書》之前，有揚雄《太玄經》，在「占卜之屬」中，焦贛、京房著作之前，發現有東方朔《靈棋經》，則所謂「漢儒」，也有可能不僅指田何一系，還可以包括揚雄、東方朔等人。可惜四庫館臣文中既未指明何人，連倡言卦氣、開風氣之先的孟喜也無一語道及，實在不能不說是一大缺憾。尤其稱「京、焦」，似乎把京房列於焦贛之前，更使人懷疑是否不知道當時有兩個京房存在。前京房是楊何弟子，武帝時為中大夫，曾傳《易》於梁丘賀；後京房原姓李，曾從焦延壽學《易》，以「通變」說《易》，宣揚天人感應之說，創八宮卦、納甲、互體等。兩個京房是不可混同的。

象數派的三宗，在「去古未遠」的「漢儒」之後，談「入于禨祥」的「京（房）、焦（贛）」，前未提孟喜，後未提虞翻；談「務窮造化」的「陳（摶）、邵（雍）」時，既未提及宋代盛行的「圖書」之學，也未論及「先天」、「後天」圖等等有關的問題，也同樣令人感到缺憾。尤其是對漢代和宋代的象數之學，未作任何比較，更使人覺得漢自漢，宋自宋，二者在先後因革之間，不知道有什麼關係，有什麼異同。

孟喜、焦贛、京房的《易》學，上文皆已有所論述，此不贅言，至於東漢、三國之際的虞翻，則有再作補充說明的必要。

虞翻的生卒年代，比王弼略早。㊀據說他的高祖五世即傳「孟氏易」，特別喜好孟喜，但他不僅對孟喜的「十二月卦」、「六日七分法」等等有興趣，對於其他如京房的「八宮」、「納甲」，包括東漢以後鄭玄的「爻辰」（以坤乾十二爻配十二辰及其物象、星象等等）之說，荀爽的「乾升坤降」說，以及魏伯陽的《參同契》等等，亦皆兼收並採。而且他還以「象」為重心，增立卦象，肆意而為，自創了「卦變」之說，包括「反對」、「旁通」、「半象」、「逸象」、「互體」等等體例，其中「反對」與「旁通」之說，影響了後來宋代的「易圖」之學。有些「易圖」就是在這兩個「卦變」的原則下畫成的。他推崇荀爽的升降說，把「卦氣」引向了「卦變」，再以「卦變」之說用來解釋《周易》的經、傳。他的「卦變」，不是泛指卦象所生的變化，而是據《說卦傳》廣為引申，以〈乾〉、〈坤〉兩卦為根本，以一爻動為法則，納六十四卦於一大系統之中。他不像西漢京房的八宮卦變，用以占驗，而是用來注經。因為受到注解經書的種種限制，有時難免顯得扞格難通。到了宋、元之際的俞琰，才不再遷就於注解經書，終於採朱熹之說，將邵雍的「先天之學」與魏伯陽的「丹道之學」結合起來，使金元異族統治下的儒生，由「經世致用」的理想逐漸轉向「修身養性」的修煉。

對於初學者而言，虞翻的《易》學，較為艱深，或可暫且置而不論。

至於象數派的第三宗「務窮造化」，以陳摶與邵雍為代表。陳摶是五代北宋之際，通達《易》學的道教學者，善於導養還丹，著有《指玄篇》。相傳他所作的《龍圖・序》，提到很多《易》的數字，有人即以為與《先天圖》有關。宋代象數派「圖書之學」的傳承，從朱震、朱熹以後，歷來學者多溯及陳摶，認為《河圖》《洛書》、《先天圖》、《太極圖》這三大類的《易》圖，都是他傳下來的。

朱震是南宋高宗的經筵講官，據《宋史・朱震傳》的記載：

震經學深醇，有《漢上易解》，云：

陳摶以《先天圖》傳种放，放傳穆修，穆修傳李之才，之才傳邵雍。

放以《河圖》、《洛書》傳李溉，溉傳許堅，許堅傳范諤昌，諤昌傳劉牧。

穆修以《太極圖》傳周敦頤，敦頤傳程顥、程頤。

由此可見陳摶在宋代《易》學史上的地位。他所傳的三大類《易》圖，「不煩文字解說，止有圖以寓陰陽之數，與卦之生變」，在象數派中是「數」學的首倡者。邵雍、劉牧、朱熹等人，都曾受到他的影響。例如邵雍《觀物外篇》說的：「神生數，數生象，象生器。」劉牧《易數鈎隱圖．序》說的：「象者，形上之應。原其本，則形由象生，象由數設。舍其數，則無以見四象所由之宗矣。」陰陽氣交之謂「易」，就如同《繫辭傳》說的，兩儀變易而生四象，四象變易而生八卦，八卦重演而為六十四卦，可見卦象是由「數」產生的。

邵雍師從李之才，李之才通曆法，傳承陳摶的先天之學。邵雍既習象數之學，亦主「卦變」之說，著有《皇極經世書》、《觀物外篇》等。他創設了多種圖表，用來推究宇宙自然與社會變遷，最引人注意的是：他根據《說卦傳》中下列的一段文字「天地定位，山澤通氣，雷風相薄，水火不相射。」在周文王的八卦方位（震，東方也。巽，東南也……）之外，創立了另一種八卦方位圖，特色是乾南坤北，離東坎西。圖有內外二式，外圓而內方。並且認為這個方位是伏羲所定的，因為伏羲在文王之前，所以稱《伏羲八卦方位圖》為《先天八卦方位圖》，簡稱《先天圖》。比照之下，文王在伏羲之後，他的八卦方位圖當然簡稱為《後天圖》了。

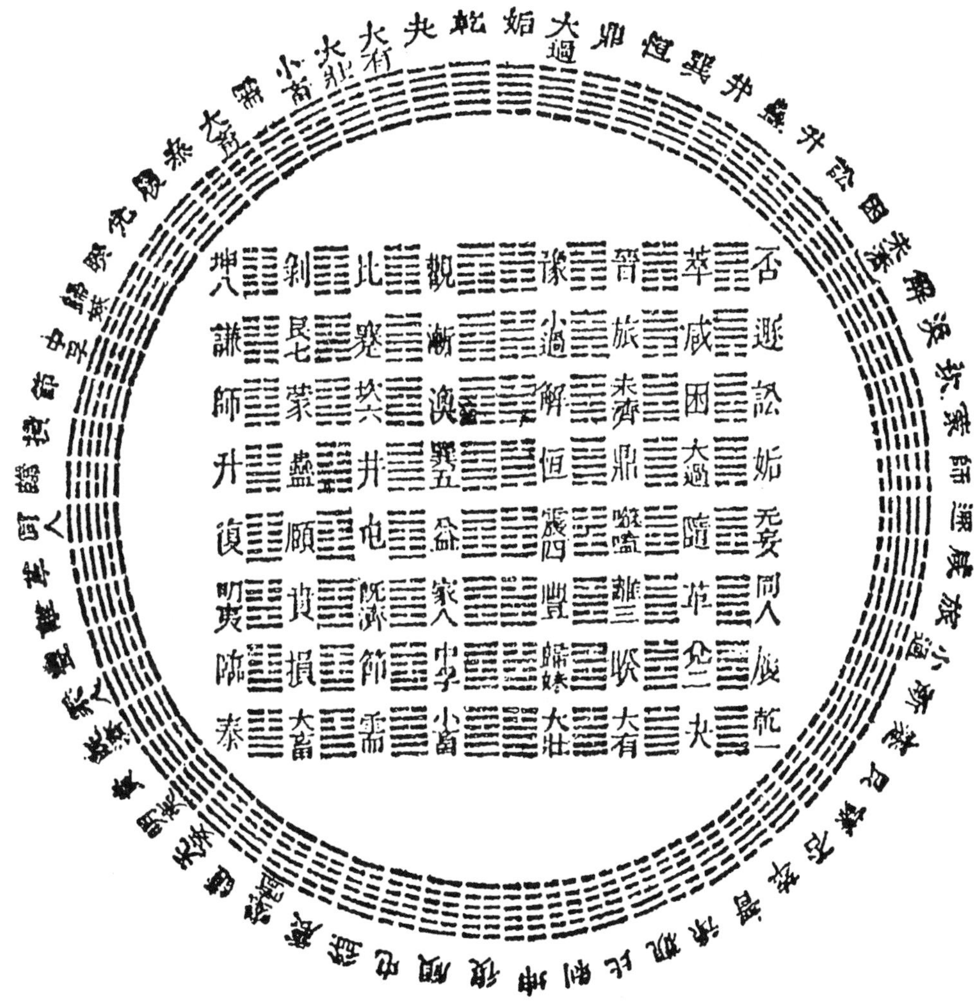

先天八卦方圓圖（一名伏羲六十四卦方位圖）

這一圖內方外圓，均含六十四卦卦形，與「伏羲八卦方位」並屬「先天之學」，其說皆出自邵雍。朱熹《周易本義》卷首云：「蓋邵氏得之李之才挺之，挺之得之穆修伯長，伯長得之華山希夷先生。」

邵雍創立的《先天圖》，其實也是一種卦氣圖。但漢代的卦氣圖是依卦名而定其次序，邵雍的外緣圓圖則是從論述太極生成萬物的過程中構造出來的。他自己說：「先天圖者，環中也。」《觀物外篇》中也說：「先天之學，心法也。故圖皆自中起。萬物萬事，生乎心也。」他的《擊壤集》中有〈自余吟〉一詩：「自生天地後，心在天地前。天地自我出，自余何足言。」說的也是這個道理。「心」即理，即道，即太極，即宇宙萬物的法則。孔子及「思孟學派」所強調的中庸之道，至此變成了人人的心中靈府。

邵雍的《先天圖》，首見於朱熹《周易本義》卷首的「伏羲四圖」。朱熹不但聲明「其說皆邵氏」，而且在〈答袁機仲書〉給袁樞的書信中這樣說：

據邵氏說：先天者，伏羲所畫之《易》也；後天者，文王所演之《易》也。伏羲之《易》，初無文字，只有一圖以寓其象數，而天地萬物之理，陰陽始終之變具焉。文王之《易》，即今之《周易》，而孔子所為作《傳》者是也。

可見在邵雍、朱熹的心目中，孔子講義理的《易傳》，根據的是周文王所演的《周易》的本子，而在文王《周易》之前，另有「伏羲所畫之《易》」的本子。伏羲的本子只有圖而無文字，但圖中的「象數」卻寓有天地萬物之理，陰陽始終之變。這樣說來，《易》學史上，應該是先有象數，而後才有義理。

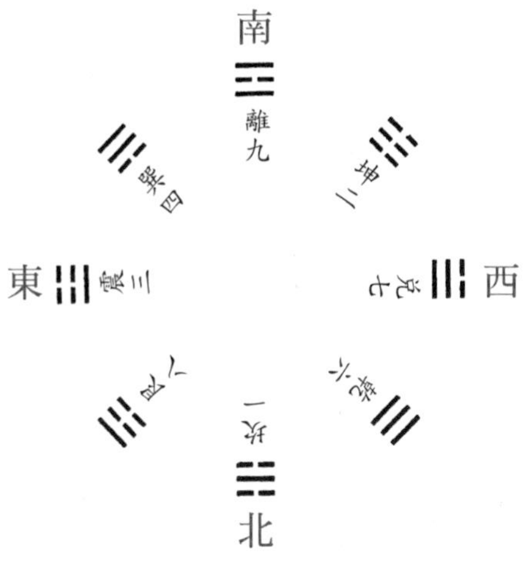

文王八卦方位圖

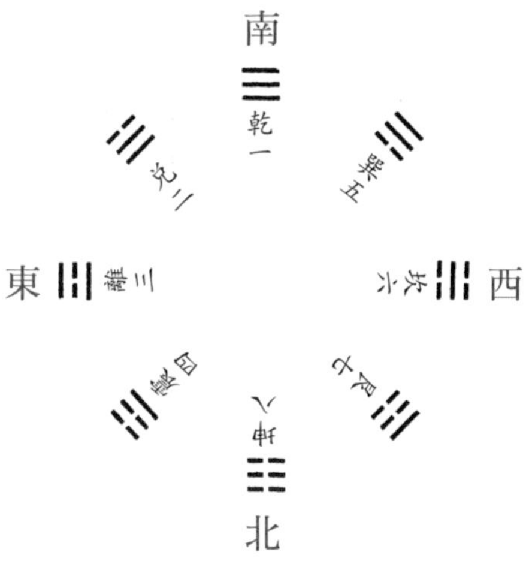

伏羲八卦方位圖

伏羲八卦圖，是依純自然的排列。文王八卦另行排列，以利應用，亦稱後天八卦。前者是體，後者是用。

文王八卦方位的配置，其現象或理由，有下列各端：就垂直位置而言，離所象的火，其性向上，故離置於上。坎所象的水，其性向下，故坎置於下。乾所象的天，本應置於象日的離之下，地平線之上。坤所象的地，本應置於坎水之上，地平線之下。但以象澤的兌，在其中間，水光反映，天在地下，故乾坤兩卦的位置互換，合乎情理，而成坤兌乾右三卦的配置。象風的巽，在象木的震之上，象木的震，在象山的艮之上。即風在木上，木在山上，亦皆合乎情理，由是成巽震艮左三卦的配置。

就水平位置而言，在北半球，象火和日的離置於南，象水的坎置於北，使水火相對，正如南北相對。日出衝破黑暗，有「震」之象。日落結束白天，有「毀」即「兌」之象。故震兌分置東西。坎離震兌四正卦的方位，如此決定。其餘乾坤艮巽四卦稱四隅卦。

宇宙間的現象，是圓通的。只有圓的，始能週而復始，歷久不息。春夏秋冬是四季的圓通，東南西北是四方的圓通，生老病死是人生的圓通。如只有炎熱的夏或寒冷的冬，則人類和生物不能生存，故必繼以春秋調濟之。論及方位，不能只有東或南，而無西和北。人如只有生而無死，則人口必將爆炸，而無生存立足之地。圓通即現代所謂的循環。我國古人早已有此種觀念，故八卦以圓圖取代橫圖。

依橫圖的次序，逆時針向列出乾兌離震四卦，置象徵天的乾於最上；順時針向列出巽坎艮坤四卦，置象徵地的坤於最下。和天在上、地在下之義，完全相同。各相對的兩卦，各爻陰陽相反，序數之和皆為九。

此係就立置而言，如平置則八卦適能表示八方。人面南而立，將立圖轉至水平，上在遠處，下在近處，即上置於南，下置於北，和現代投影圖的表示法一致，但與地圖之北上南下相反。此伏羲八卦圖，亦稱先天八卦圖。

——引自李一匡《易經解譯》說伏羲八卦與文王八卦

經過朱熹的稱引，邵雍的「先天」之學，廣為人知，他的著述，在《易》學史上也堪稱是「圖文並茂」了。四庫館臣以他作為宋代象數派中「圖書」之學的代表，可謂其來有自。

底下比較漢、宋象數派的異同，作為附錄，供讀者參考。

宋代的象數學與漢代的象數學，無論在形式方面或內容方面，都有些地方不同而異。漢代的象數學，最明顯的特色是「象」學的發展，大抵是以自然界時序的遞換，作為陰陽五行的符號，憑藉推衍《周易》的卦爻象，用來占驗災異，附會時局人事，將《易傳》中天人合一的精神，落實到現實社會的具體事物上面。難免預言吉凶休咎，所以四庫館臣稱之為「入于禨祥」。宋代的象數學，最明顯的特色則是「數」學的發展。由於上述的占驗之術，常超出卦爻象數之外，於是另外創造出《河圖》《洛書》、《先天圖》、《太極圖》等三大類「圖書」，企圖用「數」學來探索宇宙萬物生成的奧祕。他們認為宇宙陰陽五行的運轉，及其所產生的一切事物，都是一種「自然之理」。這是宋代理學家即物窮理的精神，要尋求孔子、文王之前，甚至伏羲之前，天地混沌未開的世界裡的「本心」，即所謂「太極（無極）」、「環中」、「一」。所以四庫館臣稱之為「務窮造化」。

二、《四庫全書》論義理派

引文第三段，論王弼以後的義理派。四庫館臣說王弼一掃漢儒象數之說的流弊，開創漢武帝「獨尊儒術」以後義理之學的新風氣，再度以老、莊之說開釋《易經》的義理。例如他《周易略例》的〈明象〉一章，㊁即為闡釋莊子「言不盡意」之作，係為「得意忘言」作一玄學上的新解。用意是在解經時，只求會通其大義旨趣而不拘泥於章句文字之間，因而使西漢初年以來的「儒道並重」逐漸玄學化，變成「儒玄並綜」、「儒玄雙修」。

四庫館臣以王弼作為《易》學義理派的創始人，可能有些讀者會覺得奇怪。在王弼之前，講義理的，不是有田何一系，不是有費直、高相，不是有西漢初年的陸賈、賈誼等人嗎？說遠一點，難道孔子談《易》，不講義理嗎？說直接一點，西漢儒道並重的文、景之世，淮南王劉安及其門客談《易》時，難道不會「說以老、莊」嗎？對於這些質疑，筆者上文已經有所交代。四庫館臣是就漢武帝明定五經以後來說的，說的是西漢中期以後，《易》立為五經之首、五經昌明以後的事，所以四庫館臣才會在王弼「說以老、莊」之前，特地加上「盡黜象數」一句。這一句是針對上一段「漢儒言象數」、「一變而為京、焦，入于禨祥」來說的。「入于禨祥」是表示漢儒有的侈言災異，過於迷信，所以需要罷黜掃除，以義理之說加以矯正。

王弼談《易》的「說以老、莊」，和漢儒的崇尚老、莊最大的不同，筆者以為是：漢儒談的「老莊」，其實主要是黃、老之說，重點在結合儒家以災異五行附會現實政治，富於「政治」的色彩，而王弼所談的「老莊」，則重在析論老莊思想的玄理，尤其是《莊子》語言中的意象，再結合儒家的學說，在語意學上作深入的探討，因此使《易》學脫離「政治」

的色彩，也不被所謂「哲學」一門所拘限，而達到一種文學藝術上或美學思想上的奇妙的境界。如果說漢儒《易》學的義理之說，前期是政治現實性的，後期是經學注疏性的，那麼，王弼的成就，用古代的話說，是玄學性的，用今天的話說，應是屬於美學或語意學的範圍。

因此王弼在《易》學上的成就，不僅是倡立「卦主」之說，改定了經、傳的體例、把古經和《易傳》合併在一起，開了後來《易經》「經傳合一」的先河，也不僅是像四庫館臣所說的，盡黜漢儒之象數，啟老莊之玄理，更重要的是，他在魏晉玄學講求文筆之分、言意之辨時，能開風氣之先，在《周易注》、《周易略例》等書中呈現出過人的分析能力和智慧光輝。因此唐代大儒孔穎達才會在《周易正義．序》中稱讚他說：「傳《易》者，西都則有丁、孟、京、田，東都則有荀、劉、馬、鄭，大體更相祖述，非有絕倫。惟魏世王輔嗣之《注》，獨冠古今。所以江左諸儒，并傳其學；河北學者，罕能及之。」把他置於兩漢諸儒之上。

王弼二十四歲即染病身亡，雖然英年早逝，卻留下《周易注》、《周易略例》、《周易大衍論》、《老子注》、《老子指略》、《論語釋疑》等著作。四庫館臣稱他以老莊玄理說《易》，他的玄理，主要是把《老》、《莊》的理論和孔子《易傳》的義理，結合在一起。例如他解釋〈乾卦．文言傳〉的「閑邪存其誠」和〈訟卦．大象傳〉的「上訟免爭」、「君子以作事謀始」時，即曾這樣結合孔、老之說：

「聽訟，吾猶人也，必也使無訟乎！」無訟，在於謀始；謀始，在於作制。契之不明，訟之所以生也。物有其分，職不相濫，爭何由生？訟之所以起，契之過也。故有德司契而不責於人。

「聽訟」三句，出於《論語．顏淵篇》。孔子的本意在於審理訴訟案件，無論如何公正，如何善察善聽，以為都不如沒有訴訟案件的好。王弼引用它來解釋《周易》時，卻把重點放在如何可以「無訟」。他以為要能「無訟」，沒有訴訟案件，必須先「閑邪存其誠」。閑邪，意思是防止邪惡；存其誠，意思是應當自己先誠意正心，保存純潔的心靈，絲毫沒有邪惡的動機。能夠如此，自然與人無爭，即使有所誤會，或意見不合，也容易溝通，求得諒解。這就是所謂「作事謀始」。然而他也知道，人有君子，也有小人。君子「謀始」，可以「閑邪存其誠」，小人則未必。所以〈訟卦．大象傳〉才說「君子以作事謀始」，至於小人，則其「謀始在於作制」。作制，意思是另作規章，有所約束。有規章辦法，有約束限制，這樣才可以「止訟免爭」。

王弼的注解，妙就妙在這裡。他引用了孔子的「必也無訟乎」，說是「君子以作事謀始」，然後又引用了《老子》第三十八章的「上德不德，是以有德」，和第七十九章的「聖人執左契，而不責於人」等等論點，來闡述這個道理。說是「有德之人，念思其契，不令怨生而後責於人也。」而且在《老子指略》書中，他還標舉了「崇本息末」之說：

> 嘗試論之曰：夫邪之興也，豈邪者之所為乎？淫之所起也，豈淫者之所造乎？故閑邪在乎存誠，不在善察；息淫在乎去華，不在滋章；絕盜在乎去欲，不在嚴刑；止訟在乎不尚，不在善聽。故不攻其為也，使其無心於為也；不害其欲也，使其無心於欲也，謀之於未兆，為之於未始，如斯而已矣。……
>
> 故見素朴以絕聖智，寡私欲以棄巧利，皆崇本以息末之謂也。

可見王弼以老莊玄理來解說孔子的義理，確實有他的過人之處。

又，例如他為了詮釋《易傳》中《繫辭上傳》的「聖人立象以盡意」一語，一再引用《老》、《莊》之言。他〈明象篇〉中的「得意忘象」、「得象忘言」的觀點，顯然就受到《莊子》言意之辨的啟發。其中有的詞句，還直接摘引《莊子》而來。例如對照《莊子．外物篇》的：

> 筌者所以在魚，得魚而忘筌；蹄者所以在兔，得兔而忘蹄。言者所以在意，得意而忘言。

幾乎每一句都被〈明象篇〉所引用。還有《莊子．天道篇》的：

世之所貴道者，書也。書不過語。語有貴也，語之所貴者，意也。意有所隨，意之所隨者，不可以言傳也。而世因貴言傳書。世雖貴之，我猶不足貴也，為其貴非其貴也。……則「知者不言，言者不知」，而世豈識之哉！

其中「知者不言，言者不知」二句，更是莊子自《老子》第五十六章轉引而來。對照之下，可以看出王弼在語言修辭上真的深受《莊子》的影響。

有人說王弼的玄學是儒、道思想學說的結合，筆者以為不盡然。從戰國時代到西漢文、景之世，儒道早已結合，但都未曾產生玄學。所以，玄學的產生應該包括：西漢末年開始興起的讖緯之學，東漢末年逐漸形成的道教以及不斷傳入的佛教經典，當然也包括東漢儒生用以注《易》的象數之學，它們對魏晉玄學的產生，應該都曾經各自或多或少起了某些程度的作用。不只是在思想方面，應該也包括所用的語言修辭。例如因為佛教經典的轉譯，才使大家開始注意到古漢語中「聲」與「韻」的分別，進而注意到「言」與「意」的不同。上文說過，漢儒說《易》，特重「象數」中的「象」，到這時候，自然會有人注意到「象」究竟與「言」、「意」之間有什麼關係。這是自然而然的發展，時運所使然。

筆者認為就《周易》一書而言，本來它就離不開「言」、「意」、「象」三者。古經的卦象爻象部分，是卦形的符號，即所謂「象」。卦爻象中所寄寓的意念或道理，即所謂

「意」，而經文中用作說明占驗吉凶的文辭語句，即所謂「言」。事實上，一切文學和思想性的著作，都離不開這「象」、「意」、「言」三者，王弼《周易略例．明象篇》說得好：「夫象者，出意者也。言者，明象者也。盡意莫若象，盡象莫若言。」「意」是意念或思想的終極目標，必須藉事物的形象，或象徵才能表達出來。我們可以稱之為意象。意象只是意念或思想的媒介，它又必須藉語言文字的敘述或描寫，才能呈現出來。因此王弼才又說：「意以象盡，象以言著。」如果「言」已足以明「象」，「象」已足以明「意」，那麼就像莊子說的「得魚而忘筌」、「得兔而忘蹄」那樣，「得意」可以「忘象」，「得意」亦可以「忘言」了。

也因此，在王弼看來，《易傳》也是為意象所立文字的「言」，它和以卦形符號做為媒介的「象」，其實都只是聖人立「意」的表現工具。一旦得「意」，二者皆可拋矣。王弼排擊漢儒象數之學的理論，就奠基於此。王弼的解釋《易傳》，也奠基於此。

王弼所談的玄理，其實對於儒家的義理之說，也自有他的建樹。例如他對卦中的六爻，講求位次有尊卑貴賤之分，由下而上，位次越高，地位越尊貴，而且每以「得位」、「居中」、「比」、「應」、「承」、「乘」等術語㊂來加以解說，因而使《周易》落實成為一部討論君臣關係、政治倫理的經書，這對後來《易》學的影響非常深遠。這也是宋代《易》學著作中最常討論的一個主題。

四庫館臣所說的義理三宗，在王弼之後，標舉的代表人物，先是北宋初期著名的理學家胡瑗和程頤，他們闡明的是「儒理」，所謂「宋明理學」的「理學」，一稱「道學」，他們的特色是好談心性理氣；後來南北宋之際的文人學者李光和楊萬里，他們的特色是以史事來參證義理。

其實從魏晉到兩宋、從王弼到胡瑗、程頤以及李光、楊萬里之間，還有一些《易》學名家，例如唐朝的孔穎達、李鼎祚，北宋的歐陽修、王安石等人，都是值得稱揚的，但四庫館臣都未列入。其原因可能是這些人的成就，有的重點在集注，只是編纂而缺乏創發，有的重點在疑經，破壞多於建設，因而都沒有特別標舉出來。而胡、程、李、楊二宗四家，雖然談的也多是君臣關係、政治倫理之類，和王弼看似相同，但一則是道學，一則是史學，屬於不同的方向和範圍。而且既稱為「派」，也表示他們本來就可以有相同或相通之處。

北宋從歐陽修開始，疑經的風氣就很盛。上文說過，他的《易童子問》曾以子之矛攻子之盾，質疑《文言傳》、《繫辭傳》等非孔子所作，像《繫辭傳》中所談的「大衍之數」以及「河出圖，洛出書」，他就不肯相信這些「天道」，但他卻仍然相信《周易》寓有社會人生深刻的道理，卦爻辭確是文王（周公）所演，而《彖傳》、《象傳》亦確是出自孔子之手，認為這些都是聖人之言，談的都是「人道」，社會人事的道理，不必懷疑。認為這樣讀《周易》，真正把它當一部經書看，也才有意義。《歐陽文忠公集》有一篇〈易或問〉，就曾經說：「《易》者，……其事則天地萬物、君臣父子、夫婦人倫之大端也。」可以這樣說，宋代《易》學的義理派，從歐陽修開始，就偏重於討論社會的政治教化與人生的道德修養。

胡瑗和歐陽修一樣，都是仁宗朝的大學者。他曾主持太學，講授《易經》，據說「聽者如雲」。他的《周易口義》十二卷，即出自其弟子倪天隱聽講的筆錄。他的講解《易經》，多從政治倫理、君臣之道來發表議論。他採用王弼的注解、孔穎達的義例，但也常常「自出新義」。例如解釋〈乾卦〉初九爻辭的「潛龍勿用」，王弼、孔穎達都解釋「勿用」為「不用於世，窮處下位」，但胡瑗卻解釋為：

「勿用」者，聖人戒後世勿用此潛龍為德也。……夫有聖人之資，則無所不通，無所不明矣。固當出見於世，輔其君，澤其民，利其物，以成天下之事業則可也。

此外，他認為「道」即「自然」，「五常之道」即「天地之性」，「大衍之數」即「天地之數」，更認為《河圖》、《洛書》乃天降祥瑞，等等，都對後來宋代的《易經》學者有啟其先導的作用。

程頤，字正叔，洛陽伊川人。人稱伊川先生。曾受業於周敦頤，後師從胡瑗。著有《伊川易傳》六卷，一稱《程氏易傳》或《易程傳》，多已散佚，現存者僅有六十四卦解。他的講解《易經》，基本上是沿用王弼的義例，而去其玄學化，純用儒家思想來解說；文字語句的解釋，則多參考胡瑗的《周易口義》。他在〈與謝湜書〉中曾說：讀《易》，當先觀王弼、胡瑗、王安石三家。王弼注重《周易》言、象、意三者之間的生成關係，胡瑗《周易口義》開宗明義就說：「大易之作，書取變易之義。蓋變易之道，天人之理也。」王安石的《易》學，講求的是內聖外王的工夫。這些都對程頤有影響。

程頤的《伊川易傳》，有固定的體例，通常是：每一卦都首列《序卦傳》之言，然後析論成卦之由，並對卦象、卦義作詳細的說明。這些說明，有時雖與後面的《彖傳》、《象傳》的解說有所重複，亦在所不計。可以看出來他已將《序卦傳》分別繫於各卦之首，而且好講「卦變」。有人說，這是受到李鼎祚和胡瑗的影響。

程頤和他哥哥程顥都是著名的理學家。他身歷仁宗、神宗、哲宗以至徽宗諸朝之黨爭，而處之泰然。即使放歸田里，編管涪州，他仍然「注《周易》與門人弟子講學，不以為憂。」（見朱熹《伊洛淵源錄》卷四）這段期間，宋代《易》學盛行象數之說，他亦皆安之若素。他對《易》學，主張以義理為主，而又不廢象數。所謂「推天道以明人事」。不但不否定象數之說，而且也不否定《河圖》、《洛書》。他在《程氏遺書》卷十五即云：

> 聖人之道，如《河圖》、《洛書》，其始止於畫上便出義。後之人既重卦，又繫辭求之，未必得其理。

他認為義理與象數是可以體用相濟的。理至微而象有形，理可寓於象之中。他在元符二年（西元一〇九九）所撰的〈易傳序〉中就說：「至微者，理也；至著者，象也。體用一源，顯微無間。」他所要闡釋的《易》學，正是教人如何明體達用，如何達成內聖外王之道。受他影響的朱熹就以為《易》本卜筮之書，解釋《周易》的義理，本來就不應該脫離筮法中的象數。朱熹在《周易本義》書前〈周易五贊〉中就一再說：「邵傳羲畫，程演周經」、「在昔程氏，繼周紹孔。」

程頤認為象數之學，其實離不開一個「理」字。「有理而後有象，有象而後有數」，由數可以明象，因象可以明理，明理才可以解《易》。當然他說的「理」是「儒理」，是天地之理。

胡瑗和程頤都致力於「闡明儒理」，胡先而程後，四庫館臣卻列「程子」於「胡瑗」之前，不知是否與清儒之尊程、朱有關。另外，北宋的義理派，除了講「理」學的程頤，還有講「氣」的張載等等，也不知道四庫館臣為何略而不論。

最後談義理派的第三宗，李光和楊萬里的「參證史事」。

在四庫館臣所列的《易》學流派代表人物中，最讓讀者感到陌生的，應該就是李光了。他是宋徽宗崇寧五年（西元一一〇六）的進士，越州上虞人。為人剛直，在朝為官時，對金主戰，曾面斥秦檜弄權誤國，因而被貶嶺南。以讀《易》自遣，自號「讀易老人」。《讀易詳說》之作，應始於此時。

李光的《讀易詳說》十卷，多採史事說《易》，書中所引的經史諸子，有人做過統計，共三〇九條，可見他的蒐集之廣，用力之勤。但此書早已亡佚，據《四庫提要》說：

自明以來，久無傳本。朱彝尊《經義考》亦云未見。茲從《永樂大典》薈萃成編，……其書《宋史》作《易傳》，《諸家書目》或作《讀易老人解說》，或作《讀易詳說》，殊不盡一，而十卷之數則並同，殆一書而異名也。

據此可知，此書在南宋時曾風行一時，故有多種刊本書名，至金元已失傳，蓋以排外抗金之故。

此書之說《易》，基本上是「依經立義」、「因事抒忠」，以「明人事」為要，以「知治亂」為要。「故於當世之治亂、一身之進退，觀象玩詞，恆三致意。」這一點和楊萬里的一味配合史事有所不同。同時他也明白反對象數之學，這一點又和程頤不一樣。他在《胡銓易解・序》中就說：「《易》之為書，凡以明人事。學者泥於象數，《易》幾為無用之書。」所以他對於君臣之義、朋黨之禍，著墨特多。例如在〈乾卦〉中即以湯武革命為喻，說明君臣之間的相處之道。他所引述的史事，或引史以證《易》，或以《易》以解史，刻意把經義和史事結合起來論述，這對義理派來說，確實是別開一新天地，所以四庫館臣可能在欽佩其為人志業之餘，才立之為「參證史事」的代表。

楊萬里，字廷秀，自號誠齋，吉州吉水人。他是南北宋之際一位著名的詩人，也是一位著名的《易經》學者。他的父親楊芾精於《易》學，他的老師劉廷直師從胡安國，是程頤「洛學」的擁護者。程頤常「以史證易」，在這方面給了楊萬里很大的影響。

他的《誠齋易傳》二十卷，初名《易外傳》。所謂「外傳」，即「非正傳」之意。這是表示他的書非為《周易》經傳作訓詁注解，而是藉此參證《周易》成為經書的一些觀點，同時說明自己對古代歷史社會政治人事的一些看法。據說此書歷十七年始告完成，蓋可想見他的用功之勤。但他的這種引史證經的解經方式，卻常遭受後人批評。《四庫提要》因而作持平之論云：

> 是書大旨本程氏，而多引史傳以證之。……宋代書肆曾與《程傳》並刊以行，謂之《程楊易傳》。新安陳櫟極非之，以為足以聳文士之觀瞻，而不足以服窮經士之心。吳澄作〈跋〉亦有微詞。……舍人事而談天道，正後儒說《易》之病，未可以引史證經病萬里也。㊃

據此可知楊萬里的《誠齋易傳》，宋代書肆嘗與程頤的《伊川易傳》合刊，稱為《程朱易傳》。此書所以在宋元以後流行，有人以為即因此之故。其實程、楊二家雖然同屬義理派，但實則風格不同。四庫館臣說得好，程頤重在「闡明儒理」，楊萬里則重在「參證史事」。一個講儒理，屬於哲學的範圍；一個講史事，屬於史事的範圍。它們和王弼「說以老莊」的玄學，屬於文藝美學的範圍，正好構成義理派的文史哲三宗。這可能才是四庫館臣標舉楊萬里的主要原因。

楊萬里的《誠齋易傳》，確實如《四庫提要》所說的「大旨本程氏，而多引史傳以證之」。例如〈乾卦〉初九「潛龍勿用」下，楊氏曰：「程子謂舜之側微時也」，九二「見龍在田，利見大人」下，楊氏曰：「程子謂舜之田漁時也」，九三「君子終日乾乾……」下，楊氏曰：「程氏謂此爻舜之玄德升聞時也」，九四「或躍在淵，无咎」下，楊氏曰：「程氏以為舜之歷試時也。安定胡（瑗）氏以此爻為太子之位，其說尤切。」然後再以晉獻公之太子申生、漢景帝之太子劉榮、光武帝之太子劉強被廢立之事，來作為例證，討論无咎有咎的問題，最後再以泰伯、仲雍、伯夷、叔齊為例，來說明所謂「賢者過之」的道理。

楊萬里的「引史證經」，大類如是。詳則詳矣，但似乎有意炫博，以多取勝。雖然如此，上述的《四庫提要》，站在儒家經學「《易》之為書，推天道以明人事者也」的立場，認為楊萬里此書比起一些專講象數災異「舍人事而談天道」的「後儒」，還是好得多。甚至有人說，楊氏所論史事，不但有故事性，有趣味性，不像一些宋儒空談心性那樣枯燥，而且又可補前人論述之不足，對讀者實有導正之功。難怪元、明以後，此類著作，像胡震的《周易衍義》、葉山的《葉八百易學》、張獻翼的《讀易紀聞》……不斷的出現。

三、餘論

以上評論《四庫全書》對《易》學兩派六宗的評論，是一種文學評論中常見的方式，希望能力求客觀，給予公允的評價。對於《易》學中的象數、義理兩大流派，究竟孰先孰後，誰是誰非，不同的時代會有不同的觀點，不同的批評者會有不同的尺度，只要說的有道理，其實我們都應該給予適度的尊重。四庫館臣的評論，只是代表清代乾隆年間的「官方」主流意見而已，不可能傳諸後世而不替，放諸四海而皆準。以個人而言，筆者是贊成把象數之學和義理之學合為一體的。筆者所處的時代，早年稱攝影為「照相」，如今卻稱「數位」。相者，象也。象、數之間，一定有其道理。因此，筆者最後想引當代兩個學者的意見，作為本章的結束。

一是張善文《象數與義理》一書的「前言」：

> 《周易》哲學，原本象、數，發為義理。象、數，即《周易》的卦象、爻象及陰陽奇偶之數；義理，即六十四卦、三百八十四爻所蘊含的哲學理致。象數猶如根幹，義理猶如枝葉，兩者密相關聯而不可分割，是《周易》哲學體系中互為依存的兩大要素。……

又：

孔穎達謂《周易》「因象明義」（《周易正義》），程頤指出「至微者理也，至著者象也。體用一源，顯微無間」（《周易程氏傳．序》），皆與《周易》的象徵特色頗可吻合。㊄

一是佘敦康為林忠軍《象數易學發展史》所作〈序〉：

在易學史上，象數與義理兩派長期以來形成了很深的門戶之見，互相攻駁，爭辯不休，實際上是各有所長，各有所短，如車之兩輪，鳥之雙翼，結成一種互補的關係，共同促進了易學的發展。㊅

附注

㊀ 虞翻生卒年是西元一六四？～二三三年，王弼的生卒年是西元二二六～二四九年。參閱王新春《周易虞氏學》（台北：頂淵文化事業公司，一九九九年）、陳京偉《張惠言周易虞氏義導讀》（北京：華齡出版社，二〇一九年）。

㈡因為下文多處論及王弼《周易略例．明象篇》，為便於讀者對照，故摘錄其中重要的一段於下：

夫象者，出意者也。言者，明象者也。盡意莫若象，盡象莫若言。言生於象，故可尋言以觀象；象生於意，故可尋象以觀意。意以象盡，象以言著。故言者所以明象，得象而忘言；象者，所以存意，得意而忘象。猶蹄者所以在兔，得兔而忘蹄；筌者所以在魚，得魚而忘筌也。然則，言者，象之蹄也；象者，意之筌也。是故，存言者，非得象者也；存象者，非得意者也。象生於意而存象焉，則所存者乃非其象也；言生於象而存言焉，則所存者乃非其言也。然則，忘象者，乃得意者也；忘言者，乃得象者也。得意在忘象，得象在忘言。故立象以盡意，而象可忘也；重畫以盡情，而畫可忘也。

㈢請參閱第十三章第二節「卦序與爻位」中讀者必備的一些基本常識。

㈣陳櫟評楊萬里《誠齋易傳》云：

誠齋本文士，因學文而求道，於經學、性理終非本色。其作《易傳》，用二十年之工力，亦勤矣。文極奇，說極巧，段段節節，用古事引證，使人喜動心目。坊中以是書合程子《易》並行，名曰《程楊二先生易傳》，實不當也。胡雙湖《本義附錄纂注》無半字及之，可見《楊傳》足以聳動文士之觀瞻，而不足以使窮經之士心服。」

㈤見張善文《象數與義理》（瀋陽：遼寧教育出版社，一九九三年）。

㈥見林忠軍《象數易學發展史》（濟南：齊魯書社）。

第十一章 《周易》的讀法（上）

上兩章談《易》學的分期和流派，主要是談兩漢到南北宋之間《易》學發展的概況，以及象數和義理兩大流派的特色。文中一再強調漢、宋《易》學是整個《易》學史的核心所在，元、明以後的學者，大多數不是從孔穎達的《周易正義》入門，就是從朱熹的《周易本義》入門；不是宗漢，就是宗宋；不是推衍象數之學，就是闡揚義理之學。一直到近現當代，仍然如此。所以底下的兩章，筆者擬換個角度，討論元、明以來的學者，他們在宗漢或宗宋之餘，對讀《周易》經傳有什麼看法，抱持什麼態度，是不是有什麼改進之處或值得注意的地方。

首先，討論《周易》的讀法。仍依上述象數、義理二大流派的分法，分為上下兩章，同時為了討論的方便，先從義理之學談起，然後再談象數之學。

一、以傳解經

從元、明以來，讀《周易》的人，通常都採用唐代孔穎達的《周易正義》或宋代朱熹的

《周易本義》做為教本。他們讀《周易》的方法，可以有很多種。最常見的一種，是先讀上下經文，然後才讀《易傳》作為參考。讀經文時則先看前人的注釋，用來幫助了解經文的內容大意；讀《易傳》時通常也依照《繫辭傳》和《說卦傳》、《序卦傳》、《雜卦傳》的先後順序。當然，也有人不是這個樣子。

像現代學者金景芳在《周易講座》中就說：「學《易》要首先讀《易傳》。《易傳》是學《易經》的一把鑰匙。《易傳》與《易經》是密切連著的，二者不能割開」，又說：「沒有《易傳》的話，我們今日便不可能看懂《易經》。」㊀像他這樣主張讀《易經》應先讀《易傳》而後合讀經文的人，其實也不少。不過，《易傳》有七種十篇，讀時孰先孰後，各家說法不盡相同。

像近代學者杭辛齋的《學易筆談》，就以為讀《易經》的方法：「宜先讀最後之《說卦傳》，次讀上、下《繫辭》，然後讀上、下《經》。」能夠如此，「則於卦位、爻位、象義及彖、象、爻之材德，已略有頭緒，以讀經文，自可領會。」而且他要求讀經文時，必須把卦辭、爻辭讀得滾瓜爛熟，「然後求之諸家之注釋，方能擇善而從，確獲其益也。」

杭辛齋所說的《說卦傳》，係包括《序卦傳》和《雜卦傳》二篇。據清代戴震《周易補注》說，這三篇原先就是一篇。他的意思，簡而言之，是讀《易經》要先讀《易傳》的《說卦傳》和《繫辭傳》，而後才讀上、下經文；熟讀經文而後自可涵泳意會；如果尚有未解之處，才參考古今諸家的注釋。這和一般讀者先看注釋而後讀經文，讀了經文再看《易傳》的

讀法，很不相同。他甚至要讀者把《繫辭傳》和《說卦傳》三篇的先後順序倒過來看。[二]

此外，錢基博《周易解題及其讀法》中，論「讀《易》之序」，也說：

> 孔子之於《易》也，《序》、《彖》、《象》、《繫》、《說卦》、《文言》，各自為篇，而王弼以《彖》、《象》、《文言》分附其卦當爻之下，以解說經意，而明爻象承應、陰陽變化之義。或者有改經之譏，然以《彖》、《象》、《文言》解說上下《經》，費直家法如此。今以相合，學者尋省易曉，未為非計也。
>
> 惟是不讀《說卦》，無以明八卦之法象德業，猶之讀代數書者不明正負號之用法，讀幾何書者不知點線面之界說，而欲演數作圖，胡可得也？不讀上下《繫辭傳》，無以知一經之全體大例，猶之讀代數書者不孰記公式，讀幾何書者不明白定理，而欲演算作圖，亦不可也！
>
> 是故讀《易》者，宜先讀《說卦》，次讀上下《繫辭傳》，然後讀上下《經》之繫辭（宏一按，此指卦爻辭）、《彖》、《象》、《文言》，則於卦位、爻位、象義及象、爻之材德，已略有頭緒，以讀經文，自可觸類旁通，無虞扞格。而《序卦》則序六十四卦先後相次之義，以先消長之迭倚；《雜卦》則舉六十四卦彼此反對之例，以明剛柔之相雜。錯綜其義，言非一端，是非旁貫全經不能通曉也，當以殿於末焉。[三]

錢基博的看法，和杭辛齋大同小異，他是主張先看《說卦傳》，然後上下《繫辭傳》、經文，不同的是特別強調把《序卦傳》、《雜卦傳》放到最後。

從上述的引文中，可以看出前人對如何閱讀《周易》的經、傳及相關資料，雖然有種種不同的說法，但近現代的學者，頗有一些人主張先「傳」後「經」，即「以傳解經」。

其實，前人談《周易》的讀法，早有「以傳解經」、「以圖解易」之說。意思是：在讀「古經」經文之前，應先讀懂《易傳》；讀懂了《易傳》，知其大義，又能明白「古經」經文的要旨奧義，才能進一步去探討卦形符號以及相關圖書所蘊含的象徵意義。筆者雖然知道「古經」經文和《易傳》之間，在著成年代和內容旨趣上有所差距，但基本上還是認同這樣的說法。

因為「傳」本來就是為解「經」而作。「經」文通常古奧難讀，所以才需要用「傳」來注解它。不同的「傳」，當然可能對經文有不同的解釋，而且古人所用的語文，常因時空的不同而會產生隔閡。就《易經》而言，春秋戰國以前，暫且不說，光是秦、漢之際，由於語文變動大，隔閡多，包括書寫的文字由篆而隸，很多先秦古籍，由於有不同的版本流傳於世，有些古本連漢代的很多儒生都看不懂，更何況是一般人？因此從漢代起，已經需要「以傳解經」。

照道理說，漢代學者所寫的「傳」，一定是當時讀者看得懂的，但時間久了，或者由於南北的阻隔，風氣的轉變，觀念的差異，有些漢代解「經」的「傳」，到了魏、晉以後，又需要有人作「注」來解釋它。相同的道理，有些魏、晉解釋「經」「傳」的「注」，到了隋、唐以後，又需要有人作「疏」來解釋它。「疏」，也稱「正義」，意思是正確無誤的解釋。孔穎達的《周易正義》，一名《周易注疏》，道理亦即在此。這表示要讀得懂古代經書實在不容易。《易經》的流傳，就是這樣。秦漢以後如此，春秋戰國時代《易經》的流傳更是如此。因此讀《周易》真的不能不「以傳解經」。

唐代孔穎達所編纂的《周易正義》，和宋代朱熹的《周易本義》，並稱天下讀《易》者共同的讀本，雖然經宋、元、明、清而迄今不廢，但時移世異，由於語言、觀念的變異，現代已經有很多讀者讀不懂文言而需要有白話譯注本。因此，對一般讀者而言，今天不但需要「以傳解經」，而且還需要用比較淺近的白話來「以傳解經」。

上文說「以傳解經」本來的意義是先讀《易傳》，然後才讀「古經」部分。不過，筆者這裡所說的《易傳》，並不是指所有七種十篇，所謂「十翼」而言。因為從漢、魏開始，學者如費直、鄭玄、王弼等，已經把《彖傳》、《象傳》的上下篇，分別附繫於「古經」各自相應的卦爻辭之後，而且也已經把《文言傳》分別附於〈乾〉、〈坤〉二卦之中，這樣的「經傳合讀」的做法，筆者以為頗便於讀者對照閱讀，自有其道理，如今是不必再移動復原了，這也就是錢基博所說的「學者尋省易曉，未為非計也」。所以，筆者這裡所說的《易傳》，僅指《繫辭傳》上下篇、《說卦傳》、《序卦傳》、《雜卦傳》等四種五篇而言。相對於上述的《彖傳》、《象傳》、《文言傳》三種五篇，它們比較像是《易經》的通論，有比較通盤明確的哲學觀點。

筆者雖然贊同近現代學者先讀《易傳》而後讀「古經」的說法，但讀《易傳》的部分，卻以為應先讀《繫辭傳》而後《說卦傳》。就此而言，與金景芳的觀點比較相近。筆者以為，先讀《繫辭傳》可以了解陰陽之理如八卦之象、《周易》作者和成書年代的大概、「觀物取象」的方法和卜筮的略例；然後再讀《說卦傳》等三篇，才可以進一步了解以蓍占卦的歷史、先天後天八卦的不同排列方位，以及六十四卦不同的編排次序，不同的形式結構和內容意義。這些都是在讀「古經」之前，應先具備的常識。能夠如此，也可以溯流以尋源，竟委而探本，對《易經》有比較正確而深入的認識。也因此筆者的《周易新繹》，考慮篇幅太多、需要分冊，於是把具有通論性質的《繫辭傳》上下、《說卦傳》、《序卦傳》、《雜卦傳》這四種五篇的《易傳》列為第二卷的卷首，作為導讀古經正文之用。

此外，從漢、晉開始，古人已經把《周易》的經、傳逐漸合為一體，當作一部經書看，後來在不同的時代、不同的學門裡，很多學者又發表了很多不同的意見，出版了各式各樣的著作，所以越到後來，讀《周易》的人需要參考的文獻資料，越來越多。推陳出新或汰舊換新的意見，當然也越來越多。積累久了，如果讀者不具備一些基本的《易》學常識，而想要了解它，想要登堂入室，恐怕就會不得其門而入。雖然這些基本的常識，從現代人的眼光看，其中有的可能不夠科學，不合邏輯，甚至帶有虛妄迷信的色彩，但筆者相信大家閱讀《周易》的目的，是為了要了解它的內容思想，知道它的原始意義和真實面貌，而不會是照單全收，全盤接受它，也不會是不加思辨就輕易採信它，所以撰寫本書考慮的重點，是應該介紹哪些基本常識，才對讀者的閱讀有所幫助。

這是因為《周易》真是一部特別古奧難懂的經書。它不只六十四卦卦爻辭的文字艱澀古奧，而且還有很多歧義橫生的卦象以及很多抽象的卦形圖象，包括古人所說的「象數」，這些都是極難理解的語言符號。如果不能透過《易傳》去了解這些語言符號的來歷，就不可能真正讀得懂古經。何況這六十四卦的卦象，彼此之間又存在著許多互動變化、參伍錯綜的關係。它們互相關係，互相限制，卻又有一定的規律法則。因此必須先讀通《易傳》，然後才能掌握《易經》一些基本的略例和法則。這也就是筆者贊成「以傳解經」的原因。近幾十年來，頗有些學者主張經自經，傳自傳，經傳應該分開，筆者也基於上述的理由，不表贊同。

「以傳解經」的傳統讀法，大概如上所述，都是以為先讀《易傳》，然後把《易傳》中所說的道理，用來解釋、印證「古經」中的卦形符號、卦名和卦辭、爻題和爻辭。這樣的理解當然不算錯，但所謂「解釋」和「印證」是希望能夠到達什麼水準，所謂「理解」是要求到達什麼程度，恐怕就言人人殊，沒有定準可言。同樣的道理，所謂「以圖解易」，恐怕也大多以為是：讀了「古經」以後，可以把經傳中所講的義理，用來解釋、印證八卦衍為六十四卦卦形符號的象徵意義，同時可以進一步了解漢人的象數之說和宋人的圖書之學。換言之，雖然談義理，卻依然會談到象數；雖然談象數，卻離不開義理。這種說法不算錯，但筆者以為理想的讀法，是能夠在「以傳解經」、「以圖解易」的同時，還能夠注意到「引證古今」和「折衷異同」這兩個原則。

筆者說的「引證古今」、「折衷異同」，是指遇到一些基本或比較重要的問題時，能夠盡量引述有關的參考資料加以論證，最好是中外古今都能兼收並納；遇到一些複雜或比較紛歧的說法時，能夠盡心持平討論，較其異同而定其是非。當然，說時容易做時難，但總歸一句，盡力就是。

在筆者的印象中，朱子的《周易本義》，採納眾說，既講義理之學，又不廢象數之說，是類似講求這些原則的。他的詩句「商量舊學加邃密，涵養新知轉深沉」，就大略有這個意思。他在《周易本義》書前所附的〈八卦取象歌〉和〈上下經卦名次序歌〉等等，也都是為了幫助初學者閱讀《易經》而作的，值得我們效法。因此，筆者擬在論述「以傳解經」、「以圖解易」的同時，把這兩個原則納進來，舉例說明，供讀者參考。當然，互文可以見義，「引證古今」時，也會「折衷異同」，而說明「折衷異同」時，也會「引證古今」。

二、以圖解易

原則上，「以傳解經」之後，才能根據經、傳的解釋文字，用來探索《易經》六十四卦中有象徵意義的語言符號，它們背後究竟蘊含什麼道理，它們之間究竟應該如何應用，進而討論與八卦生成變化有關的一些《易》學圖書資料，包括《太極圖》、《河圖》、《洛書》、《先天圖》等等在內。換言之，是由義理之學進入象數之學。《易》原為占卜之書，卜筮占決，係依象數而得。這裡所說的「以圖解易」的「圖」，包括八卦的卦形符號和六十四卦的卦爻六畫在內。這些圖象都與象數有關。

朱熹在《晦庵集》的《別集》卷三有一篇〈答孫季和〉的書信，對於如何應用經、傳的讀法，這樣說：

近世言《易》者，直棄卜筮而虛談義理，致文義牽強而無歸宿，此弊久矣。要須先以卜筮占決之意，求經文本意，而復以傳釋之，則其命辭之意與其所自來之故，皆可漸次而見矣。

在「求經文本意」之後，「復以傳釋之」，說的就是這個道理。與卜筮密切相關的象數之學，如以上章所說的流派來分，筆者以為恰好漢人之學重點在「曆象」，而宋人之學的重點，則「象」、「數」兼顧，而實以「數位」為主。為了幫助讀者了解，我們就從八卦的取象說起。

朱熹《周易本義》的卷首，有一首〈八卦取象歌〉，可以幫助我們記憶八卦的卦名與卦形。茲錄之於下，並附筆者的語譯供讀者參考：

【朱子原文】	【筆者語譯】
〈乾〉三連，	☰〈乾卦〉像三條橫線，
〈坤〉六斷。	☷〈坤卦〉像六個斷片。
〈震〉仰盂，	☳〈震卦〉像仰天盅盂，
〈艮〉覆碗。	☶〈艮卦〉像覆地空碗。
〈離〉中虛，	☲〈離卦〉中央火當空，
〈坎〉中滿。	☵〈坎卦〉中間水充滿。
〈兌〉上缺，	☱〈兌卦〉頭上有缺口，
〈巽〉下斷。	☴〈巽卦〉腳下成兩半。

八卦的取象，從卦形符號上看，是從〈乾卦〉與〈坤卦〉的卦爻互為消長遞變而成的。〈乾〉爻最初畫成一條連線，代表陽爻，凡是陽剛雄性者皆屬之；〈坤〉爻最初畫成兩個斷片，代表陰爻，凡是陰柔雌性者皆屬之。這一陰一陽的重疊交合，古人就稱之為「道」。道，沒有固定的形狀，也沒有固定的名稱。它有時候固定，有時候不固定，真難以捉摸，所

以只好以「陰」「陽」或「無」「有」分別稱之。

像老子《道德經》八十一章的首章就說：「道可道，非常道。名可名，非常名。無，名天地之始；有，名萬物之母」，第二十五章說：「有物混成，先天地生」、「可以為天下母。吾不知其名，字之曰道」，第四十章也說：「天下萬物生於有。有，生於無。」但這「有」「無」二者「同出而異名，同謂之玄」，可分可合，分則為二，合則為一。基本上，要像第二十八章說的那樣：「知其雄，守其雌。」雌雄相生相成，才能合成為「道」。所以第四十二章又說：「道，生於一。一生二，二生三，三生萬物。」明白了這些道理，我們才知道，原來根據道家始祖之一的老子說，天下萬物就是「無」中生「有」，並且由「一生二，二生三，三生萬物」逐漸衍化而成的。這跟《繫辭傳》上篇所說的「易有太極，是生兩儀，兩儀生四象，四象生八卦」等等，道理是相通的。

老子是周朝的史官，年代在孔子之前，孔子還曾向他問禮，可見他學有所專，言必有據。所以後來有人附會，主張天地之初，宇宙的生成，最早是伏羲的「一畫開天」。「一」無限大，也就是「道」。用「象」來表示，雖然「一」只是一畫，但它所反映的是混沌未開、天地未分之前的宇宙狀態。它不僅僅是代表「天」或代表「地」，不僅僅是代表「雌」或代表「雄」，而是所有陰柔、陽剛二者的綜合體。用《易經》來解釋，它不僅僅代表「陰」或代表「陽」，畫成爻時，不僅僅是畫成陰爻或畫成陽爻，而是二者的交疊混合。不僅僅重疊三畫可以變成八卦，也可以逐爻推衍變成六十四卦。古人以為老子所說的「道生於一」，就是指這種陰陽最初交疊混合的狀態。但有人稱之為「太極」，有人則稱之為「無極」。許慎《說文解字》解釋「一」字時就這樣說：「唯初太始，道立於一，造分天地，化成萬物。」可見「一」就是所謂「太一」，所謂「道」，亦即所謂「太極」，或「無極」。

北宋初年，理學家周敦頤把這個道理繪畫成圖，名曰《太極圖》，並作了一篇〈太極圖說〉。在他之前是不是有人畫過，不知道，但從周氏《太極圖》傳世之後，卻一直成為熱門的話題。朱熹和陸九淵在南宋淳熙二年（西元一一七五）江西鉛山鵝湖之會的著名論辯，就是周敦頤的〈太極圖說〉所引起的。

周敦頤所繪製的《太極圖》，也有人說原是五代北宋之際的陳摶所傳述，後來才由周敦頤繪畫成圖，再傳給程頤兄弟。其後又經朱熹加以改造，廣為宣傳，才著稱於世的。㊃茲附周氏、朱氏《太極圖》（見下頁），請讀者先過目，並加比較。

最早談論周氏《太極圖》的，是南宋高宗的經筵講官朱震。㊄朱震著有《漢上易傳》一書，包括「周易集傳」、「周易卦圖」、「周易叢說」三部分。其《漢上易傳．卦圖》開頭即云：

〈卦圖〉，所以解剝《彖》、《象》，推廣《說卦》，斷古今之疑，發不盡之意，彌縫《易傳》之缺者也。

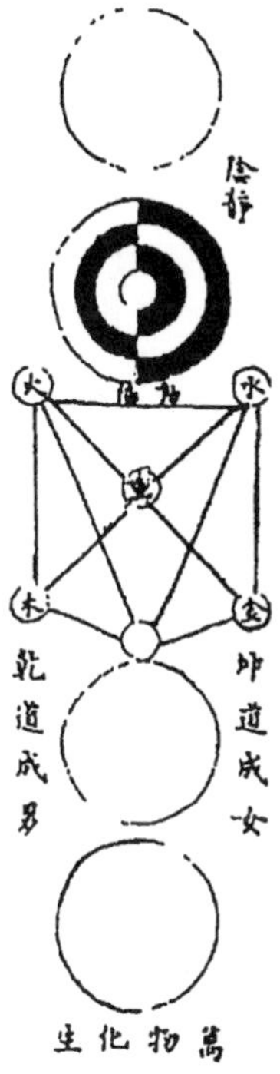

周敦頤
《太極圖》

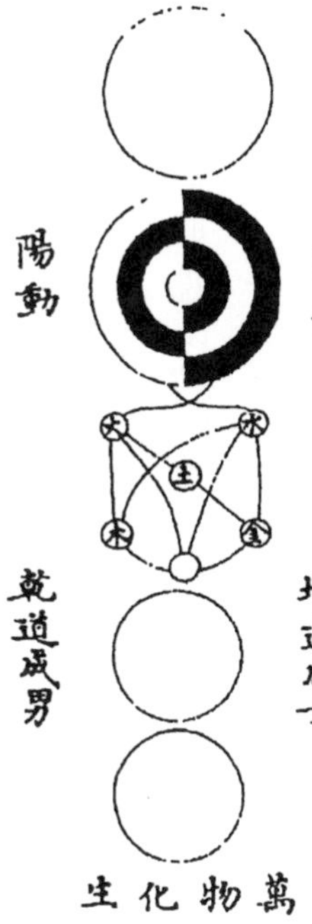

朱熹改造後的
《太極圖》

可見《周易》〈卦圖〉的著成，是在經、傳之後，所以古人說此「以圖解易」，自有其道理。茲引錄朱震書中周敦頤所作的〈太極圖說〉如下：

> 無極而太極。
>
> 太極動而生陽；動極而靜，靜極而生陰。靜極復動。一動一靜，互為其根。
>
> 分陰分陽，兩儀立焉。陽變陰合而生水火木金土。五氣順布，四時行焉。五行，一陰陽也；陰陽，一太極也。太極，本無極也。

五行之生也，各一其性。無極之真，二五之精，妙合而凝。乾道成男，坤道成女。二氣交感，化生萬物。萬物生生而變化無窮焉。

唯人也，得其秀而最靈。形既生矣，神發知矣，五性感動而善惡分，萬事出矣。

聖人定之以中正仁義（聖人之道，仁義中正而已矣）而主靜（無欲則靜），立人極焉。故聖人與天地合其德，日月合其明，四時合其序，鬼神合其吉凶。君子修之吉，小人悖之凶。故曰：立天之道，曰陰與陽；立地之道，曰柔與剛；立人之道，曰仁與義。又曰：「原始反終，故知死生之說。」大哉！《易》也。斯其至矣。

拿朱震所傳的這篇〈太極圖說〉來對照周敦頤所畫的《太極圖》，雖然可以發現有些小問題，例如首句「無極而太極」該作如何解釋，朱熹與陸九淵的看法是不相同的。㊅但對於圖中天地形成，萬物化生的歷程以及所蘊含的道理，應該可以按圖索驥，略知其玄妙大概。不過言歸正傳，周氏《太極圖》，本來的主題就是宇宙生成演化論，所要呈現的本來就是天地由陰陽二氣生成和萬物化生的歷程。它不但符合《繫辭傳》中「《易》有太極，是生兩儀……」所談的道理，而且和伏羲氏的「仰則觀象於天，俯則觀法於地……，於是始作八卦」的傳說，也契若鍼芥。〈太極圖說〉最後的兩句「原始反終，故知死生之說」，更是直接引自《繫辭傳》。因此說它合乎儒家的理論，當然不成問題。但是，如果真要「原始反終」，更推而上之，溯及天地混沌、陰陽未分之前，那麼說它和老子「有生於無」、「無中生有」的理論，係出同源，應該也不算錯。周氏的《太極圖》所以會引起後人熱烈的討論，原因在此。㊆其實宋儒之中，關心宇宙生成的學者不少，像邵雍的《先天圖》也曾談到這個論題，而且討論的重點與此圖不同。下文將另有析論。

《老子》之外，對於八卦取象的問題，筆者以為漢代劉安《淮南子》也有一些說法值得引述。底下即以《淮南子》為主，談漢代以前古人對於八卦卦形、卦名一些基本的認識。

上文說過，八卦是伏羲「觀物取象」而來，用天、地、雷、風、水、火、山、澤八種自然界的景觀，來作為八卦的象徵。這些象徵自然與古人的觀念息息相關。下面先列八卦的卦形及卦名，然後引漢代《淮南子》等書，說明其理論依據及其象徵意義。

（一）☰乾卦：☰古作≋，是「氣」的象形。古人以為陰陽二氣是構成宇宙萬物的根本。陰者濁而向下，陽者清而上揚。三個陽爻重疊，象徵陽氣不斷上升，累積而為天。它表示純陽，就是「天」的象徵，亦即生命的本源，宇宙的大動能。《淮南子．天文訓》就說：「道始於虛廓。虛廓生宇宙，宇宙生氣。氣有涯垠，清陽者薄靡而為天，重濁者凝滯而為地。」可見天和地相反相成。

天道運行，周流不息，所以〈乾〉有「剛健」之義。

（二）☷坤卦：☷古作巛，象水之流、冰之凝。三個陰爻重疊，象徵陰氣不斷下降，凝固而為地。它與天相反相成，但它配合天，天代表陽，它代表陰。天在上，它在下。所以上引《淮南子．天文訓》的八卦都三畫，☰和☷象天地，但因作為取象的基礎，天地陰陽少一二畫時，亦可視為省號。「重濁者凝滯而為地」之外，像《黃帝素問》也說：「積陰為地，故地者，濁陰也。」

又，坤德寬厚，承載萬物，所以又有「柔順」之義。

（三）☳震卦：下面的一個陽爻，代表陽氣要上升，上面的兩個陰爻，代表陰氣要下降，陰陽上下發生衝突。因此〈震〉可象徵春雷上揚，震動大地。《淮南子．墬（地）形訓》就說：「陰陽相薄為雷。」

春雷發動時，蟄蟲振起，故〈震〉有「起」、「動」之義。

（四）☴巽卦：下面的一個陰爻，代表下凝的陰濁之氣，也代表「土」，即地面；上面的兩個陽爻，代表較多的清陽之氣不斷上升，象徵風吹大地。風本無形，藉草木的搖動而知其來去。

《淮南子．天文訓》說：「天之偏氣，怒者為風。地之含氣，和者為雨。陰陽相薄，感而為雷；激而為霆，亂而為霧。陽氣勝則散而為雨露，陰氣勝則凝而為霜雪。」這是把天地自然和陰陽二氣的變化連結在一起了。

另外，《莊子．齊物論》也說：「大塊噫氣，其名為風。」大塊即大地。

風行大地，無孔不入，故〈巽〉有「順」、「入」之義。

（五）☵坎卦：巛，「水」古字的象形。上下二爻都是陰爻，中間卻是一個陽爻。代表上下左右雖然都是陰濁之氣，但中間卻蘊藏著清揚動能的陽氣。

許慎《說文解字》解釋「水」字就說：「象眾水並流，中有微陽之氣。」這是〈坎卦〉陰中有陽的象徵。《淮南子．天文訓》更把坎、離象徵的水、火，和幽明陰暗相提並論。這樣說：「明者，吐氣者也，是故火曰外景；幽者，含氣者也，是故水曰內景。」上面的明者外景，正是〈離卦〉之象；而下面的幽者內景，說的正是〈坎卦〉之象。

流水通常在地面之下，因此〈坎〉也有「陷」義。

（六）☲離卦：火，「火」古字的象形。所以有光明之義。上下二爻都是陽爻，中間卻蘊藏一個陰爻，代表上下四周雖然充滿剛烈似火的動能陽氣，但內部卻蘊藏著陰柔似水的靜態物質，因此有「附麗」之義。

《淮南子．說林訓》就說：「粟得水而熱，甑得火而液。水中有火，火中有水。疾雷破石，陰陽相薄，自然之勢。」

（七）☶艮卦：下面的兩個陰爻，代表重濁如土的陰氣已經凝固，可以靜止不動，上面的一個陽爻，代表清揚動能之氣還可以上升。象徵山的表面雖然固如金石，但它的內部卻蘊藏著陰濁如土的濕氣，所以山上的草木仍可滋潤生長。

《淮南子．原道訓》就說：「泰古二皇」，即伏羲和神農，「其德覆天地而和陰陽，節四時而調五行。呴諭覆育，萬物群生，潤於草木，浸於金石……」，「潤於草木，浸於金石」二句，就是〈艮卦〉的象徵。

〈艮〉象徵山，故有行難即止之義。

（八）☱兌卦：兌，人嘴張開的象形。說（悅）的古字。下面的兩個陽爻，代表充足豐富動能的陽氣，遍布地下，有待上升；上面的一個陰爻，代表陰暗潮濕之氣正在蒸騰，也象徵山間地面有坑洞孔穴，即湖泊沼澤。

《老子》、《淮南子》書中的「兌」，多解作「孔」、「竅」，而且多指人體「九竅」的耳目鼻口而言。例如《老子》第五十二章的「塞其兌，閉其門」，漢代河上公即注云：「門，口也。使口不妄言」、「兌，目也。目不妄視也」。《淮南子．道應訓》的「王若欲久持之，則塞民於兌」，高誘亦注云：「兌，耳目鼻口也」。耳目鼻口之於身體，猶如湖泊沼澤之於山地，都是指孔竅而言，也都是〈兌卦〉的象徵。

也有人從「兌」的古字形體解釋，說下為「人」體，中像嘴巴，上象氣往外散，即人嘴張開的象形。因此有人說它是「說」、「悅」的古字，像笑口常開的樣子。質之《淮南子．精神訓》所說的：「孔竅者，精神之戶牖」，也契合無間。

八卦的取象，最初取自自然界的景觀，後來逐漸推衍引申到社會人事、人體、動植礦物等等各方面。這和八卦之衍為六十四卦的道理是相通的。《說卦傳》所列舉的事物，也就是在說明這些道理。茲附圖表供讀者參考。

八卦衍象表舉隅

	（自然）	（物象）	（人體）	（人倫）	（方位）	（季節）	（五行）	（德性）
☰乾	天	馬	首	父	西北	秋冬	㊎大赤	健
☱兌	澤	羊	口 舌	少女	西	秋	㊎白	悅
☲離	火 日、電	雉	目 大腹	中女	南	夏	㊋赤	麗、烜
☳震	雷	龍	足	長男	東	春	㊍青 玄黃	動
☴巽	風 木	雞	股	長女	東南	春夏	㊍白	入
☵坎	水 雨、月	豕	耳	中男	北	冬	㊌赤 黑	潤、陷
☶艮	山	狗 鼠	手	少男	東北	冬春	㊏黑 黃	止
☷坤	地	牛	腹	母	西南	夏秋	㊏黑 黃	順

宏一按，以上係按《說卦傳》等資料分類排列，但作參考之用，不必悉以為據。蓋其間或有錯綜交雜而難以歸類者。

三、他山之石

上面所引述的，是劉安《淮南子》和許慎《說文解字》等書的一些說法。它們代表漢代學者，即早期《易經》學者對八卦取象的一些看法。他們的看法，從現代科學文明發達的觀點論，是不是帶有迷信的色彩，那是另一回事。它們起碼代表中國本土早期《易經》學者對此問題的認知。科學的發達，文明的進步，是逐步漸進的，從現代來看古代，一定覺得過去比較落後，不如當今開明。但討論過去的事情，用當時或過去的觀念來印證，卻還是自有其肯定的意義。所以，我們討論八卦的取象，現當代學者的意見固然重要，古代的有關論著也不可偏廢。上文說的「引證古今」，說的就是這個道理。

其實筆者說的「古今」，還包含「中外」，所以底下也要提供西洋哲學家對宇宙生成的一些看法，供讀者參考。表示讀《易經》參考書讀得越多，參考資料蒐集越齊全，當然越好。

根據布萊恩．麥奇（Bryan Magee）的《西洋哲學史二五〇〇年》，㊇西元前六世紀的古希臘哲學家泰利斯（Thales）關心「什麼是萬物本原」的問題，曾經長期觀察「什麼東西構成了這個世界」。他看到了水在低溫下變成了「岩石」，在非常高溫時又變成了空氣。每一次降雨，植物就從土壤中生長出來，所以明顯可見植物是水的另一種形式。所有的生物都需要大量而且持續不斷的水，來維持生命（人體實際上有六〇％是水），而且每一塊大陸的邊緣都是水。因此他得出了以下的結論：所有的事物，都是某種形式的水。他甚至認為陸地飄浮在水上，是從水中冒出來的，並且由水所構成。

西元前五世紀前期的哲學家恩培多克勒（Empedocles），則主張所有的物體，都是由四種不同的恆存元素組成。這四種基本元素即：土、水、氣和火。這種學說，後來為亞里斯多德（Aristotle）所繼承，成為文藝復興前西方思想的主流。

與恩培多克勒同時而稍早的哲學家巴門尼德斯（Parmenides），曾認為「宇宙是獨立不變的存在，是不動的一。」萬物不會變化，一定永恆不變；既無所謂開端，亦非誰所創造；既不會無中生有，也不會由有變無；即使外觀改變，本原仍然不滅。恩培多克勒雖然承認物質不能無中生有，或者由有變無，但他從感官經驗的角度看，卻仍然認為恆常變動的世界是真實存在的，而且具有多樣性。

他們各自不同的看法，都對後來西方學者的宇宙觀，產生深遠的影響。

不僅如此，西元前六世紀初期，大約與泰利斯同時的哲學家赫拉克利特（Heraclitus），也以「對立統一」（the unity of opposites）和「萬物流轉」（everything is flux）兩個觀念聞名後世。前者主張萬物萬事都是對立而又統一的，例如：上坡和下坡走的是同一條路，而非方向相反的不同道路；年輕的赫拉克利特和年老的赫拉克利特是同一個赫拉克利特，而非兩個不同的軀體；你的朋友說酒瓶裡半瓶滿，而你說它半瓶空，其實彼此並不矛盾，因為這表示了你是同意他的說法。後者主張宇宙萬物永遠處於變動不居的狀態，例如火焰，看起來像是物體，但其實不是，而只是歷程。人所認知的「事物」，實際上根本不是固定的物體，它們以彼此各異的方式存在；只要存在，就永遠不會在兩個不同時刻保持相同的情況。變動是生命和宇宙的法則。

比赫拉克利特更著名的古希臘哲學家，是畢達哥拉斯（Pythagoras, BC570?-497）。他是數學天才，第一個提出：所有物質宇宙的運作，都可以用數學來表達。現代人已知可以用數學來了解宇宙，無論是哪個層面，從最遙遠的銀河到個別原子的內部，都可以用數學來表達其結構。這個現代人視為理所當然的事實，在畢達哥拉斯以前，是沒有人發現的。因此提起他，現代人就想到「萬物皆數學」的這個畢達哥拉斯定理。

他是第一位將數學與哲學結合起來的大思想家。他提出了「平方」和「立方」的概念，並將幾何應用到代數之中。經由他的教授，「theory」這個詞彙具有「理論」的意義；「philosophy」這個詞彙變成了「哲學」的代稱，而「cosmos」也開始運用在宇宙的概念上。

對照看完西洋早期哲學家對宇宙生成的理論，讀者是不是注意到這些西洋哲學家的生卒年代，和孔子大致相當，是不是也覺得應該有人對伏羲始畫八卦和八卦取象的論題，重新作思辨整理的工作？是不是應該多多「引證古今」、「折衷異同」？

四、出土文獻

引證古今、折衷異同，自然也不能忽略近百年來新出土的《易》學文獻資料。

清末民初以來，有不少新出土的古代文獻資料，對古代歷史文化的研究，起了很大的作用。殷墟甲骨卜辭的大量出土，就是一個典型的例子。就《易經》而言，民國以來也有幾次新出土的資料，對於《周易》的卦名、卦序以及卦爻辭的內容，都提供了一些值得討論的問題，引起研究者注意。茲依出土的年代先後，簡介如下，供讀者參考。

❶漢石經《周易》殘字

民國十一年（一九二二）起，到對日全面抗戰期間，久已淹沒的漢代熹平石經有關《周易》的部分殘石，陸續出土。屈萬里師蒐集殘字約一千多字，加以考訂，著成《漢石經周易殘字集證》（台北：中央研究院史語所，一九六〇年）一書，並發表論文〈漢石經周易為梁丘氏本考〉等，極有參考價值。

❷古數字卦

上文曾經提到，唐蘭曾在《考古學報》一九五七年第二期發表〈在甲骨金文中所見的一種已經遺失的中國古代文字〉一文，認為十三個用數目字組成的「古字」，應該就是類似《易經》的「卦」。後來張政烺發表了〈殷虛甲骨文中所見的一種筮卦〉、〈試釋周初青銅器銘文的易卦〉等幾篇論文，支持這個論點，開始受到學界的注意，並引起頗多學者熱烈的討論。其中有人提出一些商榷的意見，例如李宗焜學弟在《中研院歷史語言研究所集刊》第七十七本第二分冊發表〈數字卦與陰陽爻〉一文，認為數字卦和《周易》的卦可能分別屬於不同的系統。

❸帛書《周易》

帛書《周易》自從一九七三年十二月在湖南長沙馬王堆古墓出土之後，一直受到學界廣泛的注意，也引起熱烈的討論，注解研究者大有人在，不勝枚舉。筆者上文已多處論及。它值得注意的有三項：一是卦名與傳本《周易》多所不同；二是卦序亦與傳本《周易》不同，傳本始於〈乾〉而終於〈未濟〉，帛書本則始於〈鍵（乾）〉而終於〈益〉；三是《易傳》部分，帛書本的《繫辭傳》不分上下篇，另外還有《二三子問》、《易之義》（一題《衷》）、《要》、《繆和》、《昭力》等五篇，其中內容或與傳本的《繫辭傳》、《說卦傳》略有出入。筆者以為最值得注意的有兩點，一是《說卦傳》的「水火不相射」，《易之義》作「火水相射」；一是《要》篇中孔子說的：「《易》，我後其祝卜矣，我觀其德義耳也。」可見孔子雖重義理，卻不廢卜筮。這些在上文都已分別有所說明，不贅。

❹阜陽漢簡

安徽阜陽雙古堆在一九七七年西漢汝陰侯夏侯竈墓中出土一批竹簡，其中有《周易》殘簡七百多片，共三千多字。可惜原簡被污泥黏沾，殘缺雜亂，原來的卦序已無法復原。據整理者韓自強說，從可辨認的卦名看，它和帛書《周易》有些部分近似。可參閱韓自強《阜陽漢簡《周易》研究》（上海古籍出版社，二〇〇四年）一書。

❺荊州王家臺秦墓竹簡

湖北江陵縣荊州王家臺秦墓在一九九三年三月出土一批竹簡，其中有一批起先被認為可能即殷商時代的《歸藏》，後來有人拿清代馬國翰所輯佚的《歸藏》核對，發現可存疑者不少，爭議甚多。簡本卦名共五十三個，字多通假，例如〈屯〉作〈肫〉，〈泰〉作〈柰〉。有〈天目〉而無〈乾〉，廖名春〈王家臺秦簡《歸藏》管窺〉認為「目」為「曰」字之訛，其他卦名之前均有「曰」字可證，故〈天目卦〉應即〈乾卦〉。

❻上博楚竹書《周易》殘簡

從一九九四年起，香港古玩市場開始出現戰國竹簡待價而沽，不久即被上海博物館收購而去。上海博物館在二〇〇三年十二月出版《戰國楚竹書》第三冊，所收《周易》殘簡共五十八枚，總字數共一八〇六字，內容涉及三十四個卦。序列最前者為〈蒙卦〉，最末為〈既濟卦〉。負責釋文者為濮茅左，他另有《楚竹書《周易》研究——兼述先秦兩漢出土與傳世易學文獻資料》一書，二〇〇六年由上海古籍出版社印行。他指出上博楚竹書《周易》有一特色，即在卦名之後或簡尾末字，每有不同的紅黑墨丁符號，並據此推斷它與傳本《周易》應有不同的卦序。他的推論是否能夠成立，尚待考驗。像筆者的台大同事何澤恆教授，就曾經公開著文質疑。李零也曾撰〈讀上博楚簡《周易》〉一文，認為簡本卦序，與今本並無不同。

❼北京清華大學所藏戰國竹簡

清華大學校友二〇〇八年在香港古玩市場收購一大批戰國竹簡，約有二千三百多枚，其中包括《尚書》、樂詩、筮簡等等古代文獻資料，捐贈給母校。後經李學勤邀請相關專家鑑定，確認是戰國中晚期（約西元前三五〇～三〇〇）的文物，並成立了研究與保護中心，進行研究工作。二〇一三年由上海中西書局出版了《清華大學戰國竹簡（肆）》一書，其中的《周易》筮簡，包含三種文獻資料，一是「筮法」，共六十三支簡，由李學勤負責釋文和注解；二是「別卦」，共七支簡，由趙平安負責釋文和注解；三是「算表」，共二十一支簡，由李均明、馮立昇負責釋文和注解。該書出版以來，頗受學界注意。

筆者的另一位台大年輕同事鄭吉雄學弟，認為該書三種文獻之中，最重要的應該是筮法的部分，但因為筮簡中的卦位圖、人身卦以及周邊的八卦方位，與《說卦傳》的「後天八卦方位」不盡相同，又因為內容常出現「參」「同」二字，容易令人聯想到魏伯陽的《周易參同契》，因此有人猜測它是《歸藏》的筮法或其他的古代筮書。到目前為止，都尚無定論。也因此鄭教授認為「可能仍停留在起步的階段」。

李學勤教授一向治學嚴謹，立論客觀，筆者相信他所曾帶領的研究團隊，將來一定還會有令人滿意的成績發表，提供給讀者莫大的助益。

附注

㊀見金景芳《周易講座》（吉林大學出版社，一九九八年）一書「緒論」。金氏之意，其實是「義理領先，象數打底」，並不是認為義理之學比象數之學重要。

㊁見杭辛齋《學易筆談》卷一〈讀易之次序〉。杭氏文中說讀經文「必逐卦讀之極熟，認之極清，任

舉一爻，而各爻之文相類而相似者，俱可列數；任舉一卦，而反正上下變互諸卦，俱可意會」，恐非常人所能，故刪去。

㊂見錢基博《周易解題及其讀法》第七章〈周易之讀法〉。

㊃周敦頤的《太極圖》，有人以為出自陳摶，而陳摶則本諸魏伯陽《參同契》，意即出自道家，而周氏但為之繪圖作說而已。也有人以為朱熹對周氏的《太極圖》曾加以改造。其他說法還有不少，不具引。李申《易圖考》對這些說法，反覆推求考證，頗有參考價值。

㊄周敦頤的《周濂溪集》係出自後人的編輯。《太極圖》及〈太極圖說〉原稱〈太極圖易說〉，首見於朱震《漢上易傳》一書。

㊅「無極而太極」一句，據李申《易圖考》說，周敦頤家傳本原作「無極而生太極」。南宋淳熙十五年（西元一一八八），朱熹聽洪景盧說，國史館內所存檔案，則作「自無極而為太極」。朱熹一直堅持應作「無極而太極」才對。他以為所謂「無極而太極」，就是「無形而有理」，多了「生」字或「自」「為」二字，都會令人誤會「無極」與「太極」為二事。而陸九淵則認為此乃源自陳希夷（即陳摶），「希夷之學，老氏之學也」，亦即源自《老子》的「有無之論」。換言之，周氏《太極圖》，朱熹以為出自儒家，而陸九淵則以為源自道家或道教。所謂朱陸太極之辯，根本問題在此。

㊆周敦頤的《太極圖》，從宋、元起，有不少仿作和偽作，關於它源流的爭論也不少見，但不在本文討論範圍內，故從略。讀者若有興趣，可參考清代楊方達《易學圖說會通》一書，或民國李申《易圖考》（北京：中央編譯出版社，二〇一八年）、郭彧《易圖講座》、施維《易經圖釋大典》（上海辭書出版社，二〇一五年）等書。

㊇參閱布萊恩．麥奇著、王尚文等譯《西洋哲學史二五〇〇年》（台北：野人文化有限公司，二〇一七年）。

第十二章 《周易》的讀法（下）

上一章從經傳義理之學談起，然後談象數之學，這是從漢儒「人更三聖，世歷三古」的觀點來立論的。班固《漢書·藝文志》曾說：上古伏羲始作八卦，中古文王（周公）演《易》作卦爻辭，近古孔子為之《彖》、《象》、《繫辭》等十篇。上文所謂經傳義理之學，指的就是《易》學中的這個系統，但側重在社會文明、政治倫理方面。由孔子往上看，因為孔子講仁道，文王重宗法，所以在孔子及其後學眼中，連伏羲畫的八卦都可與「義理」有關。

如果我們換個角度，不拘限於孔子的觀點，或者不由孔子往上看，而是由伏羲往上推想，把八卦回到龜卜筮占之類的作用上去看，那麼，《易經》又可以說原為占卜之書，它是由很多很多的圖象和數字方位組合而成的，而八卦也只是上古伏羲觀物取象的一些圖形符號。它們與天地萬物的生成變化，似乎都有關係，不僅僅限於人類社會；也不僅僅像漢代的孟喜、京房那樣，可以用來推算曆象術數等等，甚至還可以像宋代的劉牧、邵雍、周敦頤那樣，用來推測宇宙自然的生成變化。下文所謂「易圖」象數圖書之學，就是指此而言。

一、象由數設

古人早就有象由數設的觀念。漢儒的象數、宋儒的圖書之學，都是由數字構成的。數字的組合和《易經》的關係，從荒遠的上古時代早就存在。

數學是一種奇妙的科學，數目字也是一種奇妙的組合。古人老早就發現，數目字的排列，可以產生很多很多奇妙的變化，組合而成很多很多奇妙的數目，古人就稱為「數陣」或「幻方」。譬如說下頁附圖中的A圖：最簡單的十位數中，依其次序的排列，一至五是一個組合，依序相加，一加四是五，二加三也是五，五可視為一個小單位。然後再依序相加，五加一等於六，五加二等於七，五加三等於八，五加四等於九，五加五亦即五的倍數，等於十。古人因此稱一至五為「生數」，六至十為「成數」。生數的總和是十五，成數的總和是四十，加在一起，總和是五十五。這就是所謂天地之數或大衍之數。它們排列的次序是出乎自然的，但所產生的變化卻很奇妙。如果將一至十又視為一個單位，依其次序，又可組合而成另外一種奇妙的變化。例如B圖：依一、三、五、七、九的奇數和二、四、六、八、十的偶數去排列組合，又可產生所謂「天數二十有五，地數三十。凡天地之數五十有五」奇妙的變化。例如C圖：一至五數字逐次相加，總數為二十四，恰好是八卦的爻數；六至十逐次相加，總數又正好是八卦重疊成為「六十四」卦的數字。又例如D圖：以陰陽生數的總和十五為基準，可以發現「一、六、八」和「二、四、九」、「三、五、七」這三個組合，得數都是十五。如果配合五行相生相剋的道理，可以構成非常巧妙的圖式。下文就由此說起。

古人老早就以為天地萬物是由水、火、木、金、土五種元素構成的。像《尚書·洪範》早就有「五行，一曰水，二曰火，三曰木，四曰金，五曰土」的記載。後來不但發現五行之間有相生相剋的循環關係，而且也發現可以把奇妙的數陣幻方和五行相生相剋的循環關係結合起來，用來解釋宇宙自然和社會人文的許多現象。古人就稱之為五行生成之數。

五行生成之數，首見於《漢書·五行志》：

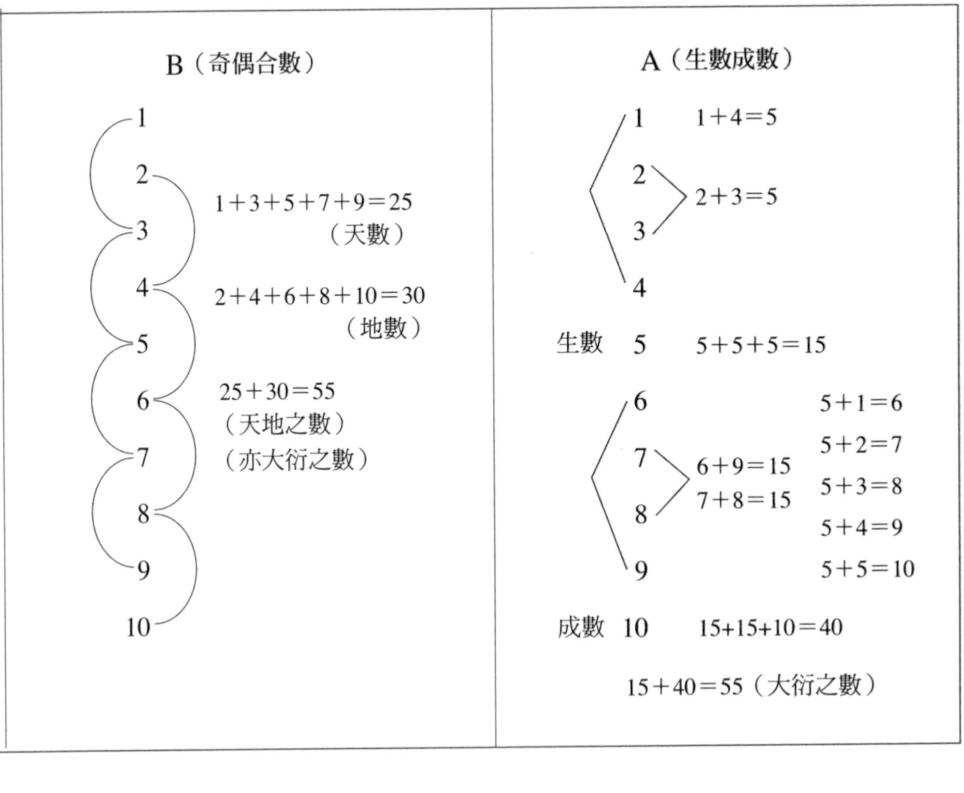

天以一生水，地以二生火，天以三生木，地以四生金，天以五生土。五位皆以五而合，而陰陽易位，故曰妃以五成。然則水之大數六，火七，木八，金九，土十。……

意思大概是：以一、二、三、四、五配水、火、木、金、土，它們都是「生數」，即天生的數字。就數字看，其中的一、三、五為奇數，總和為「九」，屬陽；二、四為偶數，總和為「六」，屬陰。二者相加合為十五，即陰陽五行之數。這一、二、三、四、五的「生數」，又各自加上五，那就成為六、七、八、九、十，即所謂「成

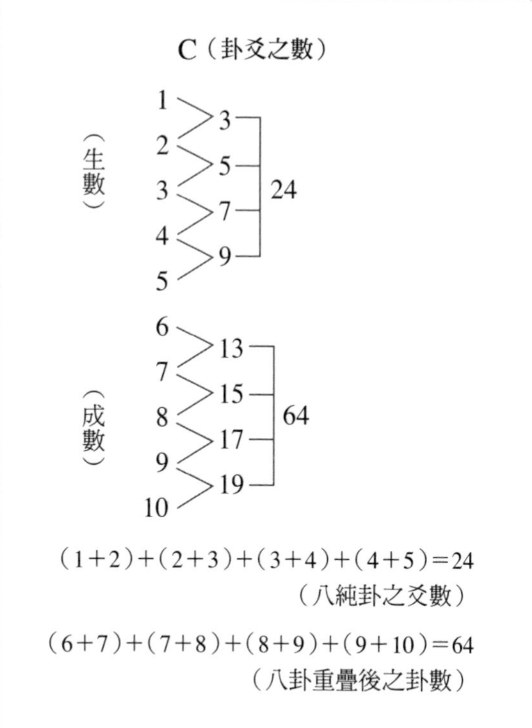

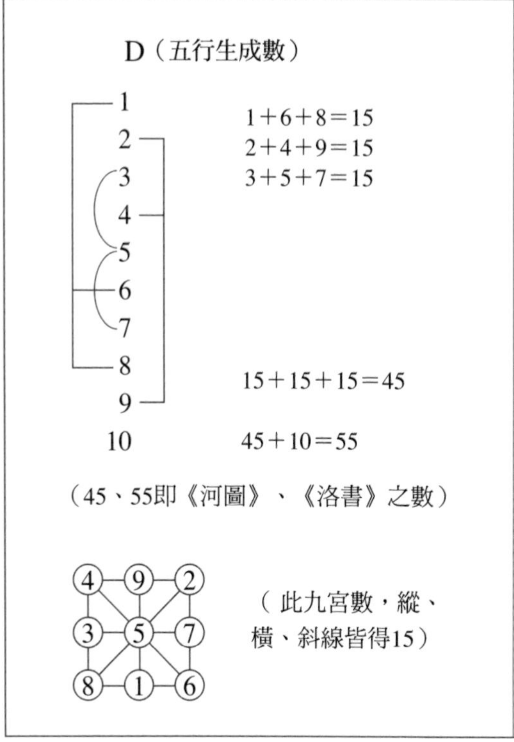

數」。「生數」十五，「成數」四十，總和為「五十五」，亦即所謂「大衍之數」。這跟上述的A圖一樣。古人既然把水、火、木、金、土視為構成天地萬物的五種基本元素，於是認為配上這些神奇的數字組合，就可以用來推測、解釋天地萬物各種變化的現象。

五行的「行」，指「運行」而言。這五種基本元素，各自有其本能，亦各自有其象徵的意義。「水」潤下，是往下運行，不單指液體；「火」炎上，是往上運行，不單指火焰；「木」的運行是向外發展，不單指草木；「金」的運行是向內聚斂，不單指金屬；「土」是持平運行，不單指泥土。它們是五種自然生成的符號。順其自然即相生，逆其運行即相剋。就其相生言，水為液體，自能滋養草木；草木容易燃燒生火；火燃燒之後，化為灰燼，自然成土；土中蘊藏礦物，即為金屬；金屬經火高

天數：1＋3＋5＋7＋9＝25

地數：2＋4＋6＋8＋10＝30

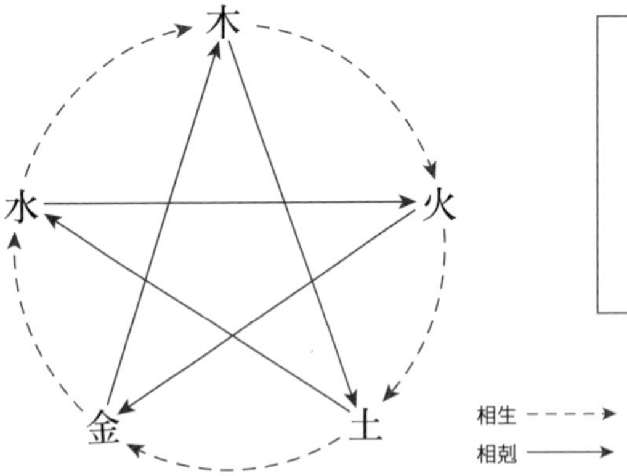

五行相生相剋圖

溫，自然熔解為液體。就其相剋言，水能熄滅火焰，火能熔解金屬；金屬製成的器具可砍草木，草木的繁茂會吸取土中的水分，泥土的累積會阻止水的流動。這就叫做五行相生相剋。

我們也同樣可以推測，最晚在《周易》早期的傳本著成之後，所謂「五行生成之數」已開始被應用到《易經》之中。像《易傳》中的《繫辭上傳》就說：「天一地二，天三地四……，天數二十有五，地數三十。凡天地之數五十有五。」這是另一種算法。所謂天數即一、三、五、七、九奇數的總和二十五，地數即二、四、六、八、十的總和三十。天地之數，即二十五加三十，一樣等於五十五，一樣稱為「大衍之數」。這跟上述的B圖一樣。把「大衍之數」與五行結合起來，就是五行生成之數。

五行相生相剋之說，亦見於《漢書．五行志》：

> 五行有相生相剋之說。就相生言，水生木，木生火，火生土，土生金，金生水。就相剋言，則水克火，火克金，金克木，木克土，土克水。就位置言，水潤下而火焚上，木外延而金內斂，土則平實居中。

又，《禮記正義．月令》篇所引的鄭玄之說，說得更完整：

> 《易》曰：「天一地二，天三地四，天五地六，天七地八，天九地十。」而五行自水

始，火次之，木次之，金次之，土為後。

> 天一生水於北，地二生火於南，天三生木於東，地四生金於西，天五生土於中。陽無偶，陰無配，未得相成。地六成水於北，與天一并，天七成火於南，與地二并，地八成木於東，與天三并，天九成金於西，與地四并，地十成土於中，與天五并。

這種五行相生相剋的學說，究竟起於何時，無法確定，但就像古代的天文曆法一樣，因為是基於人類生活的需求，它的發明及應用，應該在很早很早的上古時代，就已經達到了一定的程度。在《連山》、《歸藏》、《周易》的傳承遞嬗過程中，它也應該已或多或少被應用到卜筮

五行生成數

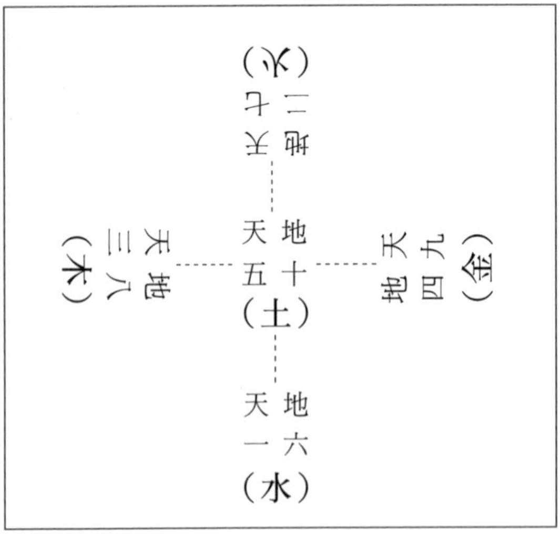

五行生數

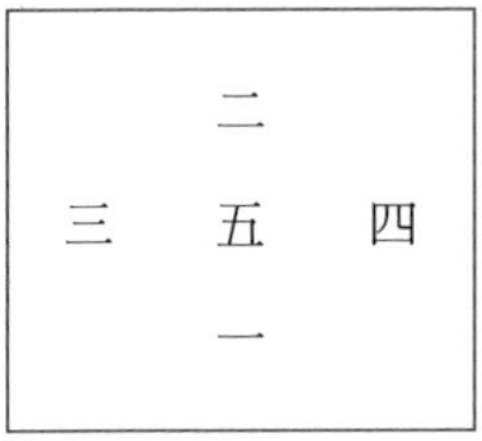

五行成數

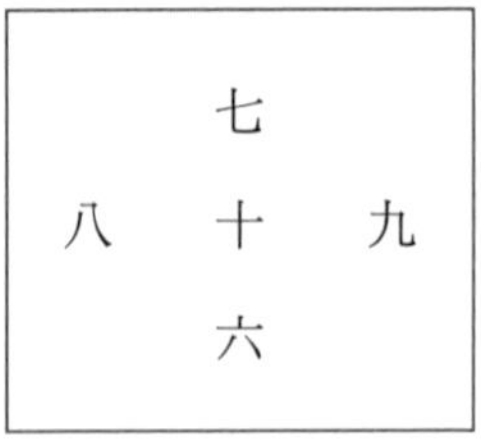

象數之中，逐漸離開各自的實用意義，而轉向抽象的理論方面，並且和陰陽、八卦、四時、四方、天干、地支結合，促成象數《易》的發展。有人推測，東周以後，五行的觀念已經被應用到大體分為五類的很多事物上，例如：

方位有：東、西、南、北、中；
顏色有：青、白、赤、黑、黄；
音調有：宮、商、角、徵、羽；
味道有：酸、甜、苦、辣、鹹；
道德有：仁、義、禮、智、信；
人倫有：夫婦、兄弟、父子、君臣、朋友。等等。

到了戰國時代中期以後，上文說過，因為諸子並起，百家爭鳴，陰陽五行的學說盛極一時，發展得特別快，而且還與一些重要的思想流派，例如道家、儒家、墨家、陰陽家等等，產生合流的現象；加上秦、漢二代兩大皇帝秦始皇和漢武帝私下俱好神仙之說，迷信方術，因此陰陽五行之說一直盛行不衰。但矛盾的是，也由於秦始皇的「焚書坑儒」和漢武帝的「獨尊儒術」兩大政策的積極推行，又使這些陰陽五行學說只能潛在「地下」民間發展。上述的這些「五行生成之數」及「大衍之數」，不但與四時、四方、天干、地支等結合，而且也與經學充分結合。就《易經》而言，例如八卦中，震為木，配東方；坎為水，配北方；離為火，配南方；兌為金，配西方，……這些即與《說卦傳》中的「帝出乎震」之說相契合。

西漢中期以後，由於太初曆的訂定與頒行，天文曆算之學廣受注意，於是各種有關《易經》八卦的新學說紛紛出現，而其產生的背後，也都各自有其奇妙的數字組合。例如以「四」的倍數而言：「四時」春夏秋冬，可以分為「二十四節氣」，每個節氣又可分初、次、末三個物候，即稱「七十二候」。可用來觀察天氣的變化。「十二地支」，可以配合黃道一周天，分為「十二辰」、「十二次」（包含斗牛等二十八星宿），又可以配合古樂分為（黃鐘、大呂等）「十二律」，然後更以「十二律」配合十二月，因其陰陽消息推移變化，附會辟（君）、公、侯、卿、大夫人事，成為「十二月辟卦」，即「十二月消息卦」，等等。

兩漢的經學家，尤其是一些《易》學者，因為常把陰陽五行、天文星象、八卦方位和大衍之數結合起來，作占術之用，藉以附會政治人事，因而象數之學非常發達，成為漢代《易》學的主流。所謂「八卦方位」、「八卦成列」、「八卦五行」種種八卦卦氣之說，可謂層出不窮，不勝枚舉。概而言之，筆者以為它們的產生，都與這些數字的組合有關。

下面再以D圖巧妙的數字組合「八卦九宮圖」為例，作為下節的引言。

《大戴禮記．明堂篇》曾經引用緯書《明堂陰陽》之說，把古代天子明堂九室和八卦、五行相配，藉以說明月令四時的推移變化。它說的「明堂九室」，其實只是九個數目字：「二九四、七五三、八一六」。這九個數目字，卻恰好和古代流傳的一種數陣幻方相符合。它們的排列方式如下。

這「一」至「九」的生成數，排成三行或三列，無論從縱、橫或從斜角的哪個方向來看，其三個數字相加的總和都是「十五」。這個奇妙的組合，後來就稱為「九宮」。所畫的圖式，就稱「九宮圖」。東漢以後，凡是同類的圖式皆以此稱之。這種算術也就稱為「九宮數」或「九宮算」。

「九宮算」一詞，漢代早就有了。像徐岳的《術數記遺》就說：「九宮算，五行參數，猶如循環。」而且在

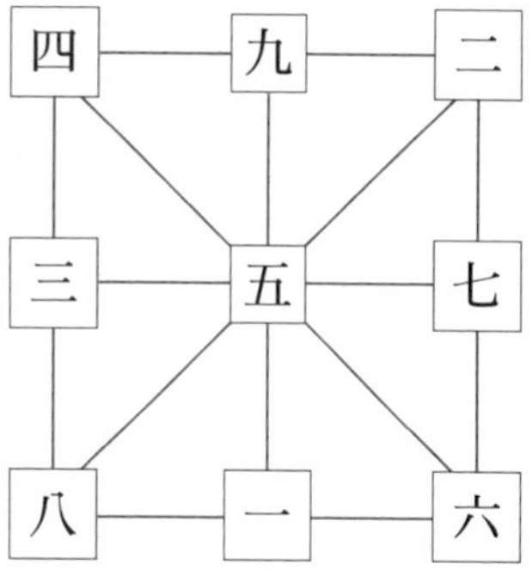

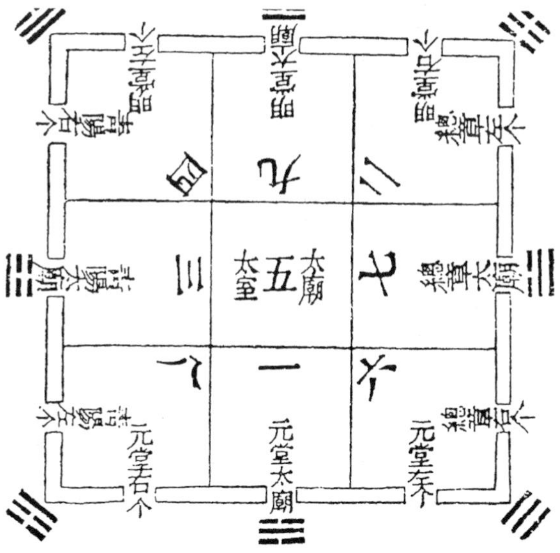

明堂九室圖

說明九宮的數位時，也有了一種通行的口訣。像北周甄鸞就是這樣說的：「二四為肩，六八為足，左三右七，戴九履一，五居中央。」到了北宋以後，九宮的圖式才多用黑白圓點來表示。陳摶一系的圖書大類如是，而且都和《河圖》、《洛書》附會在一起。

上面所說的五行生成數，也從宋代開始，有人刻意把它和《河圖》、《洛書》附會在一起。從不同的角度看，《河圖》、《洛書》所排列的數陣，都是奇妙的組合。其生成數的組合，如用黑白點來代替，可以說與宋人所傳的《河圖》、《洛書》完全一樣。有人以為宋《河圖》、《洛書》就是由此推衍而成的。雖然這些說法，有的出於巧合，有的出於附會，但我們仍然對《易經》出現這麼多的奇妙的數字組合，不能不感到驚奇。

二、宋人圖書之學

上文曾說同樣講象數之學，漢人重在「曆象」，宋人雖然象數兼而有之，但以「數位」為主。實則宋代儒者關心的重點，是在討論心性理氣的義理之餘，更為注重「世歷三古，人更三聖」之前的宇宙生成及衍化的過程。為了說明這些道理，我們仍然可以從朱熹的一首歌訣說起。

朱熹《周易本義》書前附有一首〈上下經卦名次序歌〉，可以幫助讀者記誦六十四卦的卦名及順序：

乾坤屯蒙需訟師，比小畜兮履泰否，
同人大有謙豫隨，蠱臨觀兮噬嗑賁，
剝復无妄大畜頤，大過坎離三十備。
咸恆遯兮及大壯，晉與明夷家人睽，
蹇解損益夬姤萃，升困井革鼎震繼；
艮漸歸妹豐旅巽，兌渙節兮中孚至，
小過既濟兼未濟，是為下經三十四。

其中「兮」、「及」、「與」、「繼」、「至」、「兼」等字，是為湊足七言而加的。「三十備」和「是為下經三十四」，則是為了標有上經共三十卦，下經共三十四卦。

朱熹的這首歌訣，必須用唐、宋中古音韻誦讀，才能讀出它的韻味。更值得注意的是，它雖然是依照「上下經卦名次序」用七言的句式寫成，但觀其詞句的內容，它卻很巧妙的表達了《易經》的中道思想。

上經從「乾坤屯蒙需訟師」（語譯：天地一旦有了蒙蔽，就需要訴諸公理），到「剝復无妄大畜頤」（語譯：剝而能復，沒有災禍，好好得到養護），因此「大過坎離三十備」（語譯：大大的超越了水深火熱的災難，三十個卦說得齊全）；下經三十四個卦，從「咸恆遯兮及大壯」（語譯：都能常常退讓啊，因而逐漸變成強壯），到「小過既濟兼未濟」（語譯：稍稍達到了已經完成，和尚待完成的願望）。合而言之，表現的是剝而能復、終而復始的《易》道精神，也是儒家的中道思想。

說到這裡，已經涉及《易經》與儒、道思想的關係，筆者以為可以開始談宋人的「圖書之學」了。

宋人的「圖書之學」，有人簡稱為「易圖」，甚至視為叢書性質的《易圖》。它和儒家、道家的關係，一直是學者研究的課題。

易圖，原指八卦卦形的圖象而言。八卦後來衍為六十四卦，所以它也包括六十四卦的卦爻圖象。清代胡渭在《易圖明辨》的「題辭」中就說：「古者有書必有圖，圖以佐書之不能盡也。……故《詩》、《書》、《禮》、《樂》、《春秋》，皆不可以無圖，唯《易》則無所用圖。六十四卦二體六爻之畫，即其圖矣。」可見古人把六十四卦的卦爻符號，都視為「易圖」。「易圖」起自何時不可知，但宋代「易圖」之作卻不少。主要有「太極」、「先天」、「河洛」三大類。前人以為這三大類都源自五代末、北宋初的陳摶。像南宋高宗的經筵講官朱震，他在上文引述過的《漢上易解》就這樣說：

陳摶以《先天圖》傳种放，放傳穆修，穆修傳李之才，之才傳邵雍。放以《河圖》、《洛書》傳李溉，溉傳許堅，許堅傳范諤昌，諤昌傳劉牧。

穆修以《太極圖》傳周敦頤，敦頤傳程顥、程頤。

根據他的說法，邵雍的《先天圖》，劉牧的《河圖》、《洛書》，周敦頤的《太極圖》，原來都是陳摶傳下來的。明末清初的黃宗炎《圖學辨惑》也說：「有宋圖學三派，出自陳圖南。」陳圖南就是陳摶。

陳摶，字圖南，號希夷。據《宋史》本傳及邵伯溫《聞見前錄》等記載，他起初是儒生，「讀經史百家之書，能詩」，不廢舉業，大約在後唐明宗長興年間，因「舉進士不第，遂不求仕祿，以山水為樂」；到了宋太祖登基之後，更高蹈遠舉，「入華山為道士」。因為「好讀《易》，手不釋卷，嘗自號『扶搖子』，仿《老子》著《指玄篇》八十一章，言導養及還丹之事」。一般人以為導養還丹是道教的方術，因此多視之為道教中人。甚至把「易圖」幾種圖書著作，都掛在他的名下。

事實上，秦、漢以來，儒生而兼通方術者，比比皆是。顧頡剛的〈秦漢的方士和儒士〉一文，就考定秦、漢的方士多出於儒門；而李申的《易圖考》更根據《漢書．五行志》、《後漢書．方術列傳》等資料，指出：漢朝自武帝尊儒又求仙、董仲舒「始推陰陽」又「為儒者宗」之後，儒士多兼方術，風氣寖盛，後來漢代儒生，像李郃一家數代，「以儒學稱」又「好方術」、既「通五經」又「善河洛風星」者，不乏其人。即使到了唐代，像元稹、白居易等人，也都還是一面崇尚儒學，一面合煉丹藥。可見依古人的標準，陳摶未必要歸屬道教，稱他為儒士也未嘗不可。何況從漢代開始，《易》居經學之首，本來就是儒家之學，並非道教的學問。所以宋人王傅《東都事略．儒學傳》才把上述的陳摶所傳的數人都歸為儒學，而且這樣說：「陳摶讀《易》，以數學授穆修，以象學授种放。」种放、穆修都是北宋著名的儒士，是他們傳承了陳摶的象、數之學。概括而言，這些學問都還在儒門《易》學的範圍內，也因此，後來朱熹的《周易本義》和他與蔡元定合著的《易學啟蒙》㊀，都對上述的這幾種圖書予以肯定，置諸卷首。

尋繹上述朱震《漢上易解》說的，《先天圖》、《河圖》、《洛書》、《太極圖》都是陳摶「傳」下來的那一段話，「傳」自是傳授、傳承的意思，未必指「創作」而言。所以後來有人說上述幾種圖書都是陳摶所創作或所偽造，應是誤會，並非事實。朱熹的看法比較中肯，他說：

> 「先天」各圖，決非後儒所能偽造，必當初所本有，後來散佚，流入道家，至希夷傳出，得復還儒家之舊。

這些話說得很有道理。朱熹商量舊學，涵養新知，不盲從，不自是，對於很多學問常講求實證。例如《太極圖》，朱震在《漢上易傳．卦圖》後附注云：「右《太極圖》，周敦實茂叔傳二程先生……」，周敦實即周敦頤，因避宋英宗諱改「實」為「頤」，茂叔為其字。朱震認為周敦頤的《太極圖》，得自穆修、陳摶，而後傳給程顥、程頤。程頤兄弟是朱熹敬仰的學者。朱熹在《周易本義》書前的〈周易立贊〉中即曾稱讚「在昔程氏，繼周紹孔」，對《伊川易傳》的「因象明理，以理解易」，尤為傾心，所以書中頗多稱引。也因為敬仰程氏，所以對於《太極圖》的承傳，他的看法和朱震不一樣。朱熹根據周敦頤友人潘興嗣所撰〈濂溪先生墓志銘〉，以為《太極圖》乃周氏自作。他在《太極圖解．序》中，更明確的說：「《太極圖》者，濂溪先生之所作也。」作是創作，不是述、傳。意思是：周氏《太極圖》，即使承自穆修，但已非陳摶之舊，蓋已有其新創的部分。南宋以後的周氏《太極圖》，有兩種不同的傳本，一為「太極先天之圖」，一為「周氏太極圖」，〈太極圖說〉的文字，不同的傳本也略有不同，都可能與此有關。

附帶一提，大約在元、明之際，《太極圖》外，又出現一種《陰陽魚圖》，圖名《天地自然河圖》，圖上分別標明八卦的名稱及其陰陽的比例。明初趙撝謙《六書本義》把它當作八卦的起源，同時也視之為漢字的起源；章潢更稱之為《古太極圖》。這似乎是把《太極圖》和《河圖》混為一談了，但奇特的是，至今流行甚廣而歷久不衰，不但有些講氣功、武術的引以為說，有些企業團體作為徽記，甚至還有族群和國家（例如韓國）還把它當作國旗的圖案。

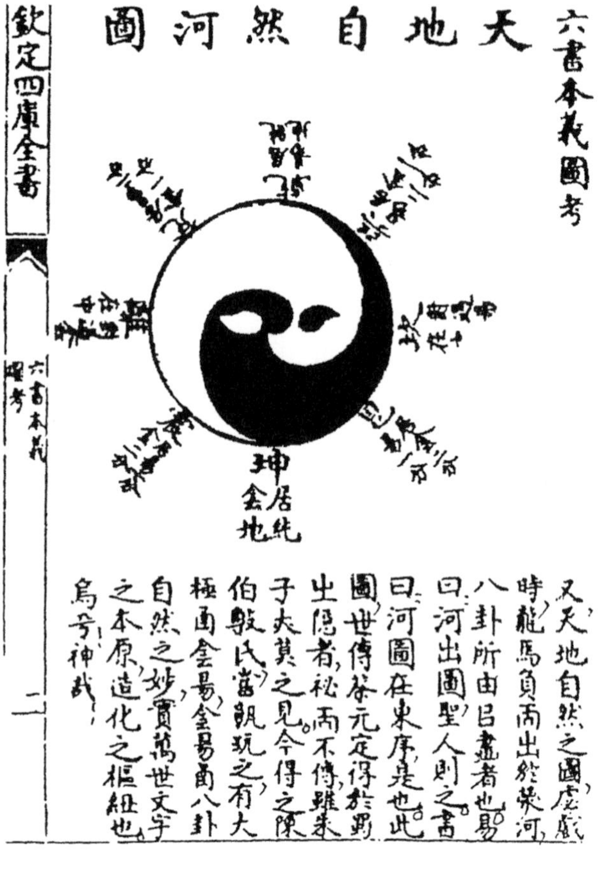

《六書本義》載《天地自然河圖》（《四庫全書》本）

元末明初，《太極圖》之外，又出現了一種《陰陽魚圖》。明初，趙撝謙（一名古則，相傳是宋太宗弟趙廷美之後裔）好「六經百氏之學」，尤精古文字。他著《六書本義》時，以為《河圖》乃文字之本源，曾將陳伯敷所傳的《天地自然之圖》公之於世，說是：「虙戲（伏羲）時，龍馬負而出於滎河，八卦所由以畫者也。《易》曰：『河出圖，聖人則之』，《書》曰：『《河圖》，在序』是也。……」到了晚明嘉靖、萬曆年間，章潢撰《圖書編》時，竟然稱之為《古太極圖》。

三、河圖洛書

「易圖」中的《太極圖》，上章已有論述，茲不贅。底下要介紹的是《河圖》、《洛書》和《先天圖》。它們在宋儒的眼中，所顯示出來的宇宙生成演化的過程，不但都和「數位」的數字與方位有關，而且，都源自古代的九宮之數和五行生成之數。其中有些說法，筆者上文已略曾介紹，下面再引用一些古代文獻，作進一步的說明。

所謂九宮數，首見於《大戴禮記‧明堂篇》。明堂是古代天子發號施令的所在，上圓下方，有九室，用以表示諸侯的尊卑，而且每個月各有不同的禮制，這就叫做「月令」。《大戴禮記‧明堂篇》所引述的〈明堂月令〉（宏一按，據孔廣森《大戴禮記補注》考證，此乃漢代緯書《明堂陰陽》篇名）有「赤綴戶也，白綴牖也。二九四、七五三、六一八」等語。㊁這些數目字原來究竟含有什麼意義，不知道，但大約從漢代開始，就有人以為與古代「洛書」的傳說有關。

相傳上古之時，黃河曾出現龍馬載圖，所謂「河圖」，洛水曾出現靈龜背書，所謂「洛書」，圖上書上都排列著一些神奇靈異的圖案。看似簡單的符號，以白點白圈代表奇數（陽數），以黑點黑圈代表偶數（陰數）。它們分布在東、西、南、北、中五個不同的方位上，但它們相對立的不同方位的點數，組合起來，卻構成一幅像是圖象的奇妙數陣，可以配合四時、五行和八卦的推演。所以古人把它們視為祥瑞的象徵。不但《論語‧子罕篇》曾經記載孔子感嘆「鳳鳥不至，河不出圖；吾已矣夫！」而且《繫辭傳》上篇也這樣讚嘆：

> 是故天生神物，聖人則之；天地變化，聖人效之；天垂象，見吉凶，聖人象之。河出圖，洛出書，聖人則之。

對照來看，所謂「河出圖，洛出書」，應該就是「天生神物」；而「聖人則之」之「聖人」，則似指伏羲而言。

清代惠棟《周易述》解釋上述一段話，就說「神物」即「蓍龜」，說它「定天下之吉凶，成天下之娓娓者」，言下之意，「聖人則之」的「聖人」，蓋指伏羲而言。而且，惠棟接下來所解說的兩段文字，一是「春夏為變，秋冬為化。聖上南面而聽天下，順時布令，是效天地之變化」，尋繹其意，似指文王「效之」而言；一是：「天有八卦之象，……見乃謂之象，故見吉凶，……聖人在上，象天制作。故云聖人象之也。」則似指孔子「象之」而言。

可見惠棟解釋《繫辭傳》上篇的這兩段話，顯然是把它們與《易》有「三聖」之說連結在一起，因而所謂「河出圖，洛出書」，也就很自然與「三聖」連結在一起了。而且既稱「聖人則之」，那

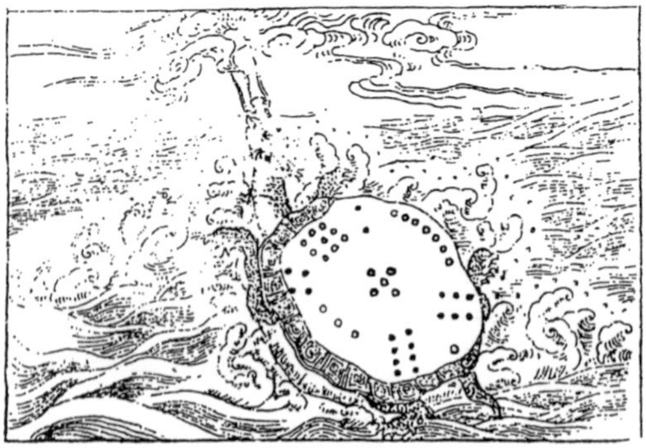

龜書圖

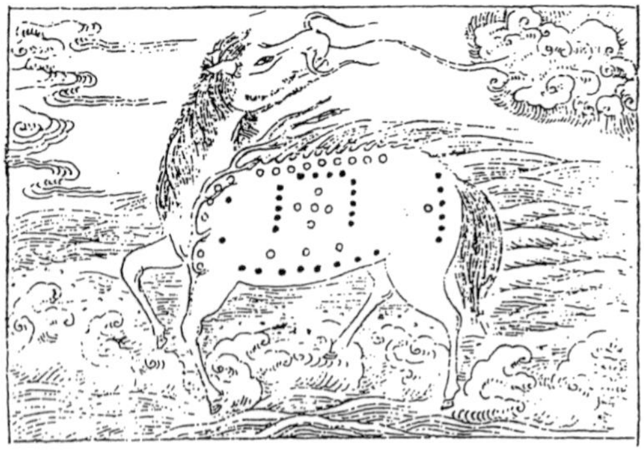

馬圖

——引自來知德《易經來注》卷末附圖

麼說它們的出現是在伏羲之前，當然也就言之成理了。像惠棟這樣理解的古人，不在少數。《繫辭傳》是古人相傳孔子所傳述的《易傳》名篇之一，連它都這樣記載，也就難怪從漢代以後，有些《易經》學者紛紛據此立說。

不但《大戴禮記．明堂篇》有記「九室」的「二九四、七五三、六一八」，被認為與《洛書》有關，而且據說孔安國所傳的《古文尚書》中，也都有些篇章與《河圖》、《洛書》有關。

上文說過，《尚書》有今古文之分。今文《尚書》是漢初伏勝所傳，古文《尚書》則出自孔府壁中，由孔安國所獻。據《史記．儒林列傳》說：「孔氏有古文《尚書》，而安國以今文讀之」，《漢書．藝文志》中也說孔壁所藏之古文《尚書》，比伏生所傳的今文《尚書》多十六篇，武帝時，「安國獻之。遭巫蠱事，未列於學官。」雖然如此，相傳孔安國還是為古文《尚書》寫了序，作了《傳》，可惜後來亡佚了。有人說，我們今天所見的《古文尚書》，雖然說是孔安國所傳，但據清人閻若璩《古文尚書疏證》的考據，乃出自東晉梅賾的偽造。因此今人多稱書中所引為「偽孔傳」。[三]但也有人說，孔安國所獻的古文《尚書》，理當藏諸宮中秘府，後來東漢的劉歆父子校書時，一定看過，也有所評論，因此班固、班昭兄妹所撰寫的《漢書．五行志》，才會特別這樣引用劉歆的說法：

《易》曰：「天垂象，見吉凶，聖人象之。河出圖，洛出書，聖人則之。」劉歆以為虙羲氏繼天而王，受《河圖》，則而畫之，八卦是也；禹治洪水，賜《洛書》，法而陳之，〈洪範〉是也。

這是表示劉歆以為「河出圖，洛出書」的傳說都是真的。〈洪範〉是《尚書》的篇名，今古文《尚書》中都有，㊃但在「偽孔傳」孔安國傳本的《古文尚書．洪範篇》「天乃錫禹洪範九疇」句下，卻有這樣的一段文字：

天與禹，（洛出書，）神龜負文而出，列於背，有數至於九，禹遂因而第之，以成九類。

在該書〈顧命篇〉「河圖，在東序」句下，又有一段說明文字：

河圖，八卦。伏羲王天下，龍馬出河，遂則其文，以畫八卦，謂之河圖。

這樣說來，伏羲畫八卦取法《河圖》、《洛書》之說，又似曾經劉歆所寓目，並非全是出自後人的偽造。我們上文所談到的《大戴禮記．明堂篇》，引用漢代緯書的〈明堂月令〉，亦可作如是觀。北周盧辯注解《大戴禮記．明堂篇》的「二九四、七五三、六一八」數字時，曾這樣說：

《記》用九室，謂「法龜文」。故取此數，以明其制也。㈤

盧辯所謂「法龜文」，應指取法「洛出書」龜背之象而言。意思也就是說「二九四、七五三、六一八」這些數字，與《洛書》有關。北周盧辯在東晉梅賾之後，說他採信「偽孔傳」之說，當然講得通，但如果說他採信《漢書．五行志》所引劉歆之說，也一樣說得過去。這真是一個難解的公案！㈥

筆者以為問題不僅僅如此，它還牽涉到儒家以外的其他思想流派。在漢代的其他文獻資料中，不但可以看到《河圖》、《洛書》與儒家有關，而且也與道家，甚至陰陽家都有密不可分的關係。例如《淮南子．俶真訓》就說：

古者至德之世，賈便其肆，農樂其業，大夫安其職，而處士修其道。當此之時，風雨不毀折，草木不夭，九鼎重味，珠玉潤澤。洛出丹書，河出綠圖，故許由、方回、善卷、披衣，得達其道。

這一段話，把《河圖》、《洛書》出現的時代，不但遠推到許由以前的堯舜至德之世，而且所謂「洛出丹書，河出綠圖」似乎還意味著它們有丹、綠的顏色之分。雖然有人說「綠」亦即「籙」，但既以紅綠對舉，必然表示這兩種圖籙符號，原來並非黑點白圈而已，它們似乎近於道家的圖籙，更富於陰陽五行的色彩。《淮南子》所呈現的，和後來《易緯》如《易坤靈圖》等等一樣，㊆應該大都是源自戰國時代中晚期的某些思想流派。這些思想流派長於術數，常以陰陽五行設教立說，例如上文引述過漢代的徐岳《術數記遺》說的「九宮算，五行參數，猶如循環。」北周的甄鸞就為它作注云：「九宮者，即二四為肩，六八為足，左三右七，戴九履一，五居中央。五行參數者，設位之法，依五行。」儼然是一幅九宮圖。

四、邵雍先天之學

可見這些傳說，從漢代以後，早已有之，但它們都只見諸文字的記載，而未形諸圖畫。即使用不少文字「以文說圖」，畢竟不能像圖象一樣，讓人一目瞭然。正式以圖書的面貌出現，卻已到了北宋陳摶、劉牧、邵雍等人先後提倡之時。

陳摶上文已曾論及，不贅述。劉牧則北宋初年有二人同名，一是北方彭城人，一是南方三衢人。前者是真宗朝的太常博士，著有《易數鈎隱圖》一卷。其〈自序〉有云：

> 夫卦者，聖人設之觀於象也。象者，形上之應。原其本，則形由象生，象由數設。舍其數，則無以見四象所由之宗也。……
>
> 今採摭天地奇偶之數，自太極生兩儀而下至於復卦，凡五十五位，點之成圖，於逐圖下各釋其義。庶覽之者易曉耳。

所謂「象由數設」，是古人早已具有的觀念，而所謂「採摭天地奇偶之數」，「點之成圖」，則是劉牧所創，主張要用這些數字圖，以見「四象所由之宗」。他還主張「象為爻卦之象」，因此「以二儀之氣，混而為一以畫之」，認為這才是「太極」之象；然後「天左旋，取天一天三之位；地右動，取地二地四之位」為「是生兩儀」之象；進而以天五合一、二、三、四而得六、七、八、九，為「兩儀生四象」之象；進而合四象六、七、八、九之數為八卦之畫，為「四象生八卦」之象。這些主張也正好是邵雍所念念不忘的《易》學理論。

邵雍與劉牧同時，比歐陽修稍晚，比周敦頤、張載及二程兄弟略早。他們都是北宋初年真宗、仁宗時代著名的大思想家。上文云陳摶傳宋的圖書之說，周敦頤傳其《太極圖》之學，劉牧傳其《河圖》、《洛書》之學，而邵雍則傳其先天之學。他們的《易》學主張，在傳承前人之餘，可能各有修正增益，因而在這段時間並開爭茂而影響深遠。他們的理論基礎都強調「象由數設」，都由「太極生兩儀」說起，劉牧更進而主張「象為爻卦之象」，以圖表說明數字變化所顯示出來的宇宙生成演化的過程，邵雍也一樣。不過，由於名劉牧者同時有二人，其《易數鈎隱圖》又有一卷本、三卷本之分，而其所謂《河圖》，指的是「戴九履一」之九宮圖，《洛書》則由馬圖、龜書二圖構成，似指「一六居下」之五行生成圖，此即所謂「河九洛十」之說。這種說法當時已有阮逸反對，後來又有朱熹、蔡元定力主「河十洛九」之說，前後似有矛盾。而且關於《河圖》、《洛書》及《太極圖》之說，上文皆已有所論述，故筆者為了避免旁枝蔓延，關於箇中是非，暫且按下不表，以下只談邵雍。

邵雍的父親邵古，兒子邵伯溫，皆通《易》數及《河》、《洛》之學，他的學問也以象數為主。他生活在太平盛世，是個「安樂窩中快活人」，所以取字「堯夫」，期為上古之人。也因此世稱康節先生。他的著作《皇極經世書》、《觀物外篇》等等，主要探索的，也是宇宙萬物形成及其衍化的過程。

他的《觀物外篇》是他兒子邵伯溫所整理的語錄。其中有云：

> 太極既分，兩儀立矣。陽下交於陰，陰上交於陽，四象生焉。陽交於陰，陰交於陽，而生天之四象；剛交於柔，柔交於剛，而生地之四象。於是八卦成矣。八卦相錯，然後萬物生焉。是故一分為二，二分為四，四分為八，八分為十六，十六分為三十二，三十二分為六十四。故曰分陰分陽，迭用柔剛，故《易》六位而成章也。……八卦相錯者，相交錯而成六十四卦也。

邵雍又推崇《老子》的「道生一，一生二，二生三，三生萬物」之說，說：「老子，得《易》之體者也。」認為道即太極，分為天地兩儀，就是「一生二」；兩儀分為四象，包括天之四象（日月星辰）與地之四象（水火土石），即所謂八卦所象之物，這是「二生三」；而八卦相錯衍為六十四卦，即八卦所象之物，互相交錯，由抽象變成實體，六十四卦衍為萬物，即萬物的象徵，這就是「三生萬物」。這些看法，和周敦頤的〈太極圖說〉大同小異。大體言之，這也可以說，就是邵雍的宇宙觀。

這裡有兩點值得注意。一是他把兩儀分為四象的四象，分為天之四象日月星辰，和地之四象水火土石（周敦頤視土為地，居中，水火金木分居四方），這是把抽象的象變成實體之物，則天與地之四象已成八卦；二是他強調六十四卦是八卦相交錯而變成的。他在《觀物外篇》中更具體明白的說：「一變而二，二變而四，三變而八卦成矣。四變而十有六，五變而三十有二，六變而六十四卦備矣。」《易》所以能「六位而成章」，主要是因為「分陰分陽，迭用柔剛」，利用卦變得來的。所謂卦變，是以爻的變化得出新卦，而所謂爻，則是「言乎變者也」，指陽爻變陰爻，或陰爻變陽爻，而不是指分割剛或分割柔而生變化。為了突顯卦變時這些陰陽剛柔的變化，所以北宋初年的《易》學家，開始以黑白點、黑白方塊或方圓圖表，來說明消長之數的過程。

劉牧《易數鈎隱圖》以黑白圓點畫《河圖》、《洛書》，邵雍則以方圓圖畫《先天圖》（已見前，頁一八七），還有上文介紹過的周敦頤《太極圖》皆可作如是觀。邵雍的兒子邵伯溫，在《易學辨惑》中即闡述其父之學云：「其學主於意、言、象、數，四者不可闕一。其理，見於聖人之經；止有一圖，以寓其陰陽消長之數，與卦之生變。」這個圖外圓而內方，圓者象天，方者象地。邵雍起先稱為《伏義八卦圖》，後來才改稱為《先天圖》。此圖其實就是一幅卦變圖，方圓內外都有「數」寄寓其間。古人以為這個卦變圖，應自外向內讀卦。圓圖象天之運行，要逆數，天左行，日右行；方圖象地之生化，要順數，由下而上。古人還以為，圓形直徑為「一」時，則周長之數為「三」，因此代表陽爻的符號一畫，即奇數，指天圓之道；代表陰爻的符號兩片，是方形「四」畫的一半，即偶數「二」，所以陰爻代表地方之道。「一」在「二」之中，「三」亦即「一」。

以上所談的北宋初年的「易圖」之學，像周敦頤的《太極圖》，當時就傳給理學家程頤兄弟（已見上引）；像劉牧的《易數鈎隱圖》「仁宗時，言數者皆宗之」（見《中興館閣書目》）；像邵雍的《先天圖》，在他遷居洛陽講學時，傳給王豫，卻曾被鄭夬偷走（見邵伯溫《易學辨惑》）。可見這些著作，當時已受一般人歡迎，但它們之受到學界士林真正的重視，卻在南宋大學者朱熹「品題」之後。筆者所謂「品題」或「品評」，恐怕會有不少人不贊成，他們可能認為應該說是「改造」。不管如何，由於朱熹《易學啟蒙》和《周易本義》等等的推轂和闡發，使這些著作受到更多人的注意，因而才可以流行不廢。

《易學啟蒙》是朱熹與蔡元定合著。蔡元定的長子蔡淵是朱熹的學生，他和朱熹則誼在師友之間。他精於象數之學，對《河圖》、《洛書》及邵雍的「數」學，尤其嫻熟。所以朱熹書中常常引述他的意見。例如《周易本義》書前附有九圖，《河》、《洛》圖後即引蔡元定之言：「圖書之象，自漢孔安國、劉歆、魏關朗子明、有宋康節先生邵雍堯夫，皆謂如此。至劉牧始兩易其名，而諸家因之。故今復之，悉從其舊。」至於周敦頤的《太極圖》，大家應該還記得他和陸九淵的鵝湖之會。

底下就從朱熹「品題」周氏《太極圖》談起。

周敦頤所畫的《太極圖》和朱熹所「改造」的《太極圖》，已見上引（頁二一九），不贅。茲先從朱熹品題的觀點，試作解說並作比較如下：

（一）周敦頤所畫的《太極圖》及所作的〈太極圖說〉，據說是「二程先生」程頤兄弟傳下來的，最早見於朱震的《漢上易傳．卦圖》。起先並不受人注意，可是到了朱熹時，卻推崇其〈太極圖說〉得「周公、孔子、孟子之傳」，「詞義雖約，而天人性命之微，修己治人之要，莫不畢舉」，「蓋有以闡夫太極、陰陽、五行之奧，而天下之為中正仁義者，得以知其所自來，言聖學之有要」，可謂推崇備至。而且朱熹還對周氏的《太極圖》略加改造，使其配合儒家的學說，因而圖文「並茂」。

（二）朱熹所改造的《太極圖》，主要是將周氏圖中的「陰靜」、「陽動」，由上下之位移至左右之位；將第三層的圖式，由五行水、火、木、金、土的「會四於一」，「土」居其中，改成「水」繞過中「土」而直接與「木」相連，強調五行的相生相剋。

（三）依照郭彧《易圖講座》的解釋：周敦頤以水、木、火、金為「四象」，是基於漢儒「分土王四季」與「播五行於四時」之說，而朱熹則本諸五行相生相剋之義。但周敦頤和邵雍一樣，是：把八卦當成天之四象與地之四象，認為「無極而太極」，是「道生一」；兩儀，是「一生二」；四象、八卦，是「二生三」；「萬物化生」是「三生萬物」。這和老子的「道生一，一生二，二生三，三生萬物」之說，模式完全相同。朱熹則一本理學家崇儒的觀點，與老子之說劃清了界限，主張的是「無極而太極」，是「太極，理也」，即「太極一理」、「理一分殊」，「非太極之外，復有無極也。」

其次，談朱熹對劉牧用黑白點畫《河圖》、《洛書》的意見。

（一）劉牧在《易數鈎隱圖》中，用黑白圓點畫《河圖》、《洛書》的圖式。後來的邵雍也沿用了這種圖式。這些都是朱熹認為談《易經》時不可忽略的。

（二）朱熹在《易學啟蒙》中不但引用關朗之說：「《河圖》之文，七前六後，八左九右。《洛書》之文，九前一後，三左七右。四前左，二前右。八後左，六後右。」而且也引蔡元定之說，以為關朗、邵雍「皆以十為《河圖》，九為《洛書》，蓋《大傳》既陳天地五十有五之數，〈洪範〉又明言天乃錫禹洪範九疇，而九宮之數，戴九履一，左三右七，二四為肩，六八為足，正龜背之象也。」換言之，朱熹認為《河圖》十數、《洛書》九數都是

「象由數設」，都是一些奇妙的數字組合，不但與《易大傳》所說的「五十有五」的大衍之數可相符合，而且也和《古文尚書》中所記載的「洪範九疇」數字相符合。因而強調此「正龜背之象」，亦即「法龜文」。

（三）後來他撰寫《周易本義》時，還在卷首列《河圖》、《洛書》二圖。並據此為說加以補充：

> 世傳一至九數者為《河圖》，一至十數者為《洛書》，正是反而置之。予於《啟蒙》辯之詳矣。近讀《大戴禮．明堂篇》，言其制度，有曰：二九

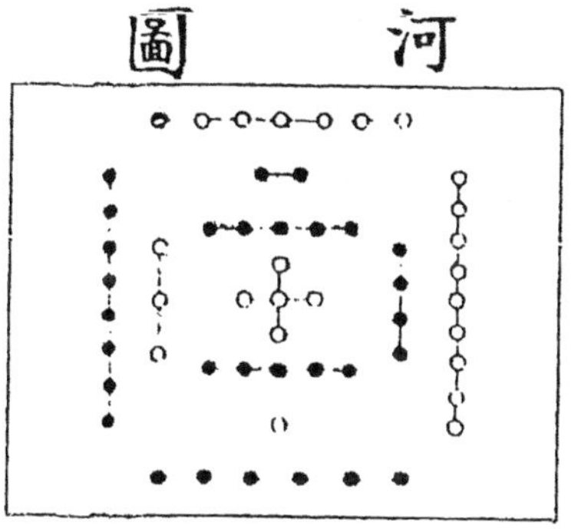

朱熹《河圖》

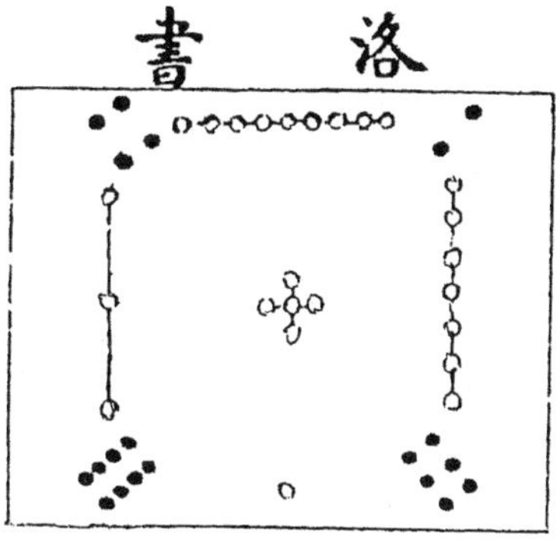

朱熹《洛書》

朱熹《周易本義》云：

《繫辭傳》曰：河出圖，洛出書，聖人則之。又曰：天一、地二，天三、地四，天五、地六，天七、地八，天九、地十。天數五，地數五，五位相得而各有合。天數二十有五，地數三十，凡天地之數五十有五。此所以成變化，而行鬼神也。此「河圖」之數也。「洛書」蓋取龜象，故其數戴九履一，左三右七，二四為肩，六八為足。

蔡元定曰：圖書之象，自漢孔安國、劉歆，魏關子明，有宋康節先生、邵雍堯夫，皆謂如此。至劉牧始兩易其名，而諸家因之，故今復之，悉從其舊。

四、七五三、六一八。鄭氏《注》云：「法龜文」也。得此一證，則漢人固以此九數者為《洛書》矣。

朱熹所批評的，正指主張「河九洛十」的劉牧而言。朱熹確定《河圖》十數，《洛書》九數，與劉牧正好相反。

其實《河圖》、《洛書》的黑點白點所排成的數陣，都源自古代的九宮數和五行生成數，就今人而言，這只是一種簡單不算困難的「算術」，可是對於古人而言，因為較少接受這方面數學的訓練，很容易因陌生而生疑懼，甚至望而卻步，不願或不敢演算核對。例如朱熹提到的，《河圖》究竟是九數或十數，《洛書》究竟是十數或九數，本來是容易會通而知其梗概的，可是宋代的一些理學家，包括後代不少的《易》學者，卻往往拘守一家之成說，只注意一些細枝末節，而不知變通。因而即使朱熹真的如郭彧所言，易置了劉牧的「九數為河圖，十數為洛書」之說，也恐怕沒有多少人注意。㈧

其實，據李申、郭彧對「易圖」有關《河圖》、《洛書》的研究，從劉牧到朱熹、蔡元定，他們的說法出於「偽造」的成分居多。筆者雖不敢這樣說，但是，劉牧《易數鈎隱圖·論下》說：「龍圖龜書雖不載之於經，亦前賢迭相傳授也。然而數與象合，位將卦偶，不盈不縮，符於自然，非人智所能設之也。」朱熹、蔡元定合著的《易學啟蒙》最後也這樣說：「《大傳》所謂『河出圖，洛出書，聖人則之』者，亦泛言聖人作《易》作《範》，其言皆出於天之意。」可見劉牧、朱熹等人鬯言《河圖》、《洛書》最終之目的，不過是要強調「數與象合」、「皆出於天」而已。所謂九數十數，也不過是一些枝枝節節而已。

至於對邵雍的先天之說，涉及八卦及六十四卦排列的次序和方位的意見，朱熹則多予以肯定。像他《周易本義》書前所列的《文王八卦次序圖》、《文王八卦方位圖》等等，皆稱引「邵子」之說，更稱《伏羲八卦次序圖》、《伏羲八卦方位圖》、《伏羲六十四卦次序圖》、《伏羲六十四卦方位圖》四圖「其說

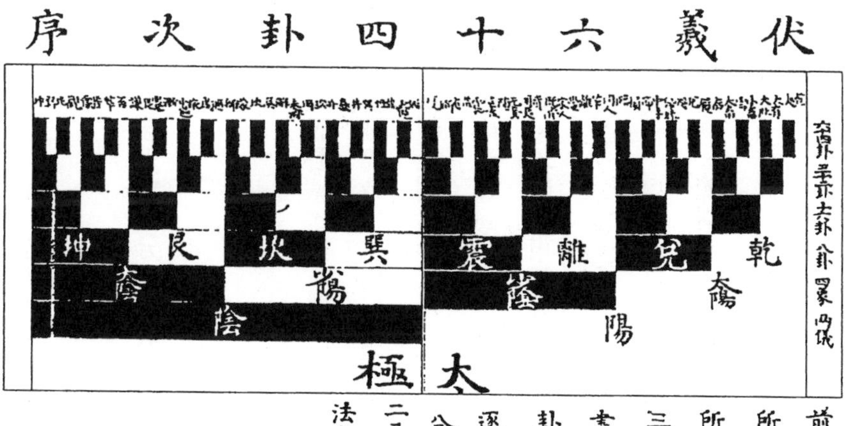
前八卦次序圖即繫辭傳
所謂八卦成列者此圖即其
所謂因而重之者也故下
三畫即前圖之八卦上三
畫則各以其序重之而下
卦因亦各衍而為八也若
逐爻漸生則邵子所謂八
分為十六十六分為三十
二三十二分為六十四者尤見
法象自然之妙也

《周易本義》所列
《伏羲六十四卦次序圖》

皆出邵氏」，「所謂先天之學也」，並說此《六十四卦方位圖》「圓於外者為陽，方於中者為陰。圓者動而為天，方者靜而為地者也」，「此二者，陰陽對待之數。」由此可見他對邵雍的推崇。

「易圖」中的八卦圖，有所謂「先天」、「後天」之分。先天、後天八卦，本來並無圖形，都是從邵雍才開始繪製的。

邵雍根據《說卦傳》所說的「震，東方也……」等等，認為這是周文王演《易》時所創，所以稱之為「文王八卦方位」。事實上，《說卦傳》對八卦的方位，雖有排列的次序，但並沒有說明理由，所以有人推測它可能著成於戰國時代，出自儒門後學之手，並非文王所創。不過，邵雍既然認定如此，也就從他開始繪製成圖，稱之為《文王八卦圖》。

邵雍又根據《說卦傳》所說的「天地定位，山澤通氣……」那一段文字，推測宇宙萬物生成的過程，認定是伏羲所作的八卦，乾南坤北、坎西離東等等，不同於文王八卦的坎南離北、震西兌東等等……，因而在《文王八卦圖》之外，又繪製了《伏羲八卦圖》。因為伏羲在文王之前，所推測的又是天地生成之前的狀況，所以稱之為《先天八卦圖》，簡稱《先天圖》，而把《文王八卦圖》稱之為《後天八卦圖》，簡稱《後天圖》。

邵雍為了說明他的依據有其道理，所以在《皇極經世書》、《觀物外篇》中，曾經援引《繫辭傳》上篇（已見上引）的太極而兩儀而四象而八卦之說，這樣推論：「是故一分為二，二分為四，四分為八，八分為十六，十六分為三十二，三十二分為六十四。故曰分陰分陽，迭用柔剛，故《易》六位而成章也。」這也說明了伏羲畫八卦而衍為六十四卦的過程，邵雍認為是由於「數」加倍的增衍。這樣的另立新說，真的和漢儒的以「象」推論，大不相同。但也有人以為他可能受到東漢大學者揚雄《太玄經》之說的影響。

除此之外，邵雍還表示「先天」和「後天」二者的關係是互相依附：「先天非後天，則無以成其變化；後天非先天，則不能以自行」，應以先天八卦為體，後天八卦為用。同時他以為「天圓而地方」，認為宇宙間的一切現象，大都是周而復始、循環不已的。例如寒來暑往，春秋代序，日之朝升夕沉，月之陰晴圓缺，莫不如此。所以八卦應作圓形的排列，表示圓通，易於變化，又可以一直循環不停。也因此，他才自己這樣下結論：「先天圖，心法也。」

邵雍的「心法」，其實就在兩儀、四象之間的感應交合的關係上。朱熹說得好：邵雍的心，只管在兩儀、四象上轉，「久之理透，想得一舉眼，便成四片。」㊈四片即「四象」的譃稱。可見認識天之四象日月星辰與地之四象水火土石，一直是邵雍先天之學的入門工夫。

綜上所述，我們可以歸納補充朱熹品題邵雍的要點如下：

（一）朱熹談《易》，義理、象數並重。在象數方面，可能受蔡元定的影響，特別重視邵雍的先天之學，包括「數」學及其《先天圖》。他曾賦贊邵雍「天挺人豪，英邁蓋世」、「手探月窟，足躡天根」。月窟、天根，指〈姤卦〉和〈復卦〉，那是陰氣陽氣初生之處，正代表一陰一陽消息盈虛之道。

（二）朱熹認為邵雍的先天之學，是闡述爻畫累加成卦之法，以及卦畫累加成卦之法，即所謂「加一倍法」。他在引用時，為了使其形象化，於是採用黑白方塊的圖形，取代了原來的卦爻符號及黑白圓點，進而把它們改造為大小的兩個橫圖，以期一目了然，「令人易曉」。

（三）朱熹雖然推崇邵雍，但涉及儒道思想時，他仍然一本崇儒明理的主張，與崇尚清虛無為的道家劃清界限。邵雍曾說：「老子，知易之體者也」，他則說：「康節嘗言老氏得易之體，非也！」跟他品評周敦頤的〈太極圖說〉一模一樣。他畢竟是主張「太極一理」、「理一分殊」、「理先氣後」、「性即理也」的理學家。

（四）朱熹在《周易本義》書前所附的三十二幅「卦變圖」，說是：「《彖傳》或以卦變為說，今作此圖以明之」，蓋就一陰一陽之卦、二陰二陽之卦、三陰三陽之卦、四陰四陽之卦、五陰五陽之卦，分別推衍。這和邵雍的「卦之生變」的卦變說，《觀物外篇》所謂「一變而二，二變而四，三變而八卦成矣……」，認為取八經卦中之任何一卦，經由爻的變化，皆可得出其他的七卦。一主量變，一主質變，道理其實並不相同。

上文說過，北宋初真宗、仁宗年間，歐陽修、劉牧、邵雍、周敦頤、張載、程顥、程頤等大思想家，同時並開爭茂，而宋代的《易》圖之學，包括《太極圖》、《河圖》、《洛書》和《先天圖》等等，也都在此時露其端倪而大放異彩。其中邵雍的先天之學，尤為後人所重視。邵雍雖與歐陽修、程頤等人同時，但他的新圖新說，當時同輩的歐、程等人卻或表示反對，或未曾提及。⑩到了南宋朱熹撰寫《周易本義》時，才取其《河圖》、《洛書》與《先天》大小方圓各圖，弁諸卷首，又另著《易學啟蒙》以闡述之。也因為朱子的聲名及其影響，此後邵雍的「先天之學」，才與《易經》連繫在一起，歷宋、元、明、清，立於學官，幾乎定為不刊之程式。至於邵雍的先天、後天圖說，是否經過朱熹的改造，二家的說法有何不同，歷來學者多有不同的意見。⑪不過，對於邵雍的先天之學，後人多予以推重，則是不爭的事實。

民初杭辛齋在《學易筆談・二集》中曾經這樣說：

> 不明「先天」、「後天」之義，無以明八卦變化之由；不明八卦變化之由，無以知六十四卦變化之序，與重卦名義，暨各卦爻位當名辨物之妙。

又說：

> 《易》家之傳授，均未有圖。至邵康節始悟一、二、三、四、五、六、七、八之指，以乾、兌、離、震、巽、坎、艮、坤之次，繪為先天八卦之圖；更依「帝出乎震」一章指

陳之方位，繪為後天八卦之圖，而「先天」、「後天」之名，遂傳於世。

可見邵雍的「先天之學」，是宋代「易圖」中的代表作，也是宋代「圖書之學」中的名篇。前人所說的「以圖解易」，它也是其中主要的討論對象。因此讀者於此，似亦不可忽略。

以上所論，都與《周易》的讀法有關。如果讀者覺得古人上述的種種宇宙生成論，似與《易經》沒有什麼直接的關係，或者遠不如讀現代一些有關天文常識和地球科學的理論，那是另一回事；如果只是為了讀懂《易經》，了解古人的想法，那麼筆者以為「以傳解經」是最基本的要求，也適合一般的初學者，即說即做，不必遲疑。至於「以圖解易」，一般的讀者可以量力而為，不必過於勉強。能懂多少，就學多少，可以看「圖」說「畫」，但不可以假「正經」說「假話」，或者看「圖」亂編故事。願與讀者共勉之。

附注

㊀《易學啟蒙》乃朱熹與蔡元定合著。此書旨在闡述邵雍先天之學，辨證《河圖》、《洛書》屬於象數易學的系統。內容包括〈原卦畫〉、〈明蓍筮〉、〈本河圖〉、〈考變占〉四篇。由蔡元定起

稿，後由朱熹闡發其說。

㊁參閱黃懷信主撰《大戴禮記彙校集注》卷八（西安：三秦出版社，二〇〇五年）。頁九一九引孔廣森曰：「〈明堂月令〉者，古《明堂陰陽》篇名，自『赤綴』以下，引其文也。所說獨與周明堂制度多相合。」

㊂孔安國傳《古文尚書》事，據《史記．儒林列傳》云：「孔氏有古文《尚書》，而安國以今文讀之，因以起其家。逸《書》得十餘篇，蓋《尚書》滋多於是矣。」《漢書．藝文志．六藝略》則云：「孔安國者，孔子後也，悉得其（按，指孔壁之古文《尚書》）書，以考二十九篇（按，指伏生所傳之今文《尚書》），得多十六篇。安國獻之。遭巫蠱事，未列於學官。」東漢時，另有杜林所傳之《古文尚書》漆書二十九篇。二者皆已失傳，今存者僅東晉梅賾所獻之《古文尚書》五十八篇，據清人閻若璩考證，中多偽造之作。此即所謂「偽孔傳」。

又，可參閱朱建亮《偽古文尚書研究》（北京：光明日報出版社，二〇一七年）。

㊃今古文《尚書》都有〈洪範〉篇。它藉箕子向周武王陳述洪範九疇，即治國九大方略，講了五行、五事、八政、五紀、庶徵等九種大法。五行即水火木金土，此亦即漢代經學家談論五行的依據。〈洪範〉篇在「天乃錫禹洪範九疇，彝倫攸敘」句下，首列「五行」的次序，接著說明其功能及特性：「水曰潤下，火曰炎上，木曰曲直，金曰從革，土爰稼穡，潤下作鹹，炎上作苦，曲直作酸，從革作辛，稼穡作甘。」

㊄同注㊀，頁九二〇。

㊅「偽孔傳」之說，自閻若璩《古文尚書疏證》問世之後，幾乎已成定論。現當代學者亦多主是說，例如劉起釪《尚書學史》（北京：中華書局，一九八九年）一書，即頗有參考的價值。但學術之是非，只要仍有疑義，即當兼容並存，以俟後來之考辨，故論述如上。

㊆《易坤靈圖》是漢代《易緯》中的一種。原本應該有圖有文，但現在有文無圖。文曰：「乾居西北」，「陽氣出於東北，入於西北。發於孟春，畢於孟冬」，「五帝：東方木，色蒼，七十二日；南方火，色赤，七十二日……」等等。據郭彧考釋，「乾居西北」是《說卦傳》「帝出震」圖的方

位，「陽氣出於東北」、「發於孟春」是艮卦方位，「畢於孟冬」、「入於西北」，則是乾卦方位。「五帝：東方木……」，與「五德」之說吻合，用五行、五色，配一年三六〇日。這應該是《易經》早期簡單的卦氣圖。

（八）郭彧《易圖講座》以為朱熹考證「十數」為《河圖》的證據，多站不住腳或自相矛盾。他說：概括後人的批評，朱熹之疏失有四：一是引「偽孔傳」及《漢書》劉歆「伏羲受河圖而畫八卦」之說，此皆不足為據；二是明知《關子明易傳》為偽書（見《朱子語類》）卻仍引以為據；三是引《大戴禮》鄭玄注云「法龜文也」，然而鄭玄未曾注《大戴禮》，該注實為北周盧辯所作；四是引邵雍「圖圓書方」之說為證，然而張行成（宏一按，張氏宋臨邛人，深於邵雍之學）已說「河圖無十」為圓，「洛書有十」為方。魏了翁《鶴山學案》亦云：「朱子九圖十書之說，引邵子以證之。但邵子第言圖圓書方，不言九十，僕未敢以為證也。」

李申《易圖考》第三章〈河圖洛書源流考〉中也說：「從劉牧創制《河圖》、《洛書》，到朱熹把黑白點陣《河圖》、《洛書》放在《周易》之首，不僅使這《河圖》畫卦說成了正說，而且也使這本來是偽造的《河圖》、《洛書》，獲得了正宗的地位。」李申以為這完全是宋代儒者為了證明「象由數設」，故意造假，說伏羲據《河圖》而作八卦，「數」既來自《河圖》，則伏羲創制之八卦，即來自「數」位而非法「象」。這些意見，都值得讀者參考。

（九）見《朱子語類》卷一〇〇。

（十）歐陽修以為河洛不出圖書，所謂河圖、洛書乃出於曲學之士的附會。程頤則專言儒理，力排玄學，於邵雍先天之學，似未措意。

（十一）郭彧《易圖講義》以為邵雍的「卦之生變」說，並不等於陰陽的「加一倍法」，乃是朱熹有意以此曲解邵氏的陰陽剛柔之說，改造成「太極一理」的理學思想。郭彧說：邵雍的「先天卦變」是以〈乾卦〉為祖的逆爻序邏輯卦變，到了朱熹則本虞翻、李挺之卦變之法，衍出三十二幅「卦變圖」，並以之為「先天卦變」。又說：宋人的「易圖」中，黑白點的所謂《河圖》、《洛書》，是否真出彭城劉牧，也有疑問，因為北宋時有二劉牧。他甚至說：周敦頤的《太極圖》，原圖本有

「動陽」、「靜陰」的標注與「分土王四季」的畫法，到了朱熹則變成「一分為二」的模式，改成「陽動」、「陰靜」的標注與五行相生的畫法。凡此皆可證明朱熹對北宋「易圖」進行了全面的改造。這可真是一個易圖學中不可忽視的大問題。值得讀者繼續研究。

附筆者所繪製之太極圖：

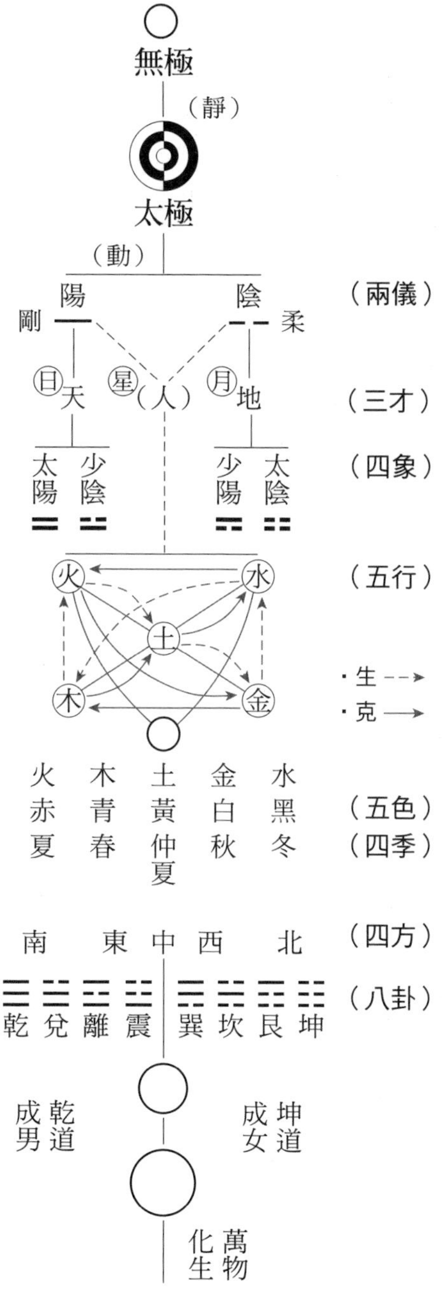

第十三章 《周易》的基本結構與常用術語

一、卦形與卦名

《周易》通行的版本，從唐、宋以來，早已將「古經」與《易傳》合而為一。上文說過，「古經」包括伏羲的八卦以及文王（周公）的卦爻辭，大約產生於殷、周之際，而《易傳》則應是孔子儒門後學歷經戰國、秦、漢間所完成的著作。「古經」以卦為單位，全書共六十四卦，分為上下兩部分，上經三十卦，下經三十四卦。上經首列〈乾〉、〈坤〉二卦，象徵天地的開闢分合；下經殿以〈既濟〉、〈未濟〉二卦，象徵萬物的終而復始。可見它的結構，自有其哲學思想上的意義，並非偶然。大致說來，通行本經、傳合一以後，基本上是以講義理為主。從卦形、卦名到卦辭、爻辭，莫不以此作為闡述的重點。

先講卦形，六十四卦中的每一個卦，各有不同的卦形。它們都是由陰爻和陽爻三疊而先構成八卦，再由八卦重疊而構成六十四卦的。卦與卦之間，有很緊密的關聯性；爻與爻之間，也存在著許多複雜卻又有規律的互動關係，因此，要了解《周易》「古經」的六十四卦，必須先了解八卦構成的因素。

八卦和六十四卦既以「卦」作為組成的基本單位，則所謂「卦」者，自可說是「古經」的最基本的構成因素。它係由兩個系統結構而成：一是圖形符號，所謂「卦形」，或稱「卦符」、「卦畫」；一是卦形下面的解說文字，所謂「繇辭」，包括「卦辭」和「爻辭」。因而每一個卦的構成，都包括了卦形、卦名、卦辭、爻辭四個要素。而且每一個卦，由於六爻之間，每個陰爻或陽爻的上下移動，即所謂「爻位」一旦改變了，就會變成和其他的某一個卦相同的卦形，因而產生很多錯綜間雜的關係。而且「爻位」改變了，卦名也會跟著改變，所繫的卦辭、爻辭，所占斷的吉凶休咎，也同樣會跟著改變。另外，六十四卦的卦與卦之間，它們的先後次序，不止〈乾〉、〈坤〉兩卦一組，〈既濟〉、〈未濟〉兩卦一組，其他的每兩卦為一組，依據《序卦傳》，似乎都有一定的順序，不可隨便變更。因此，在卦形、卦名、卦辭、爻辭四個要素之外，爻位和卦序也是談《周易》基本結構時不能忽視的兩個因素。

底下就先從八卦的卦形與卦名談起。

上文第一章的第二節「狹義的《易經》」裡，已經引用《繫辭傳》下篇的說法，認為八卦是伏羲氏始創的圖形符號，是他「仰則觀象於天，俯則觀法於地，觀鳥獸之文與地之宜，近取諸身，遠取諸物」所得的成果。並且也引述了一些古代文獻資料，認為將八卦分別兩兩重疊，推衍成六十四卦的，也可能是伏羲氏，或者是歷經「多時多人」，到了周文王時才完成。那時對所謂八卦的卦形、卦名、卦辭、爻辭等等，雖已稍作解釋，但都非常簡略。㊀也有人（像呂紹綱《周易闡微》）主張談八卦的產生，要根據《繫辭傳》的另一段話，即「易有太極，是生兩儀。兩儀生四象，四象生八卦。」不管如何，在上古中古之世，因為從伏羲氏到周文王之間，相隔的年代太久遠了，有很多事根本說不清楚，又沒有可靠的歷史記載，只有虛妄的民間傳說。周文王之前，有夏禹、商湯；夏禹、商湯之前，有三皇五帝。周朝有《周易》，商朝有《歸藏》，夏朝有《連山》，夏朝之前也應當另有卜筮之書，只是不曉得它們的情形究竟如何。因此所謂「世歷三古，人更三聖」，只能告訴我們，上古的伏羲氏到中古的周文王之間，只是一個由八卦演化為六十四卦的過程，只是一個由天道演化到人道、由宇宙自然演化到社會文明的過程。筆者在《漢字從頭說起》一書中曾經說過：「遠古蠻荒，恐怕每一個階段文明的進步，都必須經歷長久時間的醞釀才能發展起來」，「而且它必然要經過一個長期醞釀、發展的過程，才可能臻於成熟」。㊁對於八卦演化為六十四卦的這件事，我也以為理當如此。歷來有關的很多記載，其實大都是推測之辭而已。

也因此，對於八卦的卦形和卦名，我們只能獲得以下可靠的結論：乾、坤、震、巽、坎、離、艮、兌這八卦的圖象符號，是伏羲氏「觀物取象」而來，用以「寫天、地、雷、風、水、火、山、澤之象」。起先只是觀察模擬天地自然界的物體，可是最晚到周文王之時，已經推及於社會文明。這從《說卦傳》列舉的人倫、動物、植物等等，可以明顯看到。

起先八卦的每一個卦，都只由陰爻或陽爻三畫而成，所以稱為「單卦」或「經卦」。可是，後來八個「經卦」經過兩兩重組所謂「重卦」之後，又可以組成六十四種不同的卦形，有不同的陰陽六爻形體。它們統稱為「別卦」。每一卦都有六個爻、兩個卦體，下面的三爻為一個卦體，稱為「下卦」，又稱「內卦」或「貞卦」；上面的三爻為另一個卦體，稱為「上卦」，又稱「外卦」或「悔卦」。《周易》經文中，在卦形符號下所標識的卦體，例如〈乾卦〉卦形下面的「乾下乾上」，〈屯卦〉卦形下面的「震下坎上」，即指此而言。它們排列的方式，基本上像甲骨卜辭一樣，是由下而上。

在六十四卦之中，有八個用原來「經卦」乾、坤、震、巽、坎、離、艮、兌重疊組成的，仍用原來的卦名，故稱「原卦」，又稱「純卦」。八純卦的每一卦，又可推衍為八個卦，組成一宮，所以八純卦又稱「八宮卦」。其餘各卦的卦名，則多取自該卦的卦象或卦爻辭，通常是參考涉及的內容事物，取自該卦的卦爻筮辭中常用之一二字而成。

取自卦象的卦名，通常是取自卦象所象之物。例如〈鼎卦〉䷱，即取法於「鼎」的形象。最底下的陰爻，象鼎足；中間的三個陽爻，象鼎腹；其上的陰爻，象鼎耳；最上面的陽爻，象鼎鉉。王弼就稱此象為「法象」。也有的取自上下兩個卦體的會意之象。例如〈井卦〉䷯，巽下坎上，巽為木，坎為水，象木上有水。這是因為古人汲水，是用木桶入乎水中而汲水上來，所以〈井卦〉是取水木兩個卦體會意而成。

另外，也有的取自該卦卦辭或爻辭的所謂「卦德」或「卦義」。例如〈師卦〉䷆，下坎上坤，坎為水，坤為地，象地中有水蓄積，引申有容民畜眾之義。這與古代軍隊二千五百人為一師，引申為眾多，正好也相契合。

不過，必須提醒讀者，卦象包含萬物萬事，卦名所能取象的，往往只是其中的一物一事而已。它們多以暗示、象徵的方式，藉此一物一事而觸發讀者的想像力，要讀者自己去引申、聯想。孔穎達的《周易正義》就有一段話說得很好：

> 物有萬物，人有萬事，若執一事，不可包萬物之象；若限局一象，不可總萬有之事。故名有隱顯，辭有踳駁，不可一例求之，不可一類取之。

「不可一例求之，不可一類取之」，是教讀者要自己善加體會，並且靈活運用。

《周易》有六十四卦，當然有六十四個卦名。通行本的六十四卦，傳世已久，卦名之由來及其意義，大家學而時習之，也幾乎有了定論，但卦名之取稱，由於馬王堆帛書本《周易》的出現，在上述取自卦象所象之物，取自上下卦體會意之象，以及取自該卦的卦爻辭的「卦德」、「卦義」之外，是不是還有其他的可能，恐怕至今尚不能斷言。例如有人曾經對勘通行本和帛書本，就發現二者八卦的卦名完全不同。茲表列如下：

通行本：1乾、2坤、3震、4巽、5坎、6離、7艮、8兑。
帛書本：1鍵、2川、3辰、4筭、5贑、6羅、7根、8奪。㊂

這種現象，除了解釋為：在古人口耳相傳、筆錄於簡帛的過程中，因為同音或音近假借所造成的「錯別字」之外，是不是還有其他的可能，真的值得我們注意。

不但如此，六十四卦的排列次序（所謂「卦序」），通行本與帛書本也不相同。通行本是以〈乾卦〉始，以〈未濟卦〉終，帛書本則以〈乾卦〉始，而以〈益卦〉終。依張立文的說法：通行本六十四卦的次序，是按「交易」的對待排列的，即所謂《文王六十四卦次序圖》，是通過「覆」與「變」的方法組合而成的。而帛書本《周易》則依照《伏羲六十四卦次序圖》，是按「變易」的流行來排列六十四卦的。㊃

可見不同的傳本，卦序就可能有所不同。由此推論，六十四卦的卦名，是不是還有別的名稱和其他不同的意義，也還有待有人作進一步的研究。

其實張立文所說的《文王六十四卦次序圖》，是從宋代邵雍所說的《文王後天圖》演化而來，《伏羲六十四卦次序圖》即由邵雍所標舉的《伏羲先天圖》演化而來。關於邵雍的《先天圖》和《後天圖》，上一章談宋代的圖書象數之學時，已約略談到了。它們都與八卦的方位有關。但《先天圖》是由「卦之生變」而得來的，是邵雍從《說卦傳》的「天地定位」一節得來的靈感。《說卦傳》所說的「天地定位，山澤通氣，雷風相薄，水火不相射」，顯然與漢代以來所傳的文王八卦方位不同，所以邵雍才說：「天地定位一節，明伏羲八卦也。」邵雍認為象由數位而得，此即《觀物外篇》所謂「一變而二，二變而四，三變而八卦成矣。四變而十有六，五變而三十有二，六變而六十四卦備矣。」爻位的移動，會使此卦變成另一種卦。例如一個三畫的經卦，經過三次卦變，即可變成八卦；而六畫的一個純卦，經過六變即可得六十四卦。㊄這是象數派的一種術數。雖然同樣認為卦是「觀物取象」而來，但邵雍認為伏羲取象的重點在「數」，而文王《後天圖》取象的重點則在「理」，或者說是「義理」，涉及的是社會人事和政治倫理。程頤說的：「因象明理，以理解易」，大概就是這個意思。《周易》「古經」既是文王所演，又經孔子加以闡述義理，講的是「推天道以明人事」，因此，傳統的「古經」談卦形的象徵和卦名的取稱，很容易把天道和人事連繫在一起，也很容易涉及卦序和爻位的問題。

二、卦序與爻位

卦序是指卦的排列次序，爻位是指六爻的排列位次。古人在解說《周易》時，不但用《易傳》來解釋「古經」，用人事來附會天道，而且用了不少術語，立了不少體例。為了節省篇幅，這裡只擇要而說。

一 先說卦序。

「古經」分上下，上經三十卦，以〈乾〉、〈坤〉二卦冠首，這是因為古人認為〈乾〉純陽而〈坤〉純陰，它們是宇宙之始，萬物之主，其餘各卦都是由它們衍生出來的，所以古人稱之為《易經》的門戶。相傳孔子對它們也特別重視，因而「依文而言其理」，撰寫《文言傳》以闡其要旨。其餘各卦，則另外有《序卦傳》以說其義理。原則上是把前後相鄰、有因果關係的兩個卦排在一起。

從卦象上看，有兩種排列方式：一種是兩卦之間的卦形上下次序正好相反，例如〈屯卦〉䷂顛倒過來即變成〈蒙卦〉䷃，這叫做「綜卦」，又稱「反卦」或「覆卦」。古人織布，稱上下顛倒者為綜，所以綜與反、覆同義。六十四卦中，有二十八對，即五十六個綜卦。

另外一種是兩卦之間，陰陽爻位完全相對。例如〈乾卦〉䷀與〈坤卦〉䷁，〈頤卦〉䷚與〈大過卦〉䷛，〈坎卦〉䷜與〈離卦〉䷝，〈中孚卦〉䷼與〈小過卦〉䷽。這叫做「錯卦」，又稱「變卦」、「對卦」或「旁通卦」，共四組八個卦。古人稱陰陽相對為錯，所以錯與變、對、旁通可以互稱。

還要特別指出的是，六十四卦之中，〈泰卦〉䷊與〈否卦〉䷋，〈隨卦〉䷐與〈蠱卦〉䷑，〈漸卦〉䷴與〈歸妹卦〉䷵，〈既濟卦〉䷾與〈未濟卦〉䷿，這四組八個卦，彼此之間，既是「綜卦」，又是「錯卦」。

除了上述的「綜卦」（「反卦」、「覆卦」）和「錯卦」（「變卦」、「對卦」、「旁通卦」）之外，涉及卦與卦之間關係的經卦，還有「互卦」和「半象卦」、「兩象卦」等等，雖然比較難以解釋，但也是讀者常見而應該了解的基本常識。

「互卦」，相傳出自京房，一稱「互體」、「互象」或「互體之象」。指一卦之中，除了可分上下體、內外卦之外，中間的二爻至五爻，二、三、四爻可以組成另一新卦，叫做「下互」；三、四、五爻亦可組成另一新卦，叫做「上互」。漢儒常由此互體之象來推求一些卦爻辭的由來。

例一：

〈屯卦〉

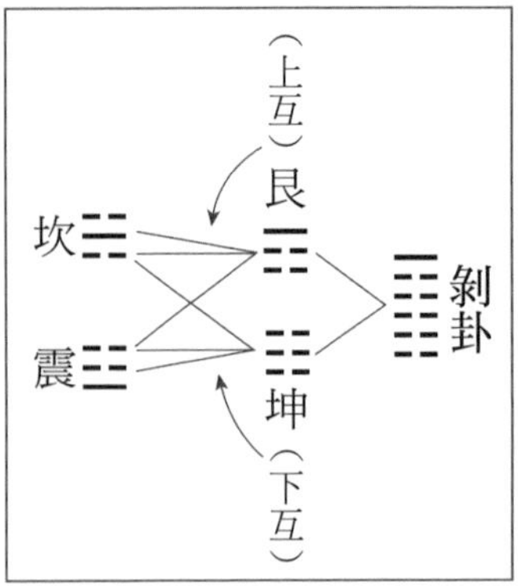

例二：

〈蒙卦〉

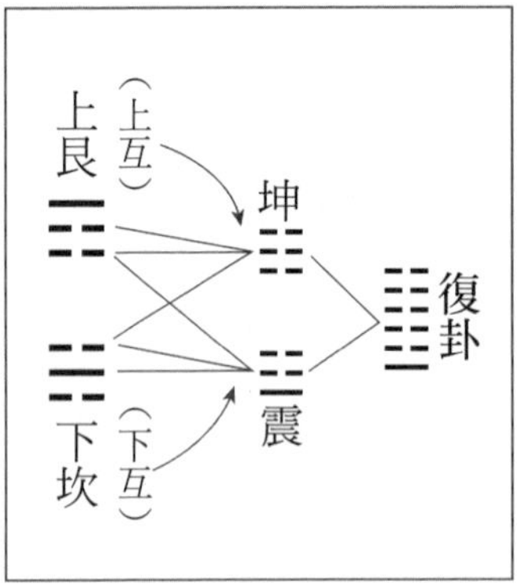

這是「互體」最常見的組合形式，其他還有「四畫連互」、「五畫連互」等等。原來的一個卦象，經過種種互體重新組合之後，大概都可有十個卦象。有人以此推求卦爻辭的變化多端，而引為樂事。

「半象」和「兩象」之說，出自虞翻。其實虞翻這兩種說法，都取自《雜卦傳》。「半象」取自《雜卦傳》的「震起兌見，巽伏艮止」與「離上而坎下」之言，用來指一個卦體三爻之中的上兩爻或下兩爻，認為經過它們仍可看出卦爻之間的旁通變化之妙。像虞翻解釋〈需卦〉九二爻的「小有言」，就說是「震象半見」，解釋〈小畜卦〉彖辭的「密雲不雨」，就說是「坎象半見」，像這些情形，就稱「半象」。

其實虞翻所說的，自有其道理。因為八卦卦象中，只有〈乾〉、〈坤〉、〈坎〉、〈離〉四卦，反覆皆同，而〈震〉、〈艮〉、〈巽〉、〈兌〉四卦，則為二卦之反覆，〈震〉反，即〈艮〉；〈兌〉反，即〈巽〉。所以《雜卦傳》才會有「震起兌見，巽伏艮止」和「離上而坎下」之言。〈坎〉、〈離〉雖不可反，但下〈震〉起而上〈艮〉止，即為〈離〉；下〈巽〉伏而上〈兌〉見，即為〈坎〉。因此，所謂「震象半見」，指的就是初爻震爻，而所謂「坎象半見」，指的也就是二爻坎爻。有人不解「半象」其「半」之意，像清代的焦循就質疑說：「〈乾〉之半，亦〈巽〉〈兌〉之半；〈坤〉之半，亦〈艮〉〈震〉之半。〈震〉之下半，何異於〈坎〉〈離〉之上半？〈坎〉之半，又何異於〈兌〉〈巽〉

〈艮〉之半？」因而引起很多學者對「半象」之說的誤會。

同樣的，虞翻的「兩象」之說，實際上就是《雜卦傳》所說的上下卦體交錯的「錯卦」。例如〈屯卦〉（䷂）卦體下震上坎，上下交錯，就成為下坎上震的〈解卦〉（䷧），因此，〈屯卦〉彖辭的「雷雨之動滿盈」，和〈解卦〉彖辭的「天地解而雷雨作，雷雨作而百果草木皆甲坼」，是相承應的。大概京房、虞翻等人喜好玩弄新名詞、新花樣，也因此才會引起後來王弼等人的反動。

二

其次說爻位。

六十四卦的上下卦體，即陰陽六爻，雖然由兩個卦體構成，但它們的發展卻有連續性。除兩卦之外，復可「變爻」，組成其他的卦。「變爻」是指陰爻變陽爻，陽爻變陰爻而言。一般而言，不當位的爻可變，但漢儒常視解釋經文的需要而隨時變爻。一旦爻位上下移動，就會和其他的「別卦」產生很多錯綜間雜的關係。所以要了解《易經》如何由八卦衍變為六十四卦，不能不了解「爻位」的意義。

爻位有兩層意義，一為陰陽之位，一為尊卑之位。前者係配合奇偶之說，後者係配合三才之說。

所謂陰陽之位，是指歷來學者都把六爻的爻位分成陰位陽位兩種；把初爻、三爻、五爻所在的位次稱為陽位，而把二爻、四爻、上爻所在的位次稱為陰位。如果陽爻處於陽位，陰爻居於陰位，就叫「得位」，也叫「當位」或「得正」。否則就是「失位」，或稱「不正」。但也有人（像王弼）以為初爻、上爻不以陰陽定位，因而沒有得位、失位之分。

上下卦體中陰陽六爻的排列方式，不但由下而上，而且六個爻位中，最低的爻位不稱「一」，而稱為「初」；最高的爻位不稱「六」，而稱為「上」。這是表示它們有初終、上下的不同，和循環對應的關係，而不只是數字的排列。有人就以為稱「初」是考慮時間關係，稱「上」是考慮空間關係。表示六爻有時空的因素在內。同時，所有陰爻統稱為「六」，而所有陽爻則統稱為「九」，這是因為在古人觀念中，「九為陽之數，六為陰之數」的緣故。

因此，六爻的位次由下而上，依序是：初、二、三、四、五、上。茲以〈乾卦〉、〈坤卦〉與〈屯卦〉、〈蒙卦〉為例，示表如下：

例一：

〈乾卦〉

上九	⚊	上（外）卦
九五	⚊	
九四	⚊	
九三	⚊	下（內）卦
九二	⚊	
初九	⚊	

例二：

〈坤卦〉

上六	⚋	上（外）卦
六五	⚋	
六四	⚋	
六三	⚋	下（內）卦
六二	⚋	
初六	⚋	

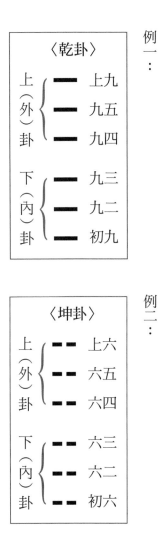

例三：

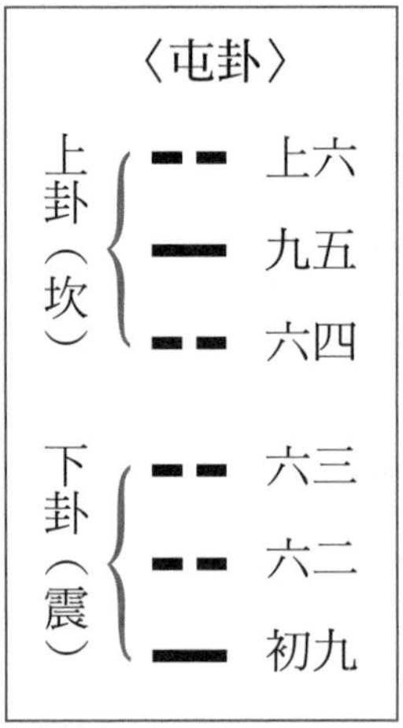

例四：

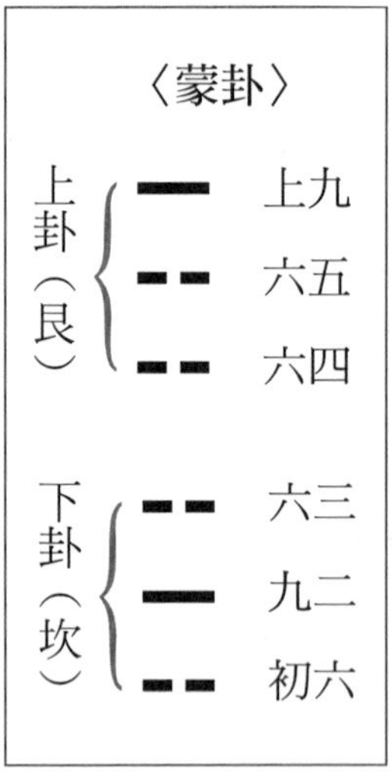

上下卦體的六爻，它們排列的方式，因為是由下而上，所以也可以說是由內而外。也因為這樣，當爻位移動時，由下而上、由內而外的，就叫做「往」；反之，由上而下、由外而內的，就叫做「來」。內卦為「來」，用來占筮自己；外卦為「往」，用來占筮對方。

卦爻的往來，歸納起來，大約有下列三種情況：

第一種是本卦上下二體之間的往來。例如〈泰卦〉䷊下體為乾，上體為坤，乾來而坤往，乾陽剛為大，坤陰柔為小，故卦辭稱「泰，小往大來，吉、亨。」

第二種是本卦各爻之間的往來。例如〈蹇卦〉䷦下體為艮，上體為坎，故九三爻之所謂「往蹇來反」，是指九三已居艮體之極，往上則入坎險，不如反就九六；六四爻之所謂「往蹇來連」，是指六四已在坎險之中，往上更危險，不如回來下連九三。

第三種是某卦相近的二爻，經由上下「往」「來」，可以變成另外一卦。例如〈歸妹卦〉䷵的卦體是兌下震上，如果六三往上居四，成為六四，而九四下來居三，成為九三，原來的〈歸妹卦〉就會變成〈泰卦〉䷊。

六爻的位次，大概從周文王以後，或者謹慎的說，從漢、魏以後，已和社會人事、政治倫理直接拉上了關係。各爻各自有其象徵的意義。以前八卦的三爻三畫，配合「三才」之說，上爻配天，中爻配人，下爻配地；而今六十四卦的六爻，則「三才而兩之」，初、二兩爻象徵地，三、四兩爻象徵人，五、上兩爻象徵天。以前由三才而八卦，各爻早已有其宇宙自然界的象徵意義，而今六十四卦的六爻，其位次更有尊卑貴賤之分，由下而上，越是上位越尊貴。這也就是上文所謂的「尊卑之位」。像漢代緯書《乾鑿度》就說：初爻為元士，二爻為大夫，三爻為三公，四爻為諸侯，五爻為天子，上爻為宗廟。後來頗多學者則認為：初爻象徵事物的開端，代表士民，有時會輕舉妄動；二爻象徵大夫，有才幹，宜於進取，正力求表現，所謂「二多譽」；三爻象徵諸侯（一說王公），已有成就，易生事端，即所謂「三多凶」，故宜於謹言慎行；四爻象徵王公（一說諸侯），因親近天子，伴君如伴虎，所謂「四多懼」，故宜於戒慎恐懼；五爻象徵天子，居尊位，宜於謙下自牧，才能持盈保泰，所謂「五多功」；上爻則比喻太后或宗廟祖先，表示已經退位，位高而無權。可見爻位象徵的對象，不但範圍擴大，由宇宙自然而推及於社會人事，而且政治倫理的色彩越來越明顯，尤其在君臣上下的關係方面。這種情形，到了王弼注《周易》的時代，可以說是到了顛峰的狀態。

陰陽六爻的爻位，在《周易》中用了很多專門的術語，讀者不能不懂，否則在閱讀過程中就會處處遇到困難。這些專門術語中，除了上述的「陽位」、「陰位」和「當位」、「失位」等等之外，常見的還有下列的「居中」、「卦主」等等。茲簡介「居中」、「卦主」如下：

居中，也稱「處中」或「得中」。因為崇尚中道之說，所以特別推重六爻中的二爻和五爻。因為二爻居內卦之中位，而五爻居外卦之中位。所謂「二多譽」、「五多功」。尤其是第五爻，常常成為該卦的中心，即所謂「卦主」。如果是陽爻居中位，就稱「剛中」，陰爻居中位，則稱「柔中」；如果陰爻處於二爻的陰位，陽爻處於五爻的陽位，既「中」且「正」，就是合乎「中正」之道，稱為「中正」，這也是最完美的象徵。像〈乾卦〉的九五爻，就比喻為「飛龍在天」。

卦主，原指一卦六爻之中，德性最完美，地位最重要，最有影響力的爻。通常指上述五爻而言，但有時候與德性、爻位無關，專指六爻之中最受關注的焦點。清代李光地《周易折中》卷首即云：「一卦五陽而一陰，則一陰為之主；五陰而一陽，則一陽為之主。」例如〈夬卦〉五陽一陰，上六的陰爻，雖高「據」五個陽爻之上，但它是全卦「君子決除小人」的意義所在，因此成為一卦之主。反之，像五陰一陽的〈師卦〉、〈謙卦〉亦然。這也是王弼的《易》學略例之一。六爻之中，何者為卦主，通常會在該卦的《彖傳》中說明。

在六爻的上下爻之間，還有一些常見的術語，例如：「比」、「承」、「乘」、「應」、「據」等等。茲分別簡述如下：

凡是一體之中，上下互相鄰近的兩爻，就叫做「比」。例如初爻與二爻「比」，二爻與三爻「比」……等等。如果是一陰一陽相比，就叫「親比」，表示它們的爻位可以互換。兩爻相比時，在上位的爻叫「乘」，在下位的爻叫「承」。相比時，如果陽爻在上，就認為順乎自然；如果陰爻在上，就視同反常。例如初六與九二相比，就稱為「承」，是初六「承」九二；九二與六三相比，就稱為「乘」，是六三「乘」九二。

「應」，是指上下卦體之間，爻位相當的兩爻，它們可以互相感應。例如初爻與四爻、二爻與五爻、三爻與上爻。但原則上必須一陰一陽互相搭配，所謂異性相吸，同性相斥。一陰一陽，可以互相增益，就稱為「正應」；如果爻位相當的兩爻，俱為陰爻或俱為陽爻，就稱為「敵應」或「無應」。

「據」，是指在一個卦體之中，陽爻立於陰爻之上，則此陽爻對底下的陰爻稱「據」。

三、卦辭和爻辭

卦有卦名和卦辭，爻也有爻題和爻辭，它們都以占筮的形式出現。書中卦辭和爻辭是附繫於六十四卦卦形符號下的說明文字，分別說明各卦與各爻的象徵及意義。它們都可以稱為「繫辭」，先秦一般通稱「繇辭」。繇辭原指兆辭、筮辭，通常是簡短可誦的韻語。卦辭每卦一則，又稱「彖辭」。彖者，斷也。彖辭即總括全卦大意的意思；總括大意時，通常已指明卦主所在，同時把卦名包含在內。爻辭也是每爻一則，因為一卦六爻，所以總共有三八四個爻辭。爻辭揭示各爻的含義，說明吉凶休咎。卦有卦象，爻有爻象，它們通常「假象喻意」，彼此之間也大都有對應的關係。雖然未脫宗教迷信色彩，但已略具哲學思想，例如在「推天道以明人事」方面，自然現象與人事表現已趨一致，對立的事物也可以互相轉化等等。後來解釋卦象的文字，就叫「大象傳」，解釋爻象的文字，就叫「小象傳」。

每一個卦爻辭大都是「觀物取象」而來，從不同層面、不同角度把宇宙自然界和社會人文界具有典型意義的事物和道理串連起來，然後再用一兩個字和簡短可誦的文辭概括出來。這就是卦名、爻題的來歷。它們看似「簡易」，卻變化無窮。六十四卦，代表六十四種事物在特定的時間內、特定的背景中所產生的現象，這就叫做「立象喻意」。這些現象只在某些特定時間內、特定背景中才有其意義，而且有其「不易」的規律。一旦時機不對，背景改變，就會隨之產生各種「變異」的現象。這就叫做「卦時」。「卦時」的時間意義就叫「時義」，其時間效用就叫「時用」。「卦以存時，爻以示變」，時者，指消息盈虛。爻位者，指貴賤上下。

「卦時」除了表示四時運行的時序觀念和「變易」的特性之外，同時也從日月相推、寒暑交替的現象中，透露出一種「終則復始」、「循環往復」的消息。這從《周易》的始於〈乾〉、〈坤〉二卦，而終於〈既濟〉、〈未濟〉二卦可以明顯看出來。尤其是〈既濟〉之後，又續以〈未濟〉，似乎更在強調「生生不息」、「通變無窮」是其不變的規律。

因此，六十四卦可以看作是六十四種特定的時間內的徵兆，每一個「別卦」中的六爻，便成為該卦在特定時間內、特定背景中，所呈現的六個有動態意義的相連續的單位。換言之，「卦以存時，爻以示變」，六爻所處的位置和它們之間的變動，就可能會產生不同的卦象爻象和隨之而來的價值判斷。也因此，《周易》由宇宙自然推衍到社會人事之後，自然也就會產生上下本末、貴賤吉凶種種不同的觀念。

除了「卦時」之外，「卦象」和「卦變」也常常出現，在這裡順便略作補充說明。

卦象：「象」有形象和象徵兩層意義。一為「觀物取象」的「象」，指某卦象某些事物的形狀，具有什麼特徵，是就卦的構成而言；一為「假象喻意」的「象」，指某卦具有什麼形狀特徵，可以根據它去推測有什麼吉凶休咎。卦爻辭中有《大象傳》和《小象傳》之分，《大象傳》用以解釋卦象，《小象傳》用以解釋爻象。卦象常藉此以喻一卦的卦義，而爻象則指六爻所各具有之象，具體說明各爻的象徵及其喻意。

卦變：卦變與變卦不同。變卦是指由筮遇卦的變爻而得到的另一卦象，而卦變則指六十四卦中變化相生的關係。也有廣狹二義，廣義的卦變，指卦中由於陰陽爻象的變化、爻位的移動，或者由於卦體的反覆、交錯而產生的另一種卦象。狹義的卦變，則專指陰陽二爻的往來易位。

卦辭和爻辭是組成《周易》一書很重要的部分，就「推天道以明人事」的哲學觀點而言，它們把自然界和社會人事視為一體，求其一致性；不但認為吉凶得失、損益泰否等等對立的事物，可以互相轉化，而且鼓勵人們勤勞節儉，謙虛勇敢，為做人處事樹立了一些原則，頗富於積極的意義。

就卦爻辭涉及的社會生活方面而言，它們反映了以周代為主的游牧生活和農業生產的種種情況。郭沫若《中國古代社會研究》、李鏡池《周易探源》、聞一多《周易義證類纂》等等，都曾談到這方面的內容題材。

就寫作技巧及表現方式而言，古今也都有人就其作用及修辭加以分類解析。例如清代李光地的《御纂周易折中》，即曾把它們分為「象辭」、「占辭」和「象占相渾之辭」等三種。李鏡池〈周易筮辭考〉則分為「定吉凶之辭」和「敘事之辭」兩大類，細分則為「純粹定吉凶的占詞」、「單敘事而不示吉凶」、「先敘事而後吉凶」、「先吉凶而後敘事」、「敘事，吉凶，又敘事，吉凶」、「混合的，或先吉凶，敘事，又吉凶，或先敘事吉凶又敘事」等六種，頗為繁瑣。後來他在《周易通義》中又把筮辭濃縮，分為「貞辭」、「貞兆辭」、「象占辭」三種。異中有同，同中有異，但都似乎不能切中肯綮。

另外，高亨在《周易古經今注》中，又依其性質把它們分為「記事之辭」、「取象之辭」、「說事之辭」和「斷占之辭」四種。「記事之辭」是藉古代故事以指示卦爻的吉凶休咎；「取象之辭」是藉某一事物為譬喻象徵以指示吉凶休咎；「說事之辭」是逕舉直說人之行事以指示吉凶休咎；「斷占之辭」是利用固定專門的術語直接論斷吉凶休咎。

這種分類能兼顧到王弼所說的言、象、意三者，有其道理，但也有其缺點。缺點之一是「記事之辭」和「說事之辭」容易混淆。筆者以為不如分為「記事」和「說理」二者，「記事之辭」指的是卦爻辭中像「王亥喪牛于易」、「高宗伐鬼方」之類的殷商史事，用來「借古諷今」；「說理之辭」指的是藉現實生活的事物，像〈臨卦〉的「咸臨」、「甘臨」、「至臨」，〈咸卦〉的「其拇」、「其腓」、「其股」、「其脢」等等，用來說明道理。

缺點之二是「斷占之辭」應是各種卦爻辭分類占斷的最後結果，卦爻辭中無論是敘事或說理，原皆為占斷吉凶而設，故似不宜與「記事」、「說事」、「取象」並列。即使此在卦爻辭中情況特殊，可以並列，但仍宜另加說明。

《周易》六十四卦的卦辭，相傳是周文王所作，而爻辭則是周文王和周公先後演繹而成，但名義上如此，實際上把它們編纂在一起的，應出於西周的太卜或後來的卜史之流。他們負責帝王卜筮的活動，保管古代卜筮的記錄，編輯成書時，一定經過許多文字加工和重新編撰。對資料的整理和編輯，可以說是「編」，但就文字加工和重新編撰而言，卻也可以說是「作」。編輯可以有很多人參與，但最後應該由主編一人總其成。憑靠他們對歷史的了解、人事的判斷、生活的體驗以及文學的修養，於是把原來卜筮的記錄，編成了既有哲理又有詩意，既有系統又合乎邏輯的哲學著作。其中不但有人生修養和道德教訓，而且有哲學意識和文學趣味。

像〈泰卦〉六五爻辭和〈歸妹卦〉六五爻辭說的「帝乙歸妹」，〈大壯卦〉六五爻辭和〈旅卦〉上九爻辭說的王亥「喪牛于易」，〈明夷卦〉六五爻辭說的「箕子之明夷」，〈晉卦〉彖辭說的「康侯用錫馬蕃庶」，〈升卦〉六四爻辭說的「王用亨于岐山」，〈既濟卦〉九三爻辭說的「高宗伐鬼方」和「未濟卦」九四爻辭說的「震用伐鬼方」，這些例子，都是編者採用具體的殷商史實，透過卦爻象來說明道理的。

在編寫的過程中，不會只是資料的排比累積，應該也多少寓有創作的意圖。例如：像〈乾卦〉的由「潛龍勿用」、「見龍在田」、「或躍在淵」、「飛龍在天」到「亢龍有悔」，像〈漸卦〉的由「鴻漸于干」、「鴻漸于磐」、「鴻漸于陸」、「鴻漸于木」、「鴻漸于陵」到「鴻漸于陸（逵）」，都可以看出是編者為了表達心中的信念，為了描寫事物的層次而作的有意的安排。

至於像〈明夷卦〉的初九爻辭：「明夷于飛，垂其翼。君子于行，三日不食」，像〈中孚卦〉的九二爻辭：「鳴鶴在陰，其子和之。我有好爵，吾與爾靡之」，這些都是有韻之文，和《詩經》的若干篇章頗為類似。含有創作的意圖是非常明顯的。它們就像詩歌中的比興，寓言中的設喻，最能發揮借象喻意、立象盡意的效用。

在不同的「別卦」中，有時會出現相同的卦爻辭語。例如「用拯馬壯，吉」，同時出現在〈明夷卦〉六二的爻辭和〈渙卦〉初六的爻辭之中；「密雲不雨，自我西郊」，同時出現在〈小畜卦〉的卦辭和〈小過卦〉六五的爻辭之中。它們應該有相同的象徵意義。

卦爻辭除了上述的「借象喻意」之外，也常用一些占驗之辭來預示吉凶休咎，反映它們原為卜筮之用的特色。

《周易》占斷吉凶休咎之辭中，最常見的有「元、亨、利、貞」和「吉、悔、咎、吝、厲、凶」等等。

先介紹元、亨、利、貞。

歷來解釋「元亨利貞」的學者很多，歧義也很多。《文言傳》解釋〈乾卦〉卦辭的「乾，元亨利貞」，所謂「元者，善之長也；亨者，嘉之會也；利者，義之和也；貞者，事之幹也。」把「元、亨、利、貞」分為四者，稱為「四德」，這是最早也最通行的一種解釋。但拿這種解釋來讀《周易》，卻又有時扞格不通。古代像歐陽修的《易童子問》，就曾舉例說明這句話有不同的讀法而加以質疑，說已見上，茲不贅述。現代學者像高亨的《周易古經今注》一書，有〈元亨利貞解〉一篇，也曾統計《周易》卦辭爻辭中涉及「元、亨、利、貞」四字者，共一百八十八則，並且分別加以析論「元」有「始」之義，引申有「大」義；「亨」有「享」義，亦有「獻物以祭」之義；「利」的本義即「利益」，「貞」的本義即「卜問」。又說：「元亨利貞」四字，不必講成四種德性，「元亨」可以為句，「利貞」也可以為句。他還這樣歸納說：凡《周易》中單言「亨」者，「舉行享祭也」；言「元亨」者，「舉行大享之祭也」。至於「利貞」，分而言之，「利即利益之利」，「貞即貞卜之貞」；合而言之，所謂「利貞」者，「猶言利占也」。所以他以〈乾卦〉、〈隨卦〉的「元亨利貞」為例，說其意義，「猶言大享利占耳。」

依照高亨的講法，「元亨利貞」，「猶言大享利占」，一字對一字看，似乎只有「利」字不作占驗之辭，沒有真正譯解。筆者以為這很有意思，正好可以和筆者下面所要解釋的「吉吝厲悔咎凶」合在一起看。

底下即筆者據高亨〈吉吝厲悔咎凶解〉的解釋及統計，所作的補充說明：

（一）吉：即「善」，與「凶」相對。象徵福祥，有善果。卦爻辭中，用「吉」者七十五則；用「貞吉」者三十九則；用「元吉」者十五則；用「初吉」者十一則；用「大吉」者五則；用「引吉」者一則。共一四六則。

（二）吝：「遴」的假借字，表示行難，有吝惜之意。用「吝」者十三則；用「貞吝」者四則；用「小吝」者二則；用「終吝」者一則。共二十則。

（三）厲：即「危」，表示有危險。用「厲」者十六則；用「貞厲」者八則；用「有厲」者三則。共二十七則。

（四）悔：即「恨」。象徵因困阨而生悔恨。只是小疵，雖有憂慮之意，但不如「咎、凶」那麼嚴重。用「悔亡」（悔恨消失）者十九則；用「无悔」者七則；用「悔」、「有悔」、「悔有（又）悔」者各二則。共三十二則。

（五）咎：即「吝」，相違之意。表示有了過失、災患、病害。比「悔」的小困阨重，比「凶」的大災禍輕。用「无咎」者九十三則；用「何咎」者三則；用「為咎」、「匪咎」者各一則。共九十八則。

（六）凶：即「惡」，惡運。表示有禍殃，惡果。用「凶」者三十一則；用「貞凶」者十一則；用「征凶」者十則；用「有凶」者三則；用「終凶」者一則。共五十六則。㊅

歷來談《周易》的占斷吉凶之辭，多就吉、凶、悔、吝等等程度的不同，各別注解言之，很少能像上引的高亨比較之後，還作進一步的整理探究。筆者以為《周易》原是卜筮之書，這些占驗之辭，是記錄卜筮占問的最後結果，事關緊要，一言一辭，必然非常慎重。巫史之流，借用這些固定的術語，來說明神明所給予的指示，同時教人如何避凶趨吉。在吉凶休咎之間，確實需要有不同程度的占驗之辭。像高亨所論列的「吉吝厲悔咎凶」，筆者就以為層次還不夠分明，說明也還不夠周全。說它不夠周全，是因為他沒有把「元亨利貞」納進來，一起考慮；說它不夠分明，是因為吉凶之間，確實還有強弱深淺不同程度的差別。「吉吝厲悔咎凶」，據高亨的說法，似乎只有一個「吉」字是吉祥的，其他都不是吉祥話，這和占卜要教人避凶趨吉或逢凶化吉的用意，也是不相契合的。

我以為高亨把「元亨利貞」解作「大享利占」，是高明的創見，他把《周易》作為卜筮之書的原始意義顯現出來了，但這句話四個字如果比照「吉吝厲悔咎凶」，只用一個字來概括形容，我個人以為用「利」字最為恰當。「利」和「吉」連在一起，代表了「善」，正好與代表「惡」的另一極端的「凶」、「厲」，成一對照。

近於「吉」、「利」者，是「悔」。其實卦爻辭中涉及的「悔」共三十二則，主要是「悔亡」和「无悔」，有二十六則，用「悔」、「有悔」、「悔有（又）悔」各二則。這不但表示能悔過，而且能向善。

另一端的「凶」、「厲」，當然代表「惡」，「厲」是災患，層次當然比殃禍惡果的「凶」低。近於「凶」、「厲」者，是「吝」。書中的「吝」共二十則，講的主要是「貞吝」，真正說是「終吝」的只有一則。可見用意也在趨吉避凶，偏向吉利的一端。

卦爻辭中的「吝」，包括「小吝」、「終吝」，雖然佔了十六則，但與其他相比，它的數量和「厲」一樣，都顯得少。而且「貞吝」表示還有待改善，也有四則。

居中的是「咎」。卦爻辭中，與「咎」有關的占斷之辭，共九十八則，其實講的大都是「无咎」。所謂「无咎」，即指「善補過者也」。占斷的結果，沒有乖違，也沒有災害或病患，真正說是「為咎」的，只有一則。可見貞卜的用意，也在於避凶趨吉，去惡而向善。也因此，內卦之來，才稱為「貞」，外卦之往，才稱為「悔」。

因此，筆者的看法，謹圖示如下，或可供讀者參考。

吉／利（元亨利貞）——悔（无悔）——咎（无咎）——吝（小吝、貞吝、終吝）——凶／厲

附注

㈠參閱第一章第二節。

㈡參閱拙著《漢字從頭說起》第一章（台北：遠流出版公司，二〇二〇年）。

㈢見張立文《帛書周易注譯》一書。並請參閱廖名春《帛書周易論集》等書。

㈣同注㈢。

㈤例如三畫的經卦，變三陽〈乾〉之上爻為陰，則得〈兌〉，此是一卦變得二卦。再變〈乾〉中爻為陰，得〈離〉，變〈兌〉中爻為陰，得〈震〉，此是二卦變得四卦。再變〈乾〉初爻為陰，得〈巽〉，變〈兌〉初爻為陰，得〈坎〉，變〈離〉初爻為陰，得〈艮〉，變〈震〉初爻為陰，得

〈坤〉，此是四卦變得八卦。又如以六畫的純卦〈乾〉為卦變之祖，經過六變，即可「六十四卦備矣」。見郭彧《易圖講座》第十一講〈邵雍的先天圖〉。

㊅見高亨《周易古經通說》第六篇〈吉吝厲悔咎凶解〉一文。

第十四章
筮占的程序與方法

以上擇要簡介《周易》的結構體例以及一些常見的術語，這些都是在閱讀《周易》之前，應先具備的基本常識。除此之外，筆者以為：一定有不少讀者想知道，六十四卦的經文既然是用來「決嫌疑」、「卜吉凶」，那麼在依據卦辭或爻辭以占斷吉凶之前，應該要先確定你所占得的是哪一卦哪一爻，它是怎麼得來的。換言之，一定有不少人想知道古人占卦的程序和方法。關於這個，朱熹的《周易本義》正好有〈筮儀〉一篇，可供讀者參考。而且他和蔡元定合著的《易學啟蒙》，發揮闡明邵雍的數學及先天之學，所依據的正是《繫辭傳》上篇「大衍之數」那一章所講的道理。

大衍之數與漢儒的象數、宋儒的圖書之學，關係都非常密切。因此，筆者在談《周易》的傳統讀法及其結構術語之後，在此談談古人的筮儀。介紹古人占卦的程序和方法。這或許也算是讀《周易》應先具備的一種基本常識。

一、筮儀：蓍筮的程序

朱熹《周易本義》卷首附有〈筮儀〉一篇，講的是古人筮占的程序和方法。根據的是《繫辭傳上》「大衍之數」那一章所說的筮法要旨，所以有人稱之為「大衍筮法」。

古人的筮法，首先要經過「四營」、「三變」的程序，才能占得卦爻。筮占之先，例須齋戒明淨，焚香誠心，不必細表。其操作之法，大概如下：

㊀ 準備五十根蓍草或竹籌，作為筮占衍算的工具。筮字從竹，可見古人也用竹籌來算卦，所以蓍草一根，也叫一策。衍，即「演」。古人是用蓍草或竹籌來算卦的。大概《周易》成書時，已通用蓍草算卦，取其「決疑問耆老」之意。據漢儒馬融說，「五十」是用太極、兩儀、日月、四時、五行、十二月、二十四節氣相加而得的數字，代表自然而神奇的作用。

㊁ 開始衍算時，先取出一根蓍草不用，象徵天地未開的太極，只留下四十九根。然後把四十九根信手隨意分成左右兩大部分，象徵天地陰陽的兩儀；這就是《繫辭上傳》所說的：「分而為二，以象兩」，也叫「一營」，就是「第一次營算」。營，是營運、運用的意思。

每部分有多少根不一定，也無所謂。然後，用右手取出右邊的一根蓍草，掛在左手小指與無名指之間，配合左右兩邊象徵天地的蓍草，它象徵「三才」中的「人」。這叫「二營」，也叫「掛一以象三」。然後，以四根蓍草為一組來計數，四根四根的計數；先用右手分別計數左邊的蓍草，再用右手按同樣的方式計數右邊的蓍草。這叫「三營」，也叫「揲之以四以象四時」。揲，就是計數的意思，每四根為一組，用來象徵春夏秋冬四季。數到最後，將「揲四」（即「除以四」）所剩餘的蓍草，通常剩餘一至四根，取來夾在左手手指間。先是把左邊剩餘的蓍草，夾勒在左手中指與無名指之間；後來又把右邊所剩餘的，夾勒於左手食指與中指之間。這叫「四營」，也叫「歸奇於扐以象閏」，用來象徵閏月。通常「五歲再閏」，五年之內，兩次閏月，大約相隔三十二個月左右。奇，即指餘數而言。扐，就是夾緊在手指間的意思。

經過上述「分二、掛一、揲四、歸奇、再扐」的「四營」程序之後，古人稱為「一變」，即第一變。這時候，左右兩邊蓍草剩餘的數目，有其一定的規律。因為「掛一」之後，剩下四十八根，正好是四的倍數，所以左右兩部分的蓍草，不管左右分多少根，「揲四」之後，餘數的總和也必定是四，或是四的倍數。左邊若剩一根，則右邊必剩三根；左邊若剩兩根，則右邊也必剩兩根；左邊若剩四根，右邊必剩四根。如果正好數完，沒有餘數，就視同「四根」。這時候再把夾勒在左手手指間的所有蓍草，包括「一掛二扐」所剩餘的數目，和原先夾在小指與無名指間的那根蓍草合在一起，總數不是五根，就是九根。

掛一：49－1＝48

四營：1＋3＝4
2＋2＝4
4＋4＝8

一變：49－5＝44
49－9＝40

換句話說，原先用以演算的四十九根蓍草，「一變」之後，去掉五根或九根的餘數，左右兩邊所有的蓍草合在一起，不是剩餘四十四根，就是四十根，不可能有其他的數目。

這時候，演卦者要把「一變」之後扣除的餘數「五」或「九」的數目記錄下來。如果是「五」，是一個「四」的倍數，就畫一畫，稱之為「奇」；如果是「九」，是兩個「四」的倍數，就畫兩畫，稱之為「偶」（古字作「耦」）。「奇」指陽卦，「偶」指陰卦，見《繫辭下傳》。王弼注：「一者，眾之所歸。陽卦二陰，故奇為之君；陰卦二陽，故偶為之主。」因此，「奇」，雖畫一畫，但宋代理學家如邵雍、朱熹等人認為「太極元氣，函三為一」，在畫陰爻、陽爻時，陽爻為一，陰爻只是三分之二；陽爻是三，陰爻才是二。所以「掛一以象三」，「一」畫以「三」來計算。

㊂「二變」即第二變，是以第一變所剩餘的四十根或四十四根蓍草，再隨意分成左右兩組，仍然按照第一變「四營」的程序方式營運操作。

先從右手邊取出一根，置於左手小指間；然後再用右手去計數左邊的蓍草，仍然四根一數，將最後剩餘的一至四根蓍草，夾勒在左手中指與無名指間，而右邊所剩餘的，則夾勒在食指與中指之間。經過分二、掛一、揲四、歸奇、再扐之後，第二變四營的結果，左右兩邊蓍草剩餘的數目，也一樣有其一定的規律：左邊若剩一根，右邊必剩兩根；左邊若剩兩根，右邊必剩一根；左邊若剩三根，右邊必剩四根；左邊若剩四根，右邊必剩三根。沒有例外。換言之，加上「掛一」的那根，左手手指間揲掛夾勒的所有蓍草總數，不是八根，就是四根。扣去這四根或八根，最後還可以用來演卦的蓍草，不是四十根，就是三十六根或三十二根。

二變：

$$44-4=40$$
$$44-8=36$$
$$40-4=36$$
$$40-8=32$$

同第一變一樣，演卦者這時候也要把二變四營的結果，最後是四根或八根的數目字，按照「四」為「奇」、「八」為「偶」的方式記錄下來。

四

「三變」即第三變，是將第二變所剩餘的蓍草，三十二根或三十六根或四十根，再隨意分為左右兩組，仍然依照上述四營的程序方式進行演算操作。最後左手掛扐手中所有蓍草的總數，和「二變」一樣，不是八根，就是四根。

三變：

40－4＝36
40－8＝32
36－4＝32
36－8＝28
36－4＝32
36－8＝28
32－4＝28
32－8＝24

這時候，演卦者一樣要把「八」或「四」的數目字，依「四」為「奇」、「八」為「偶」的方式記錄下來。然後把第一變的「九」或「五」，第二變的「八」或「四」，還有第三變的「八」或「四」組合起來。三次的數目字相加，就會產生下列的四種組合：

（1）九八八（偶偶偶，總和為二十五）；

（2）九八四（偶偶奇）、九四八（偶奇偶）、五八八（奇偶偶）（各別總和皆為二十一）；

（3）九四四（偶奇奇）、五八四（奇偶奇）、五四八（奇奇偶）（各別總和皆為十七）；

（4）五四四（奇奇奇）（總和為十三）。

朱熹在《易學啟蒙》中，就以這些數目字的不同組合，來推衍卦爻的陰陽及其變化。他把掛扐所得的「九」、「五」、「八」、「四」這四個數目字，依照邵雍「數生象」的理論，分為奇偶、陰陽兩儀四象，稱「九」「八」為「多」為「偶」，稱「五」「四」為「少」為「奇」，並且進而推定上述四種組合如下：

（1）「九八八」為「三多」、「三偶」，為「老陰」，稱之「交」，用×（或⚏）來表示；

（2）「九八四」、「九四八」、「五八八」為「兩多一少」、「兩偶一奇」，為「少陽」，稱之為「單」，用⚍來表示；

（3）「九四四」、「五八四」、「五四八」為「兩少一多」、「兩奇一偶」，為「少陰」，稱之為「拆」，用⚎來表示；

（4）「五四四」、「三少」、「三奇」，為「老陽」，稱之為「重」，用口（或☰）來表示。

以上這種算法，叫「掛扐法」。也有人嫌其繁複，直接以四十九根蓍草減去上述各種組合所剩蓍草的總數，即可得出二十四、二十八、三十二、三十六四個數目字；甚至用四十八根蓍草減去三次四營的總和，然後再分別揲四（除以四），也一樣可以得出六、七、八、九這四個數字的結果。這種方法比較簡單，就叫「過揲法」。

六、七、八、九這四個數目，是《周易》重要的關鍵字，上述的一切程序演算，可以說都是為此而設。它們代表《周易》六十四卦所有卦爻的陰數和陽數。

以上所說的算法，其實只是蓍筮的過程，只是數學的計算，到了掛扐過揲得出六、七、

掛扐數（九、八為多為偶，其數2，五、四為少為奇，其數3）	四象數	四象名	別名
九八八	（2＋2＋2）＝6	老陰	交
九八四、九四八、五八八	（2＋2＋3） （2＋3＋2） （3＋2＋2）＝7	少陽	單
九四四、五八四、五四八	（2＋3＋3） （3＋2＋3） （3＋3＋2）＝8	少陰	拆
五四四	（3＋3＋3）＝9	老陽	重

過揲數	（揲四）		四象數	四象名	別名
49－（9＋8＋8）＝24	÷4	＝	6	老陰	交
49－（9＋8＋4）＝28 （9＋4＋8） （5＋8＋8)	÷4	＝	7	少陽	單
49－（9＋4＋4）＝32 （5＋8＋4） （5＋4＋8）	÷4	＝	8	少陰	拆
49－（5＋4＋4）＝36	÷4	＝	9	老陽	重

掛扐數與過揲數對照表

掛扐數	過揲數	四象數	四象名		別名
九八八	二十四	六	老陰	⚏	交
九八四、九四八、五八八	二十八	七	少陽	⚎	單
九四四、五八四、五四八	三十二	八	少陰	⚍	拆
五四四	三十六	九	老陽	⚌	重

八、九這四個數字，才是正式進入卦畫的開始，才可以用來推定卦爻的陰陽。卦畫是符號，是「象數」之中象的展開。象與數的結合，正是基於陰陽的結合。數是由陰數、陽數組合而成，而卦畫則是由陰陽的符號組合而成。

蓍筮原是一種數學計算的活動，它所得出的六、七、八、九這四個陰數和陽數，就是由筮數的陰陽，轉化為卦畫符號的陰陽的媒介。因此有人說，筮是卦的前提，卦是筮的結果；筮是「數」的積累，卦是「象」的呈現。也因此許慎的《說文解字》才說：「卦，所以筮也。」

五

三變之後，即可由掛扐、過揲所得的陰數陽數，所謂六（老陰）、七（少陽）、八（少陰）、九（老陽）的排列組合，而得出一爻。此即所謂初爻。初爻既得，其他的五爻亦可依此程序而先後畫出來。所得的六爻，每次在記錄時，必須按先後次序由下往上排列，以確定其爻位及卦形符號。㊀

這裡應該附帶說明，古人蓍筮營算所求的，是六爻畫而非三爻畫，是六十四別卦而非純八卦。最主要的原因是：三爻畫過於簡單，無法反映宇宙萬象及人類社會的種種變化；六爻畫成的六十四卦，由八卦重疊而成，才能比較「引而伸之，觸類而長之」，把世界上萬物萬事的一切變化反映出來。

因為一卦有六爻，因此必須依照上述的程序，經過六次「三變」，總共十八次「四營」的演算，才可畫出六爻，完成一卦。這也就是《繫辭上傳》所說的「十有八變而成卦」。因為《周易》有六十四個別卦，營算所得的六爻，又往往陰陽交錯，變化不定，因此每一次蓍筮的結果，最後所得出的卦形符號，有成為六十四卦中任何一卦的可能。

等到六爻成卦的卦形符號全部畫出之後，古人認為即可拿來對照《周易》的六十四卦形，看看它是屬於哪一卦；然後據其卦爻辭、卦象等等，來占斷吉凶休咎。占，就是問吉凶。知道未來吉凶的徵兆，才可以防範於未然，知道如何避凶趨吉。

以上所述，就是朱熹所傳〈筮儀〉的內容大概。這些說法，當然是前有所承，不是朱熹、蔡元定或邵雍的創造，但起於何時何人，已經無從查考了。

二、筮占的方法

筮占的筮，指上述蓍筮的程序，占，則指蓍筮之後，推斷吉凶休咎而言。

根據上述十八次營算所得的一卦六爻，不但在得出每一爻記錄時，須按其先後順序由下往上排列，而且還要同時注意它們最後的餘數，究竟是九、六或七、八，換句話說，究竟是老陽、老陰或少陽、少陰。如果是七或八，即少陽或少陰，那就是所謂「不變爻」，是靜止不必變動的；如果是九或六，即老陽或老陰，那就是所謂「變爻」，是應該變動的。爻變時，老陽就會變成少陰，或者老陰變成少陽，整個卦的卦形也會因此改變。原來筮占所得的卦，稱為「本卦」，一旦有一爻或數爻是老陽或老陰，發生爻變之後，陽爻就會變為陰爻，陰爻就會變為陽爻，該卦也就會變成另一個卦形。變化以後的卦，古人稱為「之卦」。「之」，是「往」的意思。由某卦變成某卦，即稱「遇某之某」或「某之某」。

《左傳》記載用《周易》筮占的資料不少，試以下列三則為例加以說明：

（一）〈莊公二十二年〉（陳侯生敬仲）其少也，周史有以《周易》見陳侯者，陳侯使筮之，遇觀䷓之否䷋。曰：「是謂『觀國之光，利用賓于王。』此其代陳有國乎！不在此，其在異國；非此其身，在其子孫。光，遠而自他有耀者也。坤，土也；巽，風也；乾，天也。風為天於土上，山也。有山之材，而照之以天光，於是乎居土上，故曰『觀國之光，利用賓于王。』……風行而著於土，故曰其在異國乎！若在異國，必姜姓也。……」

（二）〈閔公元年〉：初，畢萬筮仕於晉，遇屯䷂之比䷇。辛廖占之，曰：「吉。屯固，比入，吉孰大焉！其必蕃昌。震為土，車從馬，足居之，兄長之，母覆之，眾歸之，六體不易，合而能固，安而能殺，公侯之卦也。公侯之子孫，必復其始。」

（三）〈襄公二十五年〉：（崔武子）見棠姜而美之，使偃取之。偃曰：「男女辨姓，……不可。」武子筮之，遇困䷮之大過䷛，史皆曰「吉」。示陳文子。文子曰：「夫從風，風隕妻，不可取也。且其繇曰：『困于石，據于蒺藜；入于其宮，不見其妻。凶。』困于石，往不濟也；據于蒺藜，所恃傷也；入于其宮，不見其妻，凶，無所歸也。」崔子曰：「嫠也，何害？先夫當之矣。」遂取之。

這三則資料中，所謂「遇觀之否」、「遇屯之比」、「遇困之大過」，即全採用這樣的敘述方式。可見春秋時代在筮占得出「本卦」之後，通常都會同時參考爻變的情況，是否「遇某之某」，然後才對照《易經》的卦象、卦爻辭和互卦等等，來推斷吉凶休咎。下面筆者即利用《左傳》這三則資料，來說明古人筮占的方法。

上述《左傳》的三則資料，〈莊公二十二年〉一則，寫陳厲公在兒子敬仲（即陳完）小時候，曾請周朝史官為他筮占，結果是「遇觀之否」。意思是：周朝史官應陳侯之請，為敬仲預測命運，所占的結果原是〈觀卦〉，但因掛扐過揲的演算過程中，四營三變的最後得數，其中有一爻是「六」（老陰）的「變卦」，所以由〈觀卦〉變為〈否卦〉。

對照卦形，顯然是〈觀卦〉的第四爻六四，由老陰變為陽爻之故。〈觀卦〉的第四爻一旦由陰爻（六四）變為陽爻（九四），卦形由䷓變為䷋，理所當然，〈觀卦〉也就往〈否卦〉的方向起了變化。《左傳》所引的「觀國之光，利用賓于王」二語，即今《周易》〈觀卦〉的六四爻辭。「此其代陳有國乎」以下，則是周朝史官對此二語引申所作的占斷之詞。從這些占斷之詞中，我們可以窺見古人筮占的方法。

周朝史官為陳厲公兒子敬仲筮占的結果，本卦原是〈觀卦〉。〈觀卦〉是藉祭祀之事來寫仰觀王朝盛德的，卦形由〈坤〉、〈巽〉二純卦所組成。卦體是「坤下巽上」；卦象是下〈坤〉為地，上〈巽〉為風，表示「風行地上」，表示先王可以觀民設教。但因為第四爻六四在蓍筮演算時是老陰之數「六」，必須爻變，變為少陽，所以卦形也由〈觀卦〉變成〈否卦〉了。〈否卦〉是藉「天地不交」來警戒君子要去奢華而崇節儉的，由〈坤〉、〈乾〉二純卦所組成。卦體是「坤下乾上」；卦象是下〈坤〉為地，上〈乾〉為天，表示「大往小來」，即「陽往陰來」，表示在天地不相交合的黑暗時刻，陽剛者為大，必須勇於向外發展。也因為蓍筮的結果，發生爻變，「遇觀之否」，所以周朝的史官在占斷時，也就由發生爻變的〈觀卦〉第四爻說起。

〈觀卦〉的第四爻，即今傳本《周易》〈觀卦〉六四的爻辭，仍作：「觀國之光，利用賓于王。」意思是：能夠仰觀上國王朝的威德光輝，有利於成為君王的貴賓。六四親比九五，九五是君王尊貴之位，六四為其上賓，自是王公諸侯之流。假使〈觀卦〉沒有變爻，占斷之詞就此發揮即可；但也因為有「遇觀之否」六四的爻變，所以占筮者不但要查對〈否卦〉的卦辭卦象，而且也要查對〈否卦〉第四爻（九四）的爻辭。今《周易》傳本〈否卦〉九四爻辭作：「有命无咎，疇離祉」，意思是：能夠扭轉天命，沒有禍害，可以獲得眾人附麗的福祉。

周朝史官在查對之後，根據「遇觀之否」的方向，解釋「觀國之光」的「光」，說是「遠而自他有耀者也」；又根據〈觀〉、〈否〉二卦的卦體卦象，如此占斷：「〈坤〉，土也；〈巽〉，風也；〈乾〉，天也。風為天於土上，山也。有山之材，而照之以天光，於是乎居土上。故曰：觀國之光，利用賓于王。」意思是：陳完（敬仲）未來觀國之光，不在陳國，而是在遠方有光輝的上國王朝（指姜姓國齊國）。他所以如此占斷，是由於〈觀卦〉、〈否卦〉的下面卦體都是〈坤卦〉，〈坤卦〉可以象徵土地，所以說：「坤，土也」；〈觀卦〉上卦為〈巽卦〉，〈巽〉象徵風，所以說：「巽，風也」；〈否卦〉上卦為〈乾卦〉，〈乾〉象徵天，所以說：「乾，天也」。《周易》排列爻位卦體，由下而上，所以他先〈坤〉而後〈巽〉；先本卦而後變卦，也因此最後才說〈乾卦〉。然後他才把土、風、天三者連繫起來，加以觀察，認為風起於天，行於地上，所以說是「風為天於土上」。占筮的周朝史官，大概是根據爻變以後，〈否卦〉䷋的第二爻到第四爻，可以「互體」變成〈艮卦〉☶，〈艮〉可以象徵山，所以才說是「風為天於土上，山也」。山中草木繁茂，有各種物產寶藏，所以才說是「有山之材，而照之以天光，於是乎居土上」。

最後，周朝史官根據以上的觀察推衍，才下這樣具體的結論：「此其代陳有國乎！不在此，其在異國；非此其身，在其子孫。」意思是說：陳厲公的兒子敬仲，將來仍然可以「觀國之光，利用賓于王」，只是不在陳國，而是遠在異國有光輝德政的王朝（指姜姓的齊國）；只是不在此人身上，而是他的子孫將來可以「風為天於土上」，「代陳有國」，在異國昌盛起來。

根據《左傳》及《史記．田敬仲完世家》等等的記載，陳厲公的兒子敬仲（陳完），在齊桓公十四年，即陳宣公二十一年（公元前六七一）太子御寇被殺、陳國內亂時，自陳奔齊。這就如同上文所引的〈否卦〉卦辭說的：在天地不交的黑暗時刻，要「大往小來」，陽剛者必須勇於向外發展。敬仲逃到齊國之後，「觀國之光，利用賓于王」，受到齊桓公的重視，被奉為上賓；桓公還曾一度有意使之為卿，但敬仲謙讓守禮，戒奢崇儉，因而深得齊國上下的信任，這就如同上文所引〈否卦〉九四爻辭說的那樣：「有命无咎，疇離祉」。而他離開以後的陳國，則日見衰亂，終被楚國所滅。也因此敬仲就在齊國定居下來，從此改姓田氏，娶妻生子，傳衍後代。《史記．田敬仲完世家》寫的就是他的傳記。他的子孫在齊國，一代比一代昌盛，例如五世孫陳桓子任為正卿，七世孫陳成子纂位得政，「八世之後，莫之與京」。田氏遂成齊國一大權貴世家。像上文再三談到的孔子《易》學六傳而至漢初的田何，也就是敬仲的後裔子孫之一。

這樣說來，周朝史官占斷之詞所說的：「風為天於土上」，「於是乎居土上」，「此其代陳有國乎！不在此，其在異國；非此其身，在其子孫」，等等，一一都有著落，可謂契合無間，堪稱料事如神。占卜之事，是預測吉凶，有準有不準，這應該是很精準的一個例子，所以《左傳》才大書特書。

〈閔公元年〉一則，記載晉獻公的大將畢萬，原是畢公高（周文王之子）的後裔，後來流落民間。他在赴晉國當官做事之前，曾請人為他此行筮占吉凶。結果是「遇屯之比」。占卜者辛廖預測結果是「吉」的原因，主要是因為〈屯卦〉象徵物之初生，有艱難之意，但它正待成長，據其卦辭「利貞」，宜於守固；而〈比卦〉象徵二人相從，有親輔之義，據其卦辭「原筮，元永貞，无咎」，表示能夠親近尊長，守正持固，必無禍害。所以辛廖贊成畢萬前往晉國，說是「吉孰大焉！其必蕃昌。」「震為土」以下的話，則是辛廖根據「遇屯之比」的卦象所作的分析。他的意思是：「遇屯之比」的〈屯卦〉䷂，震下坎上，下卦為〈震〉；而〈比卦〉䷇坤下坎上，下卦為〈坤〉。兩相對照，〈屯卦〉、〈比卦〉的上體都是〈坎〉（水），所以會發生爻變的原因，則是由於〈屯卦〉下面的卦體〈震卦〉的初爻，由陽爻變為陰爻之故。〈比〉爻得數原為「九」，是老陽，所以必須變為少陰。此爻一旦由陽變陰，兩卦下面的卦體即由〈震〉變為〈坤〉，而整個別卦的卦形，亦即隨之由〈屯卦〉變為〈比卦〉了。換言之，〈屯卦〉的初九即變為〈比卦〉的初六。

上一則〈莊公二十二年〉的例子，周朝史官解析「遇觀之否」的卦象時，所用的〈坤〉（土）、〈巽〉（風）、〈乾〉（天）和互卦〈艮〉（山）等等，全是天地自然界的現象，而此卦辛廖解析「遇屯之比」的現象時，則除了天地自然界的現象之外，還用了一些人類社會方面的象徵。茲參考《說卦傳》等資料，將〈坎〉、〈震〉、〈坤〉三卦的取象列表如下，以供讀者對照：

八卦名	（自然界）	（卦性）	（器物工具）	（身體）	（人倫）
震	雷	動、進退	車	足	長男
坤	地（土）	順、固定	馬、牛	腹	母
坎	水、雲	陷、坑穴	曳（拉）	耳	眾、中男

對照之下，即可了解辛廖所說「遇屯之比」（即〈屯卦〉初九變為〈比卦〉初六）的象徵意義：「震為土，車從馬，足居之，兄長之，母覆之，眾歸之」，這是說：畢萬之入仕於晉，有如「震為土」，雷震已入地底，有如車跟隨著馬，有如兩腳踏在實地上，長兄會照顧他，母親會撫育他，而大眾也會如水之趨下歸附他。所謂「六體不易」，是說上述土、車、馬、足、母、眾這六個卦體的象徵，是堅定不會改變的。合而言之，就自然界而言，〈坎〉為水為坑，〈震〉為雷為動，〈坤〉為土為順，地上有水，原來震動裂開的陷坑，已經填土為地；就人倫而言，〈坎〉為中男，上有母兄照顧，下有臣眾擁護，「足居之」，自是「公侯之卦也」。所以畢萬此去，不必猶豫，必定「合而能固，安而能殺」，「公侯之子孫，必復其始」。

根據《左傳》、《國語》、《史記・魏世家》等等的記載，畢萬入晉之後，事晉獻公，為大將，「以滅耿、滅霍、滅魏」，被封為大夫，賜魏之地，位同諸侯。所以辛廖所占斷的結果：「公侯之子孫，必復其始」，也可以說是應驗有著落的。

不過，筆者要提醒讀者，《左傳》記載此事，先說「畢萬筮仕於晉，遇屯之比」，然後才說「辛廖占之，曰吉」等等，可作兩解。一是「遇屯之比」，也是辛廖所占；一是別人所占，畢萬不敢遽信，有所猶豫，最後聽了辛廖的解說之後，才作了決定。筆者是採取後者的。因為〈屯卦〉的初九爻辭是：「磐桓，利居貞，利建侯」，「磐桓，利居貞」是有流連徘徊、等待適當好時機之意，而〈比卦〉的初六爻辭則是：「有孚比之，无咎；有孚盈缶，終來有它，吉」，意思是講求誠信，親近君王，因此沒有災禍；而君王的誠信也將有如美酒滿缸，可以使遠方來歸的人，終於有其他的好機會。因此結果是「吉」。本卦、之卦二者結合來看，似乎更能相呼應。

至於〈襄公二十五年〉的例子，寫的是齊莊公時權臣大將崔武子（即崔杼），不聽勸告，強娶棠姜，因而釀成一次齊國內亂大變動的悲劇。

棠姜原是齊棠公之妻，長得漂亮。棠公死，崔武子去弔喪，見棠姜而驚為天人，於是向棠姜弟弟東郭偃表示，要娶她為妻。東郭偃按當時習俗，以為男女同姓不能結婚，崔氏和東郭氏同為姜姓，所以不答應。可是崔武子不死心，自己筮占，得卦「遇困之大過」；請一些史官看，為了討好崔武子，都僅就〈困卦〉言之，也都說「吉」；只有陳文子（陳完的後裔）根據本卦及卦變的繇辭來分析，認為變成〈大過卦〉後，「凶，不可娶」。然而崔武子仍然不聽，認為棠姜已是寡婦，即使有什麼凶兆噩運，她的先夫都已承受了，所以最後還是娶了她。沒有想到，後來棠姜又和齊莊公私通，因而釀成了崔武子在家中設計弒君的悲劇。

「遇困䷮之大過䷛」，〈困卦〉的卦體是「坎下兌上」，〈大過卦〉的卦體是「巽下兌上」。兩相對照，是第三爻由陰爻變為陽爻，即六三變為九三，所以〈坎卦〉也就隨之變為〈巽卦〉。僅就〈困卦〉而言，如果以人倫取象，〈兌〉為少女，〈坎〉為中男，以少女配中男，當然吉祥。「史皆曰吉」，齊國一些負責卜筮的史官，所以占斷崔武子可娶棠姜，就是只看〈困卦〉的繇辭「亨，貞，大人吉，无咎；有言不信」，並依其卦象來說的。如果合觀「遇困之大過」，則須注意其第三爻的變化。陳文子因為注意到〈困卦〉的下卦〈坎〉，變為〈大過卦〉的下卦〈巽〉，所以他以人倫取象為喻，〈坎〉為中男，故稱為「夫」；變而為〈巽〉，〈巽〉為風，所以說是「從風」；這時候〈兌〉仍在上，所以又說是「風隕妻」。這樣占斷的結果，當然是「不可娶也」。不但如此，陳文子還特別列舉〈困卦〉第三爻六三爻辭的句子，逐句加以論斷，配合〈大過卦〉九三爻辭所說的「棟橈，凶」，當然認為「凶，無所歸也」。

這個例子和上述二例一樣，都可謂靈驗無比。但筆者引述它，除了藉此說明春秋時代筮占的風氣和筮占的方法之外，還有以下的一些用意：

（一）卜筮在古代乃王侯貴族之事，通常請卜祝巫史之類的史官執行操作，但也可以自己為自己問卜占卦。周朝以後，龜卜少而蓍筮多，通常筮占之後，多方請人解占。而且為避免筮占時有問卦者主觀的意願行乎其間，通常不自卜卦，另請他人扐揲操作。像崔武子自己占筮，在「史皆曰吉」之後，又「示陳文子」，即表示同為一事，可以多次占筮；筮占的結果，仍由占卜問卦的主人自己斟酌處理。

（二）春秋時代卜筮風氣雖然盛行，但未必人人採而信之。例如《左傳・僖公四年》所記：「晉獻公欲以驪姬為夫人，卜之，不吉；筮之，吉」，雖然卜人說「筮短龜長」，但獻公就是不聽。[二]而且就筮占而言，以上述三例為例，所占的卦爻繇辭即使一樣，不同的筮者也可以有不同的占斷之詞。所以它真的是僅供問吉凶、決嫌疑之用而已。

（三）占斷之詞有其一定的用語及規律，大多是根據《易經》繇辭加以敷衍發揮，或根據卦象加以靈活運用，而且多由自然現象而推及社會文明，因而多多少少會顧及語言的邏輯性和事物的哲理性。

（四）所記筮占之詞，多與史實相合，頗為靈驗。此蓋史官有意藉此發明神道之不誣，讀者不可據此全都信以為真，以為善卜筮者必然靈驗，否則就貽笑大方了。

三、餘論

以上根據朱熹的〈筮儀〉和《左傳》的一些記載，介紹古人蓍筮的程序和筮占的方法，供讀者參考。希望讀者能知其要妙並且靈活加以運用，但千萬不可固執迷信。

《繫辭上傳》說的：「君子居則觀其象而玩其辭，動則觀其變而玩其占」，「引而伸之，觸類而長之」，《繫辭下傳》說的：「《易》之為書也，不可遠，為道也屢遷。變動不居，周流六虛。上下無常，剛柔相易；不可為典要，唯變所適。」筆者一直以為這些話所說的道理，才是學習《易經》該有的基本態度和中心信念。

古人說《易》之道，貴在變通，靈活運用，因此談蓍筮的程序，我們必須知道古時不止有朱熹的〈筮儀〉，應該還有其他的方法；談筮占的方法，也不是只有上述的幾種例子。對現代的讀者而言，筆者以為在蓍占之後，已經得到可以推演陰陽變化的象數時，如果沒有變爻，即可利用本卦去對照《周易》，按圖索驥，占斷吉凶休咎；如果有爻變的情形發生，那麼，在什麼情況下該用本卦和之卦的卦辭、卦象，什麼情況下該用本卦或之卦的哪些爻辭來推斷，現代的讀者也必須知道，前人的說法已經頗不一致，很難援例執一而定。像朱熹和蔡元定合撰的《易經啟蒙》一書所歸納的七則筮占的法則，就有人以為與《左傳》、《國語》所記載的筮例，有的不能相合。加上有人在推斷時，還喜歡採用「互卦」、「半象」等等理論來配合解說，因此同一卦形，後人占斷吉凶的結果往往有所不同。因此，即使沒有爻變的情形發生，由於古今人類生活的社會環境發生種種巨大的變化，而《周易》的卦爻辭又過於簡單，有些詞義含糊不清，因此占斷吉凶時，已經很難具體說明，甚至會答非所問。也因此，古人認為可以「成變化而行鬼神」的「大衍之數」，如今已經逐漸失去它神奇而迷人的光彩。

不過，由於朱熹受到後人的推崇，這些筮例仍然代代相傳，沿用至今。因此底下筆者仍然撮其要點，略加白話說明，以供有志於此的讀者參考。

《易學啟蒙》所提供的占斷卦爻的七則筮例，要點如下：

（一）六爻皆不變者，以本卦卦辭為占。以內卦為貞，外卦為悔。意思是經過十八變的推衍，占得六爻之後，如果沒有老陽或老陰，換言之，陰陽不變，沒有「之卦」，那麼就以所得的這一卦的卦辭及爻辭為據，來判斷吉凶休咎。

（二）一爻變者，以本卦變爻之辭為占。意思是如果有一爻是變爻，即老陽或老陰，因為可變，就以本卦和之卦中此爻的爻辭來占斷義理。

（三）二爻變者，以本卦二變爻中上一爻之爻辭為占。意思是如果有二爻是變爻，那麼，就以此變爻來判斷吉凶休咎，但以在上的那一爻爻辭為主。

（四）三爻變者，以本卦與之卦之卦辭為占。意思是同時參考本卦和之卦的卦辭來占斷。

（五）四爻變者，以本卦中不變爻之二爻為占，而以下一爻之爻辭為主。例如本卦是〈坤卦〉（䷁），初、二、三、四爻皆為老陰，陰變為陽，則之卦為〈大壯卦〉（䷡），即以〈大壯卦〉的六五、上六為占，而以六五的爻辭為主。

（六）五爻變者，以之卦中不變爻之爻辭為占。意思是如果所占有五爻是變爻，即老陽或老陰，那麼，即根據之卦中不變的那一爻的爻辭，來做判斷。

（七）六爻皆變者，〈乾〉、〈坤〉二卦以「用九」、「用六」為占，其餘各卦，則以之卦的卦辭為占。㊂

必須再次強調，這些筮例做為參考是可以的，但不必視為公式規則。像清代李光地雖然崇奉朱子，但在《周易折中》中即對此作了若干考辨；江永的《河洛精蘊》更為精審，還對此進一步作了若干修正。㊃凡此都足以證明這些筮例不可作為準則依據。

筆者一直以為，朱熹、蔡元定所以會如此慎重其事的提供筮儀和筮例，正是表示當時一般人已對「大衍筮法」的筮儀和筮例，或茫然無知，或所知有限。根據明代姚際隆所輯《卜筮全書》等資料，我們知道在龜卜、蓍筮、夢占之外，在唐代以前，民間早已流行用銅錢起卦的「金錢卜法」；在宋代以後，民間也同時流行托名邵雍所創的「梅花易數」，等等。它們和朱熹、蔡元定所標榜的「大衍筮法」，一直並行於世。它們操作的程序和方法，有的只需三個銅錢或十二個銅錢，甚至連道具都不需要，推衍起來，也都比「大衍筮法」要簡單得多，因而更容易被一般俗眾接受。因此概括而言，有人謔稱元明以來的風氣，學者文人用「大衍筮法」，江湖術士用「梅花易數」，一般民眾用「金錢卜法」，各行其道，各是其是，靈不靈驗不知道，但至少都帶給信徒不少精神上的安慰，也因此這些占卜術數可以流行至今而不廢。這些話雖是戲言謔語，但仔細想想，也自有其道理。如何抉擇，端看讀者自己。

上引《繫辭下傳》說的：「《易》之為書也，不可遠，為道也屢遷」、「不可為典要，唯變所適」，可見《易》主變通，重視變化應用，不會教人拘於一隅之見。所謂「神而明之，存乎其人」。所謂「運用之妙，存乎一心」。連朱熹在《周易本義》書前都有一篇〈周易序〉這樣說：「以一時而索卦，則拘於无變，非《易》也；以一事而明爻，則窒而不通，非《易》也；知所謂卦、爻、彖、象之義，而不知有卦、爻、彖、象之用，亦非《易》也。」因為「卦未始有定象」，而「爻亦未始有定位」，因此，對於朱熹所傳的筮例，做參考可矣，真的不必盡信。孟子曾說：「盡信書，則不如無書。」其此之謂乎！

附注

㊀上文說，古人筮占時用蓍草或竹策，其實也可以用木片、木筷之類。像《儀禮．士冠禮》云：「筮人執策，……卦者在左，卒筮，書卦，執以示主人」、《儀禮．少牢饋食禮》云：「立筮。卦者在左坐，卦以木。卒筮，乃書卦於木」，鄭玄就注解云：「卦以木者，每一爻，畫地以識之。六爻備，書於板。」意思就是筮占過程中，可以用竹策，也可以用木棍板條之類來推演，每一爻成，先畫在地上做記錄。最後得出六爻一卦時，才「書於板」，掛起來核對《易經》。

不但筮占的工具不必限於蓍草，演算時第一營所謂「右手取其一策，反于櫝中」，也不必看死文字，非用右手不可，其實用左手亦無妨。更值得一提的是，《繫辭上傳》說的：「大衍之數五十，其用四十有九」，金景芳在《易通》一書中考證，認為「五十」之下脫「又五」二字。他的說法是值得重視的。如果他的說法沒錯，那麼筮儀開始時，說「右手取其一策，反于櫝中」，則當作「六策」才對，六策正好與六爻之數相合。如此演算時，每三變可得一爻，其陰陽之數正好可書於其上。

㊁其實古人也有完全不信卜筮的。相傳周武王伐紂之初，卜筮得「逆」，占曰「大凶」。姜太公竟然摧毀蓍草，踐踏龜甲，以為「枯骨死草」焉知吉凶。最特別的是，《楚辭．卜居》記載屈原與太卜鄭詹尹的一段對話。拂龜端策為屈原決疑解惑的詹尹，在屈原提出種種質疑之後，竟然釋策而謝曰：

> 夫尺有所短，寸有所長；物有所不足，智有所不明；數有所不逮，神有所不通。用君之心，行君之意，龜策誠不能知此事。

這些話有人以為是真的在說明連太卜自己有時也不完全相信卜筮之事。見鄧球柏《白話易經》（長沙：岳麓書社，一九九四年）。

㊂朱熹《周易本義》書前有〈周易五贊〉，其中〈明筮〉篇有云：「三變一爻，通十八變。六爻發揮，卦體可見。老極而變，少守其常。六爻皆守，彖辭是當。變視其爻，而兼首尾。變及三爻，占兩卦體。或四或五，視被所存。四二五一，二分一專。皆變而他，新成舊毀。消息盈虛，舍此視

彼。乾占用九，坤占用六。」這些話也都可與上述筮例相對照。

㈣江永精通音韻，深研諸經，是清代皖派學風的倡導者。其《河洛精蘊》分內外兩篇，討論《河圖》、《洛書》及《易》學的種種問題。旁徵博引，論述精審。對於朱子《易學啟蒙》的占斷方法，書中具體考察了春秋筮例，提出下列一些修正意見，值得讀者一併參考：

（一）無動爻，即無「變爻」時，看卦辭；

（二）一爻動，看爻辭；

（三）二爻動，春秋無例，可看本卦及之卦兩卦卦辭及所動二爻爻辭；

（四）三爻動，合本卦、之卦兩卦卦辭占斷；

（五）四爻動，看本卦卦辭、卦象、互卦；

（六）五爻動，可看「不變爻」，若不對應，則看卦辭、卦象與互卦之象。

附錄　《周易》歷代人物年里著作簡表

一、西周（西元前１０４６～西元前７７１）以前

1. **伏羲**（一作宓羲、伏戲、包犧、庖犧）
傳說他自天地萬物觀象取法，始作八卦。一說他後來又曾重卦，衍八卦為六十四卦。甚至說他始作《連山易》。

2. **神農**（列山氏，即炎帝）
傳說他作《連山易》。一說他最早衍八卦為六十四卦。

3. **黃帝**（軒轅氏，有熊氏）
傳說他曾打敗神農，殺蚩尤，作《歸藏易》。

4. **夏禹**（其子啟，建立夏王朝：西元前２０７０～西元前１６００）
傳說他最早重卦為六十四卦。

5. **周文王**（姓姬，名昌。其子武王於西元前１０４６年伐紂滅商，建立周王朝）
商紂（西元前１０７５年即位）時，他為西伯，曾被囚禁於羑里（今河南湯陰縣北），演三百八十四爻，益八卦為六十四卦。卦辭、爻辭皆其所作。

6. **周公**（文王子，名旦。曾輔武王克紂滅商，封於魯）
相傳他制禮作樂，為周朝建立典章制度。漢、唐學者頗有人主張《周易》之爻辭，出於周公之手。

二、春秋（西元前７７０～西元前４７６）戰國（西元前４７５～西元前２２１）時代

1. **孔子**（西元前５５１～西元前４７９）
名丘，字仲尼。魯國鄹邑（今山東曲阜）

人。春秋末年平民教育家。祖述堯、舜，憲章文、武，以五經六藝授徒講學。相傳晚年喜《易》，並撰述《彖》、《象》、《文言》、《繫辭》等《易傳》十篇，後人稱為「十翼」。自宋代歐陽修開始質疑，後人多以為「十翼」非一人一時之作，乃孔子及其儒門後學陸續所完成者。

2. **商瞿**（西元前５５２~？）

字子木。春秋末魯國人。孔子弟子。傳孔子《易》學於後世。《史記》、《漢書》俱有記載。

3. **子夏**（西元前５０７~西元前４００？）

名卜商。春秋末衛國人。孔子弟子，擅長文學。相傳孔子之學流傳後世者，多經其手。今傳《子夏易傳》一種，或云韓嬰作，或云丁寬作，應是出於後人偽託。

4. **橋庇**（一作矯疵）

字子庸。魯國人。《漢書》說是商瞿弟子，又傳《易》於馯臂。《史記》則說是馯臂弟子，又傳《易》於周醜。

5. **馯臂**

字子弓，一作子弘。江東人。《漢書》說是橋庇弟子，《史記》則說商瞿弟子。又有子夏門人之說。

6. **周醜**（一作周豎）

字子家。燕國人。《漢書》說是馯臂弟子，又傳《易》於孫虞。《史記》則說是橋庇弟子，又傳《易》於光羽。

7. **孫虞**（一作光羽）

字子乘。東武人。周醜弟子，又傳《易》於漢初田何。

8. **荀況**（西元前３１３~西元前２３８）

戰國時趙國人。曾游於齊國，為祭酒。晚年居蘭陵（今屬山東），著述講學，著有《荀子》一書。善《易》學，上承子弓，下啟陸賈、韓嬰。其學重義理而不主筮占。曾說：「善為易者不占」。

9. **鄒衍**（西元前３０５~西元前２４０？）

戰國時齊國人。陰陽家。他所倡導的陰陽五行之說，對後來《易》學中的象數派和漢代的讖緯之說，都有很大的影響。

三、秦（西元前221~西元前207）

＊秦始皇焚書坑儒（西元前213~西元前212）

《周易》古經不在焚書之列。所坑者多為方士。

四、兩漢（西漢：西元前206~25；東漢：25~220）

1. **田何**

字子莊，一作子裝。齊臨淄（今山東淄博）人。漢初遷居杜陵，號杜田生。據《史記》、《漢書》記載，漢初言《易》者皆本之田何。西漢今文《易》，多出自他的傳授。門下弟子有王同、周王孫、丁寬、服生等人，皆著有《易傳》若干篇。

2. **陸賈**

楚人。從高祖劉邦定天下，好說《詩》、《書》。著有《新語》，常引用《周易》，以論人事、說義理為主。

3. **賈誼**（西元前200?~西元前168?）

洛陽人。文帝時以少年能詩文立為博士。先後任長沙王、梁王太傅。著有《新書》，所引《周易》亦以說義理為主。

4. **王同**

字子中，一作子仲。東武（今山東諸城）人。田何弟子，有《易傳》二篇。門下有楊何、孟但、周霸、衡胡、即墨成、主父偃等。

5 **周王孫**

洛陽人。曾從田何學《易》，又別有所得，故能傳丁寬「古義」。唐晏《兩漢三國學案》云：「商瞿之傳，至周王孫、丁將軍，蓋又一變矣。」

6. **丁寬**

字子襄。梁（今河南商邱）人。景帝時，任梁孝王將軍，號「丁將軍」，先後從田何、周王孫習《易》，有《易傳》八篇傳世。傳同郡田王孫，人才輩出，於是有施、孟、梁丘三家之學。

7. **服生**

齊人。田何弟子。著《易傳》若干篇。《漢書・藝文志》記載齊人服光《易傳》二篇，或即其所作。

8. **楊何**

字叔元。淄川（今山東淄博）人。王同弟子。武帝時，徵為太中大夫。著有《楊氏易傳》二篇。後劉向校書，以為諸《易》家之說，皆祖田何、楊何、丁寬。

9. **韓嬰**

字子夏。燕（今北京）人。今文經三家詩「韓詩」創始人。精通《詩》、《易》，其《詩》傳於趙，《易》學自傳於家，其孫韓商為博士。著有《韓氏易傳》二篇。

10. **董仲舒**（西元前179~西元前104）

廣川（今屬河北）人。以治《公羊春秋》著稱。武帝時以賢良對策備受重視，為學者宗。著有《春秋繁露》，創天人感應之說，影響一代學風。

* 漢武帝建元五年（西元前136）推明孔氏，獨尊儒術。置五經博士。元朔五年（西元前124）開獻書之路。

11. **劉安**（西元前179~西元前122）

即淮南王。沛郡豐（今江蘇豐縣）人。曾招數千賓客方術之士，綜合先秦道、法、陰陽諸家思想，編成《淮南鴻烈》。劉安亦喜《易》，曾聘專家九人，編成《道訓》二篇，世稱「九師易」。

12. **司馬談**（?~西元前110）

夏陽（今陝西韓城）人。司馬遷之父。學天官於唐都，習道論於黃子，受《易》於楊何。建元、元和間，官至太史令。著有〈論六家要旨〉。

13. **京房**

漢代有兩京房。此京房為淄川楊何弟子。武帝時曾為太中大夫、齊郡太守。曾傳《易》學於梁丘賀。

14. **田王孫**

梁郡碭縣（今屬河南）人。曾師從丁寬，後立為博士。傳《易》學於施讎、孟喜、梁丘賀，三人各有成就，門生眾多，衍為施、孟、梁丘三家之學。

15. **施讎**

字長卿。沛（今江蘇沛縣）人。田王孫弟子，著有《施氏周易章句》二篇。宣帝時，立為博士。至平帝時，門下弟子有五百多人，號稱「施氏之學」。

16. **孟喜**

字長卿。東海蘭陵（今山東蒼山）人。初與施讎、梁丘賀俱出田王孫門下，但他又偏好陰陽災變之學，以卦氣解《易》。田王孫死時，以詐言獨傳秘笈被同門揭發，亦因此不得立博士。然而其陰陽災變之學從此興盛，而其門生白光、翟牧，宣宗時皆立為博士，於是有「孟氏之學」。著有《孟氏周易章句》。

17. **梁丘賀**

字長翁。瑯玡諸城（今山東諸城）人。初從楊何弟子京房學《易》，因京房出任齊郡太守，乃改從田王孫肄習。宣帝時，以筮事應驗得幸，官至少府。其子梁丘臨得其傳，又傳五鹿充宗，再傳士孫張、鄧彭祖、衡咸，皆立為博士。於是有「梁丘易之學」。著有《梁丘氏周易章句》。

18. **焦贛**

一名焦延壽。梁（今河南商邱）人，一說天水（今甘肅境內）。自稱得孟喜之傳，長於占候災變，著有《易林》十六卷。每一卦可演六十四卦，共四〇九六卦，皆繫有繇辭以占驗吉凶。後傳其《易》學於後京房。

19. **魏相**（?~西元前59）

字弱翁。定陶（今山東定陶）人。宣帝時官御史大夫，曾代丞相。所上奏章好言陰陽四時之變，其所引《易》不知何家。有人推論出於「孟氏之學」。

20. **費直**

字長翁。東萊（今山東掖縣）人。長於卦筮，傳古文《易》經，無章句，專以《彖》、《象》、《繫辭》、《文言》解說上、下經文。此為以傳解經、經傳相雜之始。其學未詳所出，未列學官，只在民間流傳。東漢初年，有人（韓歆）曾請為之立博士，不果行。唯鄭眾、馬融、鄭玄等大學者皆習其學，故流傳不輟。清馬國翰輯有《費氏易》等。

21. **高相**
沛（今江蘇沛縣）人。與費直同時。其學無章句，自稱出自丁寬。唯專說陰陽災異。後傳其子高康及毋將永，稱「高氏學」。未立學官，只在民間流傳。

22. **五鹿充宗**
西漢元帝時，與石顯結黨，權傾一時。推衍「梁丘易之學」，人多不敢與之爭論。著有《周易略說》三篇。

23. **京房**（西元前77~西元前37）
本名李君明。東郡頓丘（今河南境內）人。早年從焦延壽學《易》，後以「通變」好言占候災異，比附現實政治人物，自成一家。曾創八宮卦，宣揚天人感應之說。元帝時，立為博士，因與石顯結仇被害下獄處死。著有《京氏易傳》。

24. **劉向**（西元前77~西元前6）
沛（今江蘇境內）人。楚元王劉交四世孫。成帝時，任光祿大夫，校群書於天祿閣。著述甚多。有《新序》、《說苑》、《洪範五行傳論》等。

25. **揚雄**（西元前53~18）
蜀郡成都（今屬四川）人。曾仿《論語》作《法言》，仿《周易》作《太玄經》，並將《周易》與《老子》結合，其《易》學屬道家黃老一系。

26. **韓歆**
南陽（今屬河南）人。建武年間為尚書令，推展古文經學，曾上疏請為「費氏易」及《左傳》立博士，與許淑、范升辯論。最後不得立。

27. **劉歆**（?~23）
曾改名秀。劉向之子。漢古文經學派創始人。早年領校秘書，撰成《七略》。後因為《周禮》、《左傳》、《古文尚書》等古文經爭立學官，與今文經學者對立。

28. **鄭眾**（?~83）
河南開封人。章帝時為司農，人稱鄭司農。以傳「費氏易」著稱。

29. **王充**（27~97？）會稽上虞（今屬浙江）人。駁斥天人感應之說，而主元氣自然。著有《論衡》。

30. **賈逵**（30~101）扶風平陵（今陝西咸陽西北）人。明帝時，與班固同校秘書，通今古文經學。

31. **許慎**（58？~147）汝南召陵（今河南偃城）人。通經學、小學。著有《說文解字》。

32. **馬融**（79~166）右扶風茂陵（今陝西興平縣東北）人。博學多聞，世稱通儒。專治費氏易，著有《易傳》七卷。曾傳《易》學於鄭玄。

33. **鄭玄**（127~200）字康成。北海高密（今屬山東）人。早年入太學，從第五元先習京氏易、《公羊春秋》；後從馬融讀古文經，為兩漢經學之集大成學者。其《易》學以費氏古文為主，兼採今文經說。著有《周易注》九卷。其爻辰之說，最為後人注意。

34. **荀爽**（28~190）字慈明。穎陰（今河南許昌）人。博通五經，尤精《周易》，曾創「乾升坤降」之說，以爻位之升降解說卦爻辭，不講卜筮，被認為最早講卦變。

35. **劉表**（142~208）山陽高平人。宗費氏易，說義理近鄭玄，亦偶有從京氏易者。馬國翰輯有《周易劉氏章句》。

36. **魏伯陽** 會稽上虞（今屬浙江）人。以煉丹術聞名，曾借《周易》爻象論作丹之意。撰《周易參同契》，合易經、黃老、爐火於一爐，為後世道家所宗。

五、魏（220~265）晉（264~420）南北朝（420~589）

1. **虞翻**（164~233）會稽餘姚（今屬浙江）人。五世家傳「孟氏易」，至虞翻創立了「納甲」、「卦變」等。蓋以八卦配合天干、五行、方位以推論象數。著有《易注》九卷，已佚。清張惠言輯有《周易虞氏義》、《周易虞氏消息》等。

2. **陸績**（187~219）

吳縣（今江蘇蘇州）人。擅長「京氏易」，與虞翻為忘年之交。著有《京氏易傳注》、《太玄經注》。

3. **王肅**（195~256）

祖籍東海（今山東郯城），生於會稽（浙江紹興）。學兼今古文經，治《易》主「費氏易」而不喜鄭玄。著有《周易注》十卷。

4. **管輅**（208~256）

平原（今屬山東）人。善占算之術，著有《周易通靈決》、《周易林》。

5. **荀粲**（209?~238）

潁川潁陰（今河南境內）人。好老莊，主「言不盡意」，認為學《易》須知其象外之意。

6. **阮籍**（210~263）

陳留尉氏（今屬河南）人。博覽群書，尤好老莊，與嵇康等合稱「竹林七賢」。喜《易》，著有《通易論》，結合儒家政治思想與道家自然無為之說。並依《序卦》解說經文。

7. **王弼**（226~249）

字輔嗣。山陽（今河南焦作）人。善辯能言，好儒學，喜老莊，談玄理，開魏晉清談風氣。說《易》不同漢儒，主張得意忘象，得象忘言，蓋以義理為主，開後世玄學化之義理學派。著有《周易注》、《周易略例》等，影響極為深遠。

8. **范長生**（?~318）

自號「蜀才」。涪陵丹興（今四川黔江）人。擅天文，好象數，本荀爽之學，傳虞氏之《易》。著有《周易注》十卷。

9. **郭璞**（276~324）

河東聞喜（今山西境內）人。好經術，精曆算卜筮。曾記其前後筮驗六十餘事。撰《周易洞林》；又曾撮錄京氏、費氏

《易》之說，成《周易新林》。

10. **孫盛**（306?~378）
太原中都（今山西平遙）人。通經史，不喜老莊，治《易》尚象，曾批評王弼派之玄學。撰有〈老子疑問反訊〉、〈易象妙於見形論〉。

11. **韓伯**（332~380）
字康伯。潁川（今屬河南）人。好老莊，精《易》學，繼王弼注上下經及《周易略例》之後，又補注《繫辭傳》、《說卦》、《序卦》、《雜卦》，合稱《周易經》。唐孔穎達將王、韓之注，合成一書，通行後世，成為《周易》定本之一。

12. **干寶**
新蔡（今屬河南）人。好陰陽術數，每用京房占候之說，以卦爻配月或配日、時，再比對殷周故事，藉此解經，反對王弼之玄學化。著有《周易注》。

13. **道安**（314~385）
常山（今屬河北）人。東晉名僧佛圖澄弟子。著有《實相義》、《性空論》等。將《易》學與佛理打成一片。

14. **劉瓛**（434?~489）
沛郡相（今安徽境內）人。博通五經，說《易》黜鄭康成而用韓康伯。著有《周易乾坤義》、《周易繫辭義疏》。

15. **陶弘景**（456~536）
丹陽秣陵（今江蘇南京）人。南朝齊梁間隱士，對醫藥、曆算、地理、道教皆學有所成，主張將儒、道、釋合而為一。著有《易髓》。

16. **關朗**
字子明。北魏河東解（今山西臨晉）人。孝文帝時，曾奉詔與王虯撰《疑筮論》數十篇；後隱居臨汾，以《周易》、《老子》、《春秋》授徒，世稱「關先生」。今傳《關氏易傳》一卷，或謂是宋代阮逸所作，但也有人力辯其非偽書。

17. **蕭衍**（464~549）
即梁武帝。篤信佛教，又通曉儒家經典，其《易》學著作如《周易大義》、《周易講疏》等，皆有揉合之傾向。

六、隋（581~618）唐（618~907）五代（907~960）

1. **王通**（584~617）
河東龍門（今山西河津）人。其學出於關朗，《老》、《易》並重。有《易贊》七十篇。

2. **侯果**
年里不詳。馬國翰疑即唐國子博士侯行果。李鼎祚《周易集解》引用其說一百多則。其說以鄭玄為主，參用虞翻卦變及荀爽升降之法。

3. **陸德明**（550?~630）
蘇州吳（今江蘇吳縣）人。所撰《經典釋文》三十卷，其卷二「周易音義」以王弼注為主，並採取晉以前名家之說。

4. **孔穎達**（574~648）
冀州衡水（今河北境內）。精通五經曆算，太宗時奉詔纂修「五經正義」，其《周易正義》以魏王弼、晉韓伯之注為本，兼採漢魏以來諸家之說，成為士人應試必讀經典。

5. **僧一行**（673?~727）
俗名張遂。鉅鹿（今屬河南）人。精佛典，又通曆數天文之學，曾用孟、京卦氣之說以推演曆法。著有《易纂》、《大衍玄圖》等。

6. **崔憬**
年里無考。說《易》象數、義理並重。講卦氣、互體，卻不主卦變，往往獨抒己見。著有《周易探元》。李鼎祚《集解》引用頗多。

7. **李鼎祚**
資州（今四川資中）人。採集漢魏以迄唐代三十五家象數《易》學之說，並引用荀爽等九家，在寶應元年（762）撰成《周易集解》。孔穎達《正義》未收之前賢遺說，賴之以存。清李道平有《周易集解纂疏》，最便初學。

8. **郭京**
自稱得王弼、韓康伯手寫《周易》真本，

就傳本刊正其偽脫一百多則，撰成《周易舉正》。朱熹曾採用，但晁公武則疑為他人託名所作。

9. **陸希聲**

吳（今江蘇吳縣）人。博學好文，尤喜《老》、《易》、《春秋》，曾著《易傳》十篇；又以《周易》文字古今謬誤不少，曾撰《周易文證》。

10. **麻衣道者**

五代末年道士。精通相術，擅長《易》學、術數。據說他撰《正易心法》，始發《河圖》之祕，授與陳摶。

11. **陳摶**（?~989）

字圖南，號希夷。亳州真源（今河南鹿邑）人。精《易》學，擅道術，取九宮算及五行生成之說，解釋《繫辭傳》中五十五天地之數，並畫一圖式，名曰「龍圖」，成為宋代圖書之學的倡導者，對北宋的劉牧、邵雍、周敦頤等人，影響甚大。

七、兩宋（北宋960~1127；南宋1127~1279）

1. **种放**（956~1015）

洛陽人。曾從陳摶受先天圖，後傳於穆修；又受河圖、洛書，傳李溉。

2. **李溉**

种放圖書學傳人。後傳許堅，許堅傳范諤昌，范諤昌傳劉牧，遂有河圖洛書之學。

3. **穆修**（979~1032）

鄆州汶陽（今山東汶上）人。從种放習先天圖，後傳李之才；李之才傳邵雍。另以太極圖傳周敦頤，周敦頤再傳程顥、程頤。

4. **許堅**

江左（今江蘇一帶）人。曾從李溉習河圖洛書，後傳范諤昌，再傳劉牧。遂有「河洛之學」。

5. **范仲淹**（960~1279）

蘇州吳縣（今江蘇蘇州）人。通經史，長於《周易》，著有《易義》一卷。

6. **范諤昌**
建溪（今福建建陽）人。北宋圖書之學傳人之一。著有《大易源流圖》，又撰《易證墜簡》，以為《周易》之卦、彖、爻辭、小象辭皆周公所作；《文言》以下，方為孔子所述。

7. **胡瑗**（９９３~１０５９）
世稱安定先生。泰州海陵（今江蘇泰州）人。論學主張明體達用，與孫復、石介並稱「宋初三先生」，乃宋儒性命之學開創者。其說《易》祖述王弼，以義理為主。有《周易口義》傳世。

8. **李之才**（?~１０４５）
字挺之。青州（今山東益都）人。師從穆修，北宋圖書之學傳人之一。主卦變之說，以為不止八卦能衍生六十四卦。著有《變卦反對圖》、《六十四卦相生圖》。

9. **王洙**（９９７~１０５７）
應天宋城（今河南商邱）人。著有《古易》十二卷，宋代「古易五家」之一。

10. **歐陽修**（１００７~１０７２）
廬陵（今江西吉水）人。著有《易童子問》，依王弼之說，主張六十四卦皆言人事。首先質疑「十翼」並非全出聖人之手；又說河洛不出圖書，「河洛之學」應是出自曲學之士的牽強附會。

11. **劉牧**（１０１１~１０６４）
彭城（今江蘇銅山）人。一作衢州（今屬浙江）。曾從范諤昌習象數之學，並將陳摶之龍圖發展而成河圖、洛書之圖式。將九宮算稱河圖，五行生成數稱洛書，所謂「河九洛十」。著有《易數鈎隱圖》。

12. **邵雍**（１０１１~１０７７）
世稱百源先生。祖籍范陽（今河北涿縣），幼年隨父徙居共城（今河南輝縣）。從共城令李之才習象數，創先天之學。與周敦頤、張載、程顥、程頤並稱「北宋五子」。著有《皇極經世書》、《觀物外篇》，推究宇宙之起源及演化。

13. **周敦頤**（１０１７~１０７３）
世稱濂溪先生。道州營道（今湖南道縣）

人。據陳摶無極圖，以為無極而太極為宇宙之本源，撰太極圖說。為宋代道學之創始者，程頤兄弟即其門生。

14. **晁公武**

鉅野（今屬山東）人。精目錄校勘之學，亦通《易》學。著有《易詁訓傳》。

15. **司馬光**（1019~1086）

陝州涑水（今屬山西）人。神宗時與王安石論政不合，退居洛陽，時與邵雍過從。著有《潛虛》、《溫公易說》。

16. **張載**（1020~1077）

祖籍大梁（今河南開封），生於陝西鳳翔橫渠。世稱橫渠先生。其學以《易》為宗，以「中庸」為體，以氣為萬物之本源，提出「太虛即氣」之說。因講學關中，故稱「關學」。著有《橫渠易說》。

17. **王安石**（1021~1086）

臨川（今屬江西）人。通經學，《易》主義理之說。著有《易解》十四卷。程頤推重之，曾說學《易》須先讀王弼、胡瑗、王安石三家。

18. **呂大防**（1027~1097）

祖籍汲郡（今河南汲縣）人。後徙居京兆藍田（今屬陝西）。兄弟呂大臨等俱為理學家。他以為王弼分綴《彖》、《象》於卦爻之下，乃混同經傳，應「案古文而正之」。此說為呂祖謙、朱熹所沿用，主張恢復《周易》古經，呂氏亦被推為「古易五家」之首。著有《周易古經》。

19. **程顥**（1032~1085）

祖籍中山（今河北定縣），後徙河南洛陽。與弟程頤俱為理學名家，合稱「二程」。因在洛陽講學，故稱「洛學」。他既批評象數之學，又反對王弼之玄學化，唯主「天理」是從。世稱明道先生。

20. **程頤**（1033~1107）

程顥之弟。因居洛陽伊川流經之處，世稱伊川先生。先從周敦頤受經學，後獲胡瑗賞識。他在洛陽講學三十年，世稱「洛學」，以義理解《易》，是宋代義理學大師。《伊川易傳》（一名《周易程氏傳》）為其代表作。

21. **蘇軾**（1037～1101）眉山（今屬四川）人。《易》為其家傳之學。父蘇洵作《易傳》未竟而卒，東坡乃續成之，名《東坡易傳》。蜀中《易》學多主儒道佛合流，與「關學」、「洛學」不同。東坡自成一家。

22. **楊時**（1053～1135）人稱龜山先生。與呂大臨、游酢、謝良佐並稱「程門四弟子」，俱對二程理學多加推闡。

23. **邵伯溫**（1057～1134）邵雍之子。整理邵雍象數之學而有所發明。其再傳弟子曾穜等人曾輯二程、張載、楊時、游酢及其父子共七家《易》說為《大易粹言》。

24. **晁說之**（1059～1129）清豐（今河南境內）人。宋代古易五家之一。其學以邵雍為本，並取許慎、陸德明、一行、陸希聲及胡瑗等人之說，較其同異而斷以己意。著有《商瞿易傳》、《京氏易式》等。

25. **朱震**（1072～1138）荊門軍（今湖北荊門）人。曾為高宗講解《易》及《春秋》，其學以程頤《易傳》為宗，又合邵雍、張載之論，對研究宋人圖書之學頗有參考價值。因所居而號「漢上」，世稱漢上先生。著有《漢上易傳》、《周易卦圖》等。

26. **李光**（1078～1159）越州上虞（今浙江上虞）人。自稱「讀易老人」。因主張抗金而忤秦檜，故其說《易》，每於卦爻之辭證以史事，寄托其政治見解。著有《讀易詳說》，開以史證《易》之先河。

27. **馮椅** 南康都昌（今江西境內）人。精《易》學，重資料之蒐集。其《厚齋易學》五十卷，包括「輯注」、「輯傳」、「外傳」，保存頗多罕見之《易》說。

28. **楊萬里**（1127～1206）吉州吉水（今江西吉安）人。他以為學《易》不應空談心性，而應注意社會人事，故其《誠齋易傳》每引史事以證經文。此書曾與程頤《易傳》合刊，稱《程楊易傳》。

29. **朱熹**（1130~1200）
世稱朱子。徽州婺源（今屬江西）人，晚年寓居建陽（今福建境內）。其《周易本義》以二程義理為宗，形式卻棄王弼本而用呂祖謙本；將邵雍先天圖列於卷首，卻不用互體、納甲等說，此書明清時被視為儒學正宗。而其與蔡元定合著之《易學啟蒙》，則可見其本義理而不廢象數。

30. **張栻**（1133~1180）
漢州綿竹（今屬四川）人。世稱南軒先生。與朱熹、呂祖謙合稱「東南三賢」。其《易》學以周敦頤、程頤為宗，特別推崇「太極圖說」。著有《南軒易說》。

31. **薛季宣**（1134~1173）
溫州永嘉（今屬浙江）人。師從程頤弟子袁溉，論《易》主「變通」，認為道不遠物，常存乎形器之內，故以「寂然不動」解釋太極之體。又主張河圖洛書為古代地圖，不必視為神物。其學以明時務，求事功為主，後經葉適推展而成永嘉學派。

32. **蔡元定**（1135~1198）
世稱西山先生。建州建陽（今屬福建）人。慕朱熹之學，從學數十載。曾助朱子撰「四書集注」，又代起稿《易學啟蒙》。其《易》學推闡象數之說，認為「河十洛九」，與劉牧主張不同。

33. **呂祖謙**（1137~1181）
世稱東萊先生。婺州（今浙江金華）人。宋代「古易五家」之一。以「關、洛」為宗，反對空談心性。曾據晁說之《周易古經》重訂篇次，企圖恢復《周易》經傳原貌。著有《東萊易議》、《古易音訓》、《讀易記聞》。

34. **吳仁傑**（1137~1200?）
祖籍洛陽，後徙崑山（今屬江蘇）。好古學，講學於朱熹之門。著有《古周易》、《易圖說》，以為《周易》古經失傳，係因「傳注之家以傳雜於經」，故曾用近三十年時間區分經傳。所論不同於人，例如說《序卦傳》乃伏羲所作等等。

35. **陸九淵**（1139～1193）

世稱象山先生。祖籍吳縣（今江蘇蘇州），後徙居金谿（江西境內）。唐陸希聲之八世孫。曾與朱熹論學於鵝湖。其學以「心」為宇宙本源，「吾心即是宇宙」，故言義理而不講象數，後經其弟子楊簡推展而成心學派。

36. **楊簡**（1141～1225？）

世稱慈湖先生。慈谿（今浙江寧波西北）人。師從陸九淵，潛於心學，主張人心即道。著有《楊氏易傳》。

37. **張行成**

世稱觀物先生。臨邛（今四川境內）人。善《易》學，尤精術數。於邵雍之學別有會心。著有《皇極經世索隱》、《觀物外篇衍義》等。

38. **項安世**（？～1208）

括蒼（今浙江麗水附近）人。後徙居江陵（今湖北境內）。其學雖以程頤《易傳》為宗，但又遍考諸家，兼言象數，再斷以己意。著有《周易玩辭》、《項氏家說》。

39. **葉適**（1156～1223）

世稱水心先生。溫州永嘉（今屬浙江）人。治《易》重考證，承歐陽修之說，以為「十翼」多非出自孔子之手，也不同意伏羲畫卦之說。認為學《易》重在明義理，有用於天下。

40. **蔡淵**（1156～1236）

蔡元定長子。師從朱熹，但又承其家學，用心於象數。著有《周易經傳訓解》、《易象意言》。

41. **蔡沈**（1167～1230）

蔡元定之子。世稱九峰先生。蔡沈隨父謫居道州（今湖南道縣）後，隱居九峰山，承其父志，潛心於邵雍先天之學，提出「河偶洛奇」之說。著有《洪範皇極》、《蔡九峰筮法》。

42. **魏了翁**（1178～1237）

世稱鶴山先生。邛州蒲江（今屬四川）人。久於朱熹之門，治《易》推崇象數之學。曾批評程頤《易傳》，以不講象數故「脫略」；而朱子《周易本義》則以講象數故「精密」。著有《周易要義》。

43. **趙汝楳**

宋宗室，南渡後徙居明州鄞縣（今浙江寧波）。精於易象，解《易》主卦變之說。其父趙善湘亦精通《周易》。汝楳承其家學，著有《周易輯聞》、《易雅》、《筮宗》三種。

44. **黃震**（１２１３~１２８０）

其學以朱熹為宗，然不持門戶之見，於諸家反復推究，務求其是。著有《黃氏日抄》。

45. **王應麟**（１２２３~１２９６）

祖籍浚儀（今河南開封），後寓居慶元（今浙江鄞縣）。博學多識，精於考證。好古，又醉心於陸九淵心學，輯有《周易鄭康成注》。

46. **郝經**（１２２３~１２７５）

陵川（今屬山西）人。金朝亡後，徙居順天（今北京）。好《易》學，不主一家之說，採集孔子以下諸家之注，無論象數義理，撰成《易外傳》八十卷；又曾創圖立說，成《太極演》二十卷。

47. **雷思齊**（１２３０~１３０１？）

世稱空山先生。撫州臨川（今江西境內）人。精圖書之學，主通變，論見與前人不同；其講筮占，亦不守舊法，每出新義。著有《易圖通變》、《易筮通變》。

48. **丁易東**

武陵（今湖南常德）人。談《易》主張「因易象而明義」，以李鼎祚、朱震為宗；論卦變，則取邵雍、朱子之說。著有《周易象義》。

49. **胡方平**

胡一桂之父。徽州婺源（今屬江西）人。朱熹三傳弟子。其學篤守朱子家法，對《易學啟蒙》之宗旨反復闡釋。著有《易學啟蒙通釋》。

50. **俞琰**（１２５８~１３１４）

世稱石澗先生。吳郡（今江蘇蘇州）人。精《易》學與丹道。初主程、朱之說，後與西蜀諸子往來，乃另求新義，遂自成一家。著有《周易集說》、《易圖纂要》、《易古占法》等。

八、元代（1206~1368）

1. **保巴**（?~1311）

一作保八、寶巴。蒙古人。元初居洛陽，其學根柢宗儒而兼採眾說，自創先天圖式。著有《易體用》。

2. **李簡**

信都（今河北冀縣）人。宋元之際，依李鼎祚《周易集解》、房審權《周易義海》體例，採集子夏以至劉肅等六十四家《易》說成《學易記》一書。

3. **胡一桂**（1247~?）

世稱雙溪先生。胡方平之子。胡方平治《易》主「明本旨」，一桂則主「辨異學」，去取全以朱子《周易本義》為宗。著有《易本義附錄纂疏》、《易學啟蒙翼傳》。

4. **吳澄**（1249~1333）

世稱草廬先生。撫州崇仁（今屬江西）人。崇尚理學，折衷朱熹、陸九淵之說。長於考訂，兼主義理象數，為元代巨擘。著有《易纂言》。

5. **胡炳文**（1250~1333）

世稱雲峰先生。胡一桂之子。篤守朱子之學，兼採諸家互相發明，撰成《周易本義通釋》。

6. **陳櫟**（1252~1334）

世稱定宇先生。休寧（今屬安徽）人。宗朱子之學，伸其隱微而補其缺漏，凡異於朱子者，皆刊而去之。著有《東阜老人百一易略》。

7. **王申子**

邛州（今四川邛崍）人。其《大易緝說》一書力主象數之學，不取陳摶、邵雍、朱子之說，唯取河圖洛書、伏羲、文王、周公、孔子及周敦頤太極圖。

8. **張理**

清江（今屬江西）人。主象數，治陳摶所

傳圖書之學與邵雍先天之說，並首創俯視地理圖。著有《大易象數鈎深圖》、《易象圖說》。

9. **熊良輔**

南昌（今屬江西）人。其說以翼輔朱熹《周易本義》為主。著有《周易本義集成》。

10. **黃澤**（1260~1346）

祖籍長安，後徙居江州（今屬江西）。宗程、朱義理之學而不廢象數。著有《易學濫觴》。

11. **解蒙**

吉水（今屬江西）人。與兄解觀（吳澄弟子）俱以治《易》著稱。兼言象數義理。著有《易精蘊大義》。

12. **杜道堅**

當塗采石（今屬安徽）人。好《易》、《老》，認為「易、老之道，同出而異名」。著有《道德玄經原旨》等書，皆合儒道為說。

九、明代（1368~1644）

1. **朱升**（1302?~1373）

休寧（今屬安徽）人。注經簡明扼要。著有《周易旁注圖說》。

2. **胡廣**（1370~1418）

吉水（今屬江西）人。永樂年間奉詔纂修「五經四書大全」，首編即《周易大全》，以程頤、朱熹為宗，為明代科舉用書。

3. **胡居仁**（1434~1448）

餘干（江西境內）人。撰有《易象鈔》。解說簡明，不涉玄虛之談。

4. **崔銑**（1478~1541）

安陽（河南境內）人。以程頤為宗，兼採王弼、吳澄之說，旨在闡義理、捨象數。著有《讀易餘言》。

5. **韓邦奇**（1479~1555）

朝邑（今陝西境內）人。宗宋學，曾就《易學啟蒙》闡述朱子之說。著有《易學啟蒙意見》、《易占經緯》。

6. **季本**（1484~1563）山陰（今浙江紹興）人。師從王陽明，以心學為宗。贊同歐陽修《繫辭》非孔子所作之說；又批評朱子《周易本義》所列九圖有誤；後天圖非文王所作，先天圓圖亦有可疑。著有《古易辨》、《易學四問》。

7. **梅鷟** 旌德（今屬安徽）人。認為孔壁古文及《古文尚書》乃孔安國及皇甫謐所偽作，又主張伏羲先有畫卦後有河圖。著有《古易考原》。

8. **豐坊** 鄞縣（今浙江寧波）人。博學好古，標新立異。喜作無根之談，認為《易傳》中如《文言傳》「何謂也」皆商瞿問辭，「子曰」以下則為孔子答辭。又，論〈太極圖說〉，稱朱子得自葛長庚而託名周敦頤。故人稱「狂易者」。著有《古易世學》。

9. **唐樞**（1497~1574）歸安（今浙江境內）人。早年師從湛若水，以心體認天理，後將所學與王陽明之「致良知」合而提出「真心」之說。著有《易修墨守》。

10. **來知德**（1525~1604）號瞿唐。梁山（今屬四川）人。說《易》專取「錯綜其數」之說以論易象，其注皆先釋象義、字義及錯綜之義，然後才訓解卦爻本義，自成一家。著有《周易集注》十六卷。

11. **陳第**（1541~1617）連江（今屬福建）人。古音韻學家，亦好《易》學，有《伏羲圖贊》。其子陳祖念則兼採漢宋，好用互體之說，著有《易用》。

12. **焦竑**（1541~1620）江寧（今江蘇南京）人。師從羅汝芳，篤信李卓吾之學，引佛入儒，調和二家，並求與《易》理會通。著有《易筌》。

13. **郝敬**（1558~1639）京山（今湖北境內）人。為學善變，出入佛、道、理學、心學之間。著有《周易正解》，對周敦頤《太極圖說》、張載《正蒙》、邵雍《皇極經世》及程、朱之說，無不詆斥。

14. **高攀龍**（1562～1626）
無錫（今屬江蘇）人。東林黨領袖。其學出入朱熹、陸九淵之間。著有《周易孔義》、《周易易簡說》。

15. **劉宗周**（1578～1645）
山陰（今浙江紹興）人。學以程、朱為宗，卻不拘守。曾移動經文並刪《說卦》、《序卦》、《雜卦》三篇。著有《周易古文鈔》。

16. **孫奇逢**（1584～1675）
容城（今屬河北）人。初宗陸九淵，晚慕朱熹，說《易》以明義理、切人事為主。著有《讀易大旨》、《周易十講》。

17. **黃道周**（1585～1646）
漳浦（今屬福建）人。與劉宗周俱以善《易》著稱於時。其學長於象數。著有《三易洞璣》、《易象正》。

18. **倪元璐**（1593～1644）
上虞（今屬浙江）人。善書法，通《易》學。著有《兒易內儀》、《兒易外儀》，蓋憂世感時之作。

19. **智旭**（1599～1655）
俗名鍾際明，字藕益。吳縣（今江蘇蘇州）人。方主佛、道、儒三教一致。著有《周易禪解》。

20. **何楷**
晉江（今屬福建）人。博覽群書，長於訓詁。採集漢晉以來諸家之說，加以校釋，撰成《古周易訂詁》一書。

21. **張次仲**（1589～1676）
海寧（今屬浙江）人。說《易》不涉象數，亦不信讖緯，唯以義理為宗。著有《周易玩辭困學記》。

十、清代中葉（1644～1854）以前

1. **黃宗羲**（1610～1695）
學者稱梨洲先生。浙江餘姚人。曾師事劉

宗周，與孫奇逢並稱。學問淹博，窮經證史。著有《易學象數論》。

2. **方以智**（1611~1671）

安徽桐城人。博學多識，其《易》學承三世家傳，以「公因反因」（即「一在二中，三即一」）說為核心，融會貫通象數、義理諸家之說。著有《通雅》、《學易綱宗》、《易餘》。

3. **錢澄之**（1612~1693）

自號田間老人。安徽桐城人。《易》承家學，又曾請益於黃道周。其學自京房、邵雍入，能言象數；後又兼求義理，酌取王弼、孔穎達、程頤、朱熹之說，而以朱子《周易本義》為宗。著有《田間易學》。

4. **顧炎武**（1613~1682）

自號蔣山傭，學者稱亭林先生。江蘇崑山人。清初樸學大師，著有《日知錄》、《音學五書》等。曾就《周易》中韻協字一一注明，以求古音，撰成《易音》一種，體例極為謹嚴。論義理則推崇程頤之《易傳》。

5. **黃宗炎**（1616~1686）

黃宗羲之弟。治《易》力排陳摶圖書之學，一以義理為歸。以為《周易》未經秦火，不應獨禁其圖，轉為道家秘藏二千年，至陳摶而始出。著有《周易象辭》。

6. **吳曰慎**

安徽歙縣人。治《易》以史證經，取上下數千年史事，合之於三八四爻中，觸類而引申。著有《周易本義爻辭》。

7. **王夫之**（1619~1692）

湖南衡陽人。隱居船山，人稱船山先生。不採漢象宋圖之說，而以「關學」、「閩學」為宗。著有《周易內傳》、《周易外傳》、《周易稗疏》。

8. **毛奇齡**（1623~1713）

浙江蕭山人。著有《仲氏易》、《推易始末》、《春秋占筮書》等。其《仲氏易》論「易」兼有變、交、反、對、移五義，最為後世所稱。

9. **朱彝尊**（1629~1709）

秀水（今浙江嘉興）人。著述宏富。其

《經義考》中之《易義考》，敘錄自漢至清二千年間《易經》之流傳原委，易家姓氏里爵、書名等等，皆頗詳盡，所作考證亦有參考價值。

10. **胡渭**（1633~1714）

浙江德清人。通經學及輿地之學。著有《易圖明辨》，考訂宋人圖書之學。

11. **李光地**（1642~1718）

安溪（今屬福建）人。康熙五十二年奉旨纂修《御纂周易折中》，以程、朱為宗。另有《周易通論》、《周易觀象》。

12. **查慎行**（1650~1727）

浙江海寧人。黃宗羲弟子。說《易》簡明，不採圖書之學，有《周易玩辭集解》、《周易通論》、《周易觀象》。

13. **陳夢雷**（1650~1741）

福建閩縣人。康熙年間坐罪謫戍尚陽堡時，作《周易淺述》，蓋以朱子《周易本義》為本，旁採王注、孔疏，以及蘇軾、胡廣、來知德諸家之說而成。

14. **納蘭性德**（1655~1685）

滿州正黃旗人。本名成德，字容若。編有《合訂刪補大易集義粹言》，輯有《通志堂經解》。

15. **江永**（1681~1762）

婺源人。通諸經，精音韻，尤擅「三禮」。長於考據，開皖派風氣，載震即出其門下。著有《河洛精蘊》。

16. **惠棟**（1697~1758）

江蘇吳縣人。祖周惕、父士奇，三代皆擅古學。惠棟撰有《易漢學》，另作《周易述》，未竟而卒。江藩依其體例，續成之。

17. **紀昀**（1724~1805）

直隸獻縣（今屬河北）人。乾隆年間，四庫開館，紀昀任總辦。其《易》學重漢而輕宋。編輯《四庫全書總目提要》二〇〇卷。

18. **錢大昕**（1728~1804）

江蘇嘉定人。其《易》學以考原訂誤為主。有《十駕齋養新錄》。

19. **崔述**（1740～1816）
直隸大名（今屬河北）人，治學以辨偽為主，致力於經史經籍之考信，開史學疑古之先河。其《洙泗考信錄》繼歐陽修、趙汝楳之後，更進一步推定《彖》、《象》亦非孔子所作。

20. **孫星衍**（1753～1818）
江蘇陽湖人。曾補輯李鼎祚《周易集解》一書成《孫氏周易集解》十卷，更為精審充實。

21. **張惠言**（1761～1802）
江蘇武進人。專研《易》及《儀禮》。其《易》學以研究虞翻著稱。著有《周易虞氏易》、《虞氏消息》等。

22. **焦循**（1763～1820）
江蘇甘泉人。長於經學，尤精於《易》。著有《易通釋》、《易章句》、《易圖略》。他的《周易補疏》有人以為可以改正《周易正義》對王弼注的若干誤讀。

23. **李富孫**（1764～1843）
浙江嘉興人。曾補輯李鼎祚《周易集解》未收諸家之說；又曾考訂板本，有《易經異文釋》、《周易異文箋》。

24. **阮元**（1764～1844）
江蘇儀徵人。曾在杭州詁經精舍、廣州學海堂講學，提倡樸學，主編《經籍纂詁》、《校刻十三經注疏》。

25. **王引之**（1766～1834）
江蘇高郵人。與其父王念孫俱擅文字、聲韻、訓詁之學。考校經傳，其《經義述聞》中論《易》二卷，見解皆極精闢。

26. **孫堂**
浙江平湖人。嘉慶間曾輯《漢魏二十一家易注》，上自《子夏易傳》，下迄南齊劉瓛《周易義疏》。

27. **朱駿聲**（1788～1858）
江蘇元和人。曾師事錢大昕，通文字、音韻及《易》學。著有《說文通訓定聲》、《六十四卦經解》。

28. **姚配中**（1791～1844）
安徽旌德人。張惠言專研虞翻，姚氏則獨取鄭玄，釋卦即以鄭玄之說為主。但對鄭玄之爻辰說，摒而不用。著有《周易姚氏學》。

29. **馬國翰**（1794~1857）山東濟南人。好古學，廣蒐經史百家遺文，輯成《玉函山房輯佚書》。中有《周易》多種。

30. **丁晏**（1794~1875）江蘇山陽人。早年主漢學，不拘守一家；晚年則好程頤《易傳》。著有《周易解詁》、《易經象類》。

31. **俞樾**（1821~1907）浙江德清人。治經史及小學，以王念孫、王引之父子為宗。有《群經平議》、《諸子平議》、《古書疑義舉例》。

32. **王闓運**（1832~1916）湖南湘潭人。常以互體、旁通取象說《易》。蓋以李鼎祚《集解》為本而斷以己意。著有《周易說》。

33. **吳汝綸**（1840~1903）安徽桐城人。宗尚揚雄《太玄經》，博採古音古義，以文字訓詁解說象數，自成一家。著有《易說》、《周易大義》。

34. **吳翊寅** 江蘇陽湖人。光緒年間著有《易漢學考》、《周易消息升降爻例》。

35. **皮錫瑞**（1850~1908）湖南善化人。精通今文經學，宗尚西漢經學大師伏生。著有《經學通論》，其中「易經通論」一卷，論三易之名義、古今宗派、漢宋家法，皆能考其流別，辨其得失。另有《經學歷史》，亦足供讀者參考。

36. **于鬯**（1854~1910）上海人。精板本校勘之學，其《香草校書》校讀周秦漢魏古籍，刊誤鉤沉，不乏獨得之見。著有《周易讀異》。

十一、近現代

（1855~1911年以前出生）

1. **馬其昶**（1855~1930）安徽桐城人。曾師事吳汝綸，著有《重定周易費氏學》、《易例舉要》。

2. **康有為**（1858~1927）

廣東南海人。其《新學偽經考》說《易傳》非孔子所作，《說卦》三篇為漢儒偽託，開近代疑古風氣。

3. **杭辛齋**（1869~1924）

浙江海寧人。入民國後，組學社，講《易經》，有《學易筆談》等多種。

4. **章炳麟**（1869~1936）

號太炎。浙江餘杭人。學問淹博，經史小學皆精研有成。其《易》學有《孔子作易駁議》、《易論》等。

5. **尚秉和**（1870~1950）

河北行唐人。吳汝綸弟子。學《易》自焦氏《易林》入手，多所創發，為近代象數派一大家。著有《焦氏易詁》、《周易尚氏學》。

6. **王國維**（1877~1927）

浙江海寧人。其〈殷卜辭中所見先公先王考〉一文，考出王亥史實。後顧頡剛引證其說，始信周易「喪牛于易」與王亥有關。

7. **胡樸安**（1878~1947）

安徽涇縣人。本《序卦》之說以論《易》，每就古史古文字解說之。著有《周易古史觀》。

8. **吳承仕**（1881~1939）

安徽歙縣人。章太炎弟子，精音韻訓詁，主張象數、義理並用。撰有〈與章太炎先生論易書〉。

9. **馬一浮**（1883~1967）

祖籍浙江紹興，生於四川。重義理而不廢象數，且愛引佛理旁證。著有《觀象卮言》、《易學濫觴》。

10. **劉師培**（1884~1920）

江蘇儀徵人。精文字訓詁，通古文經學。《易》學推崇焦循，多本其說。有《連山歸藏考》、《漢宋象數異同論》。

11. **楊樹達**（1885~1956）

湖南長沙人。曾仿阮元《經籍纂詁》體例，輯先秦至三國《易》說成《周易古義》，頗有參考價值。

12. **錢基博**（1887~1957）
江蘇無錫人。主張治《易》宜由姚配中《周易姚氏學》、來知德《周易集注》入手。著有《周易解題及讀法》。

13. **郭沫若**（1892~1978）
四川樂山人。從社會學及古代文化觀點討論《易》學。著有《周易的構成時代》等。

14. **顧頡剛**（1893~1980）
江蘇蘇州人。受康有為疑古著作影響，治《易》亦重辨疑考正。重要論文有〈周易卦爻辭中的故事〉等多篇。

15. **錢穆**（1895~1990）
江蘇無錫人。專研中國古代思想歷史。《易》學論文有〈論十翼非孔子作〉、〈易傳與小戴禮記中之宇宙觀〉等。

16. **馮友蘭**（1895~1990）
河南唐河人。主張治《易》宜從訓詁入手，經、傳宜加區分，反對牽強附會。論文有〈易傳的哲學思想〉等。

17. **于省吾**（1896~1984）
遼寧海城人。以古文字考訂《易經》，有《易經新證》等。

18. **聞一多**（1899~1946）
湖北浠水人。以文字訓詁及古代社會史料考釋《易經》，每有新義。著有《周易義證類纂》。

19. **高亨**（1900~1986）
吉林雙陽人。長於訓詁考證，主張經、傳分開。著有《周易古經通說》、《周易大傳今注》等。

20. **戴君仁**（1901~1978）
浙江鄞縣人。曾師從馬一浮、熊十力。初治訓詁小學，晚年主講經學、理學。著有《談易》、《閻毛古文尚書公案》。

21. **李鏡池**（1902~1975）
廣東開平人。陳垣、顧頡剛弟子。著有《周易探源》、《周易通義》。

22. **金景芳**（1902~2001）
遼寧義縣人。馬一浮弟子。主張以傳解經，易卦源於筮數。著有《學易四種》、

《周易講座》等。

23. **屈萬里**（1907~1979）山東魚台人。精通甲骨文字及古代經學，於《易》學尤為致力。著有《先秦漢魏易例述評》、《讀易三種》等。

參考書目舉要

一

《漢魏二十一家易注》，孫堂（輯），孫氏映雪草堂刊本。

《漢魏二十一家易傳注》，陳居淵（校點），北京：北京大學出版社，二〇〇九年。

《周易鄭氏注》，鄭玄，北京：北京大學出版社，二〇〇九年。

《周易注》，王弼、韓康伯，台北：大安出版社，四部叢刊本。

《周易略例》，王弼，四部叢刊本。

《周易正義（周易注疏）》，孔穎達，台北：藝文印書館，十三經注疏本。

《周易正義導讀》，劉玉建，濟南：齊魯書社，二〇〇五年。

《周易注疏校勘》，郭彧（校），北京：華齡出版社，二〇一九年。

《經典釋文·周易音義》，陸德明，台北：藝文印書館，通志堂經解本。

《周易集解》，李鼎祚，濟南：齊魯書社，二〇〇五年。

《周易集解纂疏》，李道平，北京：中華書局，一九九四年。

《周易舉正》，郭京，津逮秘書本。

《周易口義》，胡瑗，文淵閣四庫全書本。

《周易程氏傳》（一名《伊川易傳》），程頤，北京：中華書局，二〇〇四年。

《易程傳·易本義》，程頤、朱熹，台北：河洛圖書公司，一九七四年。

《東坡易傳》，蘇軾，津逮秘書本。

《漢上易傳》，朱震，北京：九州出版社，二〇一二年。

《周易本義》，朱熹，台北：大安出版社，一九九七年。

《易學啟蒙》，朱熹、蔡元定，西京清麓叢書正編本。

《楊氏易傳》，楊簡，台北：廣文書局，一九七四年。

《周易玩辭》，項安世，通志堂經解本。

《誠齋易傳》，楊萬里，北京：九州出版社，二

○○八年。
《周易集說》，俞琰，通志堂經解本。
《周易本義附錄纂疏》，胡一桂，通志堂經解本。
《易纂言》，吳澄，通志堂經解本。
《周易本義通釋》，胡炳文，通志堂經解本。
《大易緝說》，王申子，通志堂經解本。
《易學四問別錄》，季本，續修四庫全書本。
《來瞿唐先生易注》，來知德，清寧遠堂刊本。
《周易集注》，來知德，上海：上海書店，一九八八年。
《周易內傳》，王夫之，文淵閣四庫全書本。
《御纂周易折中》，李光地，北京：中央編譯出版社，二〇〇一年。
《仲氏易》，毛奇齡，清經解續編本。
《周易淺述》，陳夢雷，文淵閣四庫全書本。
《周易述》，惠棟，皇清經解本。
《易章句》，焦循，濟南：齊魯書社，二〇〇二年。
《易圖明辨》，胡渭，皇清經解續編本。
《周氏虞氏義》，張惠言，皇清經解本。
《六十四卦經解》，朱駿聲，北京：中華書局，一九五三年。
《易經異文釋》，李富孫，上海：上海書店，一九八八年。
《玉函山房輯佚書》，馬國翰（輯），欽定四庫全書本。
《周易大義》，吳汝綸，台北：中華書局，一九七〇年。
《易漢學考》，吳翊寅，廣雅書局刊本。
《重定周易費氏學》，馬其昶，集虛草堂叢書本。
《學易筆談》，杭辛齋，長春：吉林出版集團公司，二〇一七年。
《周易尚氏學》，尚秉和，北京：中華書局，一九八〇年。
《周易古筮考》，尚秉和，北京：中國書店，一九九〇年。
《周易探源》，李鏡池，北京：中華書局，一九七八年。
《周易大傳今注》，高亨，濟南：齊魯書社，一九七九年。
《周易古經今注》，高亨，台北：樂天出版社，一九七四年。

《周易通義》，李鏡池，北京：中華書局，一九八二年。

《周易義證類纂》，聞一多，北京：三聯書局，一九八二年。

《周易古義》，楊樹達，上海：上海古籍出版社，二〇〇六年。

《周易古史觀》，胡樸安，台北：明文書局，一九七九年。

《談易》，戴君仁師，台北：開明書店，一九六一年。

《先秦漢魏易例述評》，屈萬里師，台北：學生書局，一九八五年。

《讀易三種》，屈萬里師，台北：聯經出版事業公司，一九八三年。

《周易溯源》，李學勤，成都：巴蜀書社，二〇〇六年。

《張政烺論易叢稿》，李零（整理），北京：中華書局，二〇一二年。

《漢宋易學解讀》，余敦康，北京：華夏出版社，二〇〇六年。

《周易經傳校異》，楊軍，北京：中華書局，二〇一八年。

《兩漢易學史》，高懷民，作者自刊本。一九八三年。

《先秦諸子易說通考》，胡自逢，台北：文史哲出版社，一九八九年。

《易學群書平議》，黃壽祺，北京：北師大出版社，一九八八年。

《周易通釋》，朱伯崑，北京：昆侖出版社，二〇〇四年。

《易學哲學史》，朱伯崑，北京：昆侖出版社，二〇〇五年。

《讀易提要》，潘雨廷，上海：上海古籍出版社，二〇一七年。

《周易經傳與易學史新論》，廖名春，濟南：齊魯書社，二〇〇一年。

《易經新論》，周錫䪖，香港：中華書局，二〇一三年。

《象數易學發展史》，林忠軍，濟南：齊魯書社，一九九四～一九九八年。

《兩漢象數易學研究》，劉玉建，南寧：廣西教育出版社，一九九六年。

二

《漢石經周易殘字集釋》，屈萬里師，台北：中研院史語所，一九六〇年。

《楚竹書與漢帛書周易校注》，丁四新，上海：上海古籍出版社，二〇一一年。

《楚竹書周易研究》，濮茅左，上海：上海古籍出版社，二〇〇六年。

《馬王堆帛書《周易》經傳校讀》，張政烺（李零整理），北京：中華書局，二〇〇八年。

《周易帛書今法今譯》，張立文，台北：三民書局，一九九〇年。

《帛書易傳初探》，廖名春，台北：文史哲出版社，一九九八年。

《帛書周易論集》，廖名春，上海：上海古籍出版社，二〇〇八年。

《上海博物館藏戰國楚竹書》，馬承源，上海：上海古籍出版社，二〇〇三年。

《阜陽漢簡周易研究》，韓自強，上海：上海古籍出版社，二〇〇四年。

《今帛竹書周易綜考》，劉大鈞，上海：上海古籍出版社，二〇〇五年。

三

《經義考》，朱彝尊，春在堂叢書本。

《群經平議》，俞樾，廣文書局，皇清經解本。

《經義述聞》，王引之，上海：上海古籍出版社，二〇一六年。

《經學通論》，皮錫瑞，北京：中華書局，一九五四年。

《經學歷史》，皮錫瑞，北京：中華書局，一九五九年。

《說文解字注》，段玉裁，台北：藝文印書館。

《中國經學思想史》，姜廣輝主編，北京：中國社會科學出版社，二〇〇三年。

《易緯八種》，漢學堂叢書本。

《緯書集成》，中村璋八、安居香山（輯），河北：人民出版社，一九九四年。

《讖緯論略》，鍾肇鵬，瀋陽：遼寧教育出版社，一九九一年。

《易林》，焦贛，津逮秘書本。

《太玄經》，揚雄，四部叢刊本。

《周易參同契》，魏伯陽，漢魏叢書本。

《術數記遺》，徐岳，津逮秘書本。

《京氏易傳解讀》，盧央，北京：九州出版社，二〇〇四年。
《皇極經世》，邵雍，文淵閣四庫全書本。
《納甲筮法》，劉大鈞，上海：學林出版社，二〇一二年。
《易圖源流》，徐芹庭，台北：國立編譯館，一九九三年。
《易圖考》，李申，北京：北京大學出版社，二〇〇一年。
《易圖講座》，郭彧，北京：華夏出版社，二〇〇七年。
《周易圖說總匯》，李申、郭彧，上海：華東師大出版社，二〇〇四年。
《周易與曆法》，常秉義，北京：中國華僑出版社，二〇〇二年。

四

《周易講座》，金景芳（呂紹綱整理），桂林：廣西師大出版社，二〇〇五年。
《周易全解》，金景芳、呂紹綱，吉林：吉林大學出版社，一九八九年。
《周易譯注》，黃壽祺、張善文，上海：上海古籍出版社，二〇〇一年。
《易經語解》，謝大荒，作者自刊本，一九五八年。
《周易今注今譯（修訂版）》，南懷瑾、徐芹庭，台北：商務印書館，一九八四年。
《易經解譯》，李一匡，作者自刊本，一九八七年。
《周易解讀》，楊慶中，北京：中國人民大學出版社，二〇一〇年。
《周易經傳譯注》，李申、廖名春等，北京：中華書局，二〇一八年。
《易經詳解與應用》，周錫䪖，北京：中國友誼公司，二〇一〇年。
《黃永武解周易》，黃永武，台北：新文豐，二〇一一年。
《周易導讀》，谷繼明，成都：四川人民出版社，二〇一九年。
《周易六十四卦經傳通釋》，黃慶萱，台北：三民書局，二〇二一～二〇二二年。

周易新繹 通論編

作者——吳宏一
主編——曾淑正
企劃——葉玫玉
美術設計——陳春惠

發行人——王榮文
出版發行——遠流出版事業股份有限公司
地址：台北市中山北路一段十一號十三樓
劃撥帳號——0189456-1
電話——（02）25710297
傳真——（02）25710197

著作權顧問——蕭雄淋律師
二〇二二年七月一日　初版一刷（印數：二〇〇〇冊）
售價：新台幣四八〇元

ISBN 978-957-32-9639-3（平裝）

遠流博識網 http://www.ylib.com
E-mail: ylib@ylib.com

國家圖書館出版品預行編目（CIP）資料

周易新繹：通論編 / 吳宏一著. -- 初版. -- 臺北市：
遠流出版事業股份有限公司, 2022.07
面；　公分
ISBN 978-957-32-9639-3（平裝）

1. CST: 易經　2. CST: 注釋

121.12　　111008752